新时代高职体育与健康

（第2版）

欧阳灿　张爱红　高晓峰　李志诚◎主编

北京体育大学出版社

策划编辑：仝杨杨
责任编辑：仝杨杨
责任校对：米　安
版式设计：李　鹤

图书在版编目（CIP）数据

新时代高职体育与健康 / 欧阳灿等主编. -- 2版.
北京：北京体育大学出版社, 2025. 8. -- ISBN 978-7
-5644-4295-8

Ⅰ. G807.4；G717.9

中国国家版本馆CIP数据核字第2025TP7886号

新时代高职体育与健康（第2版）
XINSHIDAI GAOZHI TIYU YU JIANKANG（DI-ER BAN）
欧阳灿 等　主编

出版发行：北京体育大学出版社
地　　址：北京市海淀区农大南路1号院2号楼2层办公B-212
邮　　编：100084
网　　址：http://cbs.bsu.edu.cn
发 行 部：010-62989320
邮 购 部：北京体育大学出版社读者服务部 010-62989432
印　　刷：三河市国英印务有限公司
开　　本：787mm × 1092mm　　1/16
成品尺寸：185mm × 260mm
印　　张：15.5
字　　数：348千字
版　　次：2023年9月第1版　　2025年8月第2版
印　　次：2025年8月第1次印刷
定　　价：49.00元

编委会

主　编

欧阳灿　张爱红　高晓峰　李志诚

副主编

聂书宝　夏　天　彭　然　杨　倩

编　委

郭　勤　孙秀苗　刘　慧　周　涛

陈　放　晏　璐

前　言

党的二十大报告将教育、科技、人才“三位一体”统筹部署，为新时代高等教育发展指明了方向。高等学校体育作为人才培养的重要组成部分，需持续深化教学改革，回应“健康中国”战略对高素质人才培养的需求。基于《学校体育工作条例》《全国普通高等学校体育课程教学指导纲要》等政策文件要求，结合近年来高职体育教学实践反馈与学生发展需求，我们对教材进行了修订，形成第二版。

本次修订以“夯实基础、强化应用、突出特色”为原则，在第一版基础上优化结构、更新内容、丰富案例。教材分为“基础理论知识篇”与“专项运动技能篇”两大模块：前者新增“科学体育锻炼”“基础体能与职业体能”“体育文化与体育竞赛”等项目，强化健康管理、运动科学与职业适应能力的融合，更贴合高职学生职业发展需求；后者则在原有项目的基础上，新增啦啦操、艺术体操、五禽戏、攀岩等内容，在丰富运动选择的同时，突出民族传统体育文化传承与新兴运动潮流的结合，更贴合当代大学生的兴趣。

教材延续“以人为本、健康第一、终身体育”的理念，突出以下特点：一是理论与实践相结合，每个项目还包含思政园地，强化体育育人功能；二是结构更趋合理，将健康管理、科学体育锻炼等基础内容前置，引导学生建立系统认知；三是内容与时俱进，新增新兴运动项目与职业体能训练，增强教材的时代性与实用性。教材力求兼顾理论深度与实践操作性，既注重培养学生的终身锻炼意识，也着力提升其职业体能与健康管理能力，适用于高职体育教学及课外实践指导。

修订过程中，我们参考了最新政策文件与研究成果，采纳了一线教师的教学建议，并得到相关专家的指导支持，在此深表感谢。由于水平有限，教材中仍可能存在疏漏，恳请广大师生批评指正，助力教材持续完善。

编者

2025年6月

目录

基础理论知识篇

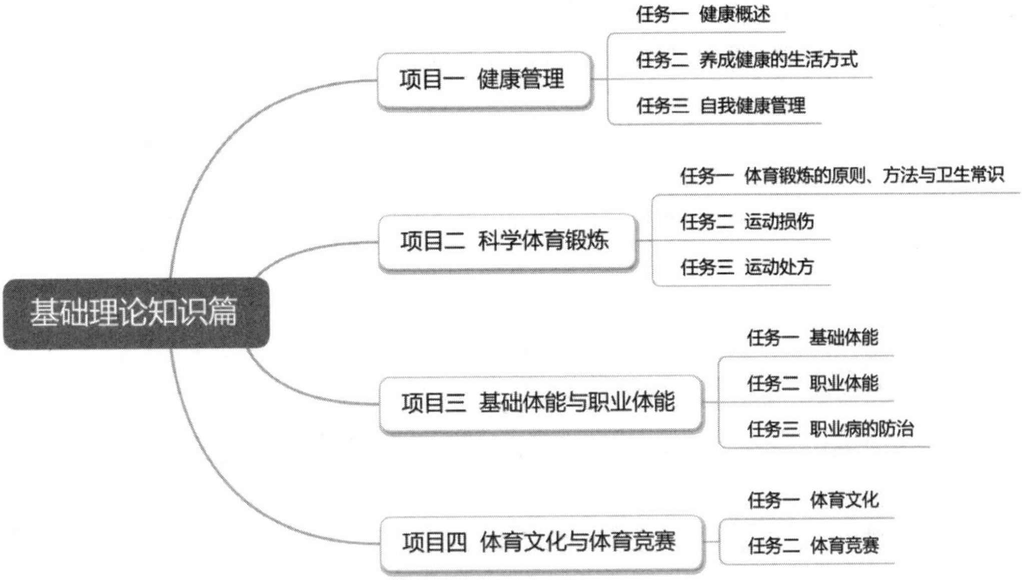
基础理论知识篇
项目一 健康管理
任务一 健康概述
任务二 养成健康的生活方式
任务三 自我健康管理
项目二 科学体育锻炼
任务一 体育锻炼的原则、方法与卫生常识
任务二 运动损伤
任务三 运动处方
项目三 基础体能与职业体能
任务一 基础体能
任务二 职业体能
任务三 职业病的防治
项目四 体育文化与体育竞赛
任务一 体育文化
任务二 体育竞赛

项目一　健康管理

导读：

在当今快节奏的生活中，健康管理已成为人们日益关注的话题。本项目旨在帮助学生深入理解健康管理的核心理念，掌握养成健康生活方式的关键要素，并学会实施和评估个人的健康管理计划。通过本项目的学习，学生将能够识别并评估自身的健康状况，制定个性化的健康改善策略，从而提升生活质量，享受更加健康、充实的人生。

学习目标：

1. 理解健康的多维度概念。
2. 了解健康生活方式的关键要素，包括饮食、运动、睡眠等方面。
3. 学会制订并实施个人健康管理计划，包括健康监测、风险评估、目标设定等步骤。
4. 培养健康意识和自我管理能力，提升生活质量。

任务一 健康概述

一、健康的多维度理解

（一）身体健康

身体健康是指身体各器官、系统功能正常，没有疾病或虚弱状态，能够适应环境变化。这包括良好的体质、体能以及身体各器官、系统的协调运作。

（二）心理健康

心理健康是指个体在认知、情感和行为上的良好状态，能够有效地应对日常生活中的压力，具有良好的适应能力。心理健康涉及情绪稳定、自我认知清晰、意志坚定等方面。

（三）社会适应能力

社会适应能力是指个体在社会环境中能够与他人和谐相处，积极参与社会活动，适应社会角色和遵守社会规范。这包括良好的人际交往能力、社会责任感和团队合作精神。

（四）道德健康

道德健康是指个体具有良好的道德观念和行为准则，能够做出符合社会道德标准的决策和行为。道德健康体现了个体的品德修养和价值观。

知识窗

健康的十条标准

（1）精力充沛，从容不迫地应对日常生活琐事和繁重工作而不感到过分紧张、劳累。

（2）处事乐观，态度积极，乐于承担责任，事无大小，不挑剔。

（3）善于休息，睡眠好。

（4）应变能力强，能适应外界的各种环境变化。

（5）能抵抗一般疾病，如感冒。

（6）体重适当，身体匀称，站立时，头、肩、臂位置协调。

（7）眼睛明亮，反应敏捷，眼睑不发炎。

（8）牙齿清洁，无龋齿，无疼痛，牙龈颜色正常，无出血现象。

（9）头发有光泽，无头屑。

（10）肌肉丰满，皮肤有弹性。

二、健康的影响因素

（一）生物因素

生物因素包括遗传、年龄、性别等个体生物学特征。这些因素在一定程度上决定了个体的健康基础和易感性。

（二）环境因素

环境因素涉及自然环境和社会环境，如空气质量、水质、社会支持等。环境因素对个体的健康有着直接或间接的影响。

（三）行为因素

行为因素是指个人的生活习惯和行为方式，如饮食、运动、睡眠、吸烟、饮酒等。这些行为因素在很大程度上决定了个体的健康状况。

（四）社会心理因素

社会心理因素包括压力、情绪、人际关系、工作环境等。这些因素对个体的心理健康有着重要影响。

三、健康管理的核心理念与实践意义

（一）核心理念

健康管理强调预防为主，旨在通过综合管理健康风险因素，促进个体健康水平的提升。健康管理包括健康监测、风险评估、健康干预和健康促进等方面。

（二）实践意义

健康管理不仅有助于个体降低医疗成本，提高生活质量，延长寿命，还有助于社会和谐与经济发展。健康管理不仅关注个体的身体健康，还关注个体的心理健康和社会适应能力等方面，旨在使个体实现全面健康。

任务二　养成健康的生活方式

一、均衡饮食

健康的饮食方式应该保证身体获得全面、均衡的营养。人体需要各种营养素来维持生命活动和身体健康，包括蛋白质、脂质、糖类、维生素、无机盐、水和膳食纤维等。因此，在日常饮食中，应该尽量选择多种食物，包括谷类、蔬菜、水果、肉类、豆类、坚果等，以确保各种营养素的均衡摄入。

知识窗

《中国居民膳食指南（2022）》中的8条平衡膳食准则

准则一：食物多样，合理搭配

准则二：吃动平衡，健康体重

准则三：多吃蔬果、奶类、全谷、大豆

准则四：适量吃鱼、禽、蛋、瘦肉

准则五：少盐少油，控糖限酒

准则六：规律进餐，足量饮水

准则七：会烹会选，会看标签

准则八：公筷分餐，杜绝浪费

平衡膳食准则

二、适量运动

学习之余参加一些运动，不仅可以缓解学习压力，还可以放松心情，增加生活乐趣，有助于提高学习效率。

大学生可以根据个人兴趣和身体状况选择运动类型，如跑步、做广播体操、踢足球等。运动有助于增强体质，提高对疾病的抵抗力，是一种积极的休息。大学生应该每周至少运动3次，每次至少30分钟，运动时，心率保持在150次/分左右会取得比较好的健身效果。

三、良好睡眠

睡眠对身体恢复、记忆巩固、情绪调节等具有重要作用。充足的睡眠有助于维持身体健康和心理健康。

大学生应建立规律的作息时间，创造良好的睡眠环境（如保持安静、黑暗、适宜的温度），避免睡前使用电子设备（如手机、电脑）等。此外，大学生还可以通过放松训练、冥想等方法帮助入睡。

四、心理健康

大学生应以乐观、豁达的态度对待周围的人和事。关于学习压力，大学生可以采用时间管理、放松训练（如深呼吸）、正念冥想等应对技巧，以减轻压力对身心健康的影响。大学生应保持心情愉悦，保持积极的心态和情绪稳定，及时疏导不良情绪，这对心理健康至关重要。

任务三　自我健康管理

一、健康监测与风险评估

（一）健康监测

定期进行体重、血压、血糖、胆固醇等指标的监测。这些指标能够反映个体的身体健康状况，其监测有助于及时发现潜在的健康问题。

《国家学生体质健康标准（2014年修订）》测试与评价

（二）风险评估

使用问卷（如健康风险评估问卷）、体检（如全面体检）、实验室检测（如血液检测）等方法评估健康风险。这些工具能够帮助个体了解自己的健康状况和潜在风险，从而制订针对性的健康管理计划。

健康风险评估问卷

知识窗

党的二十大报告提出："推进健康中国建设。人民健康是民族昌盛和国家强盛的重要标志。把保障人民健康放在优先发展的战略位置，完善人民健康促进政策。"

二、健康计划的制订与执行

（一）目标的设定

根据目标设定的SMART原则，设定具体（Specific）、可衡量（Measurable）、可达成（Achievable）、相关性（Relevant）、时限性（Time-bound）的目标。这些目标应该与个体的健康状况和需求相符合，具有可操作性和可实现性。

（二）计划的实施与调整

制订详细的行动计划，包括具体的行动步骤、时间表和责任人等。在实施过程中，要根据实际情况进行必要的调整和优化，确保计划的顺利执行和目标的顺利实现。

三、自我评估与反馈

（一）健康改善效果的评估方法

通过定期的健康检查（如体检）、自我监测（如记录饮食、运动情况）等方式评估健康改善效果。这些评估方法能够帮助个体了解自己的健康状况变化趋势和健康管理计划的执行情况。

（二）根据反馈进行计划调整

根据评估结果和反馈信息，调整健康计划。这包括调整饮食、运动、睡眠等方面的计划内容，以及优化目标设定和实施步骤等。通过持续的反馈和调整，不断完善健康管理计划，实现更好的健康效果。

案例

南京老申“减肥记”

老申今年67岁，家住玄武区新街口街道北门桥社区。本月20日，在国家卫健委举办的“时令节气与健康（小满）”新闻发布会上，老申作为普通居民代表，分享了自己在家门口医院进行慢性疾病管理的故事。通过自律和配合家庭医生的定制服务包，老申原本偏高的血压、血糖得到控制，血脂也正常了，体重比原来减轻了快15公斤。

“我现在减下来了，前两年最重的时候，有将近90公斤。”老申回忆起减重前，连连摇头。头一低就有“双下巴”，腰腹上仿佛“扣着一口锅”，蹲下去系鞋带都要大喘气。拍合照时，更是连连后躲，把半个身子都挡在别人身后。两年前一次体检，老申血压、血糖、血脂数值偏高，空腹血糖高达16，更给他敲响了健康“警钟”。

为了晚年的健康生活，老申踏上了与慢性疾病对抗之路。当时，老申来到新街口社区卫生服务中心，签约家庭医生进行健康管理，收到了包含饮食、运动和中医干预的“服务包”。“社区医院离我家走路就10分钟，过来很方便。”老申说，几乎每个月他都会来医院检测、问诊、拿药。在社区医院组建的“糖友之家”微信群中，医生、护士、营养师、运动指导师、中医师等也会定期发布饮食建议、锻炼方法。

“有人‘管’，减重的自觉性就高了。”老申笑着说。过去想着“多吃一口影响不大”，如今对照饮食建议，老申特地买了小秤，在家煮面只称2两。结合医生开出的“运动处方”，老申也养成了日常锻炼的好习惯。在社区医院时，跟着医生学习打八段锦、练五禽戏；平日里早睡早起，每天早上6时不到就去玄武湖公园绕湖；在家时，更灵活运用各种小工具进行锻炼。

“真正的养生不需要天价产品，按时体检、保证睡眠、均衡饮食、适度运动，这才是我们身体最好的保健品。”社区医生发在“糖友之家”微信群的一段话，也成为老申的健康管理准则。如今，减重近15公斤的老申步伐稳健、走路“带风”，儿子也夸他“上楼不带喘大气”，日益稳定的身体指标，让他更有信心将健康的生活方式保持下去。

老申“减肥记”也是南京以家门口医院网格化守护居民健康的缩影。新街口社区卫生服务中心相关负责人介绍，目前中心管理的高血压、糖尿病患者近6000人，其中超重人群占比过半，通过组建多学科团队，中心向他们提供涵盖疾病诊断治疗、饮食指导、运动规划、中医调理等全方位服务。今年，中心还新开设“标准化健康体重管理门诊”，引导居民以更科学高效的方式减重，真正当好居民的“健康守门人”。

（资料来源：《南京日报》，2025年5月27日，有改动）

思政园地

广州体科所体质健康“大巴车”开进校园

广州市体育科学研究所联合广州体育学院、林和街国民体质监测站点，日前在广州体育学院开展主题为“关爱大学生体质健康”的大巴车进社区活动。

活动中，安装整套体质测试设备的大巴车进入校园，为大学生进行免费的体质测试，专家为测试者解读检测报告并给予健身指导，受到学生的热烈欢迎。活动还邀请了广东省国民体质监测中心研究员周卫海做了题为“大学生体质健康和科学锻炼方法”的专题报告，强调大学生要关注自己的身体，了解自己的体质，重视自己的健康理念，倡导大学生积极参与健身、科学锻炼。

大巴车进社区活动是2018年广州市体育科学研究所的科学健身宣传系列活动，旨在向广大市民传播科学健身及体质健康知识，倡导有益身心的运动生活方式。“关爱大学生体质健康”是这一系列活动的首场活动，接下来还会前往工厂、医院、机关、事业单位等开展免费体质检测和健身指导活动。

（资料来源：《中国体育报》，2018年5月28日，有改动）

思考与练习：

1. 健康有哪些维度？怎么理解？
2. 制订一份健康营养食谱。
3. 制订一份为期一个月的健康管理计划，包括饮食、运动、睡眠等方面的具体安排。

项目二 科学体育锻炼

导读：

体育锻炼是保持身体健康、提升体能的重要途径。本项目将引导学生了解体育锻炼的原则与方法，掌握体育锻炼中的卫生常识，预防运动损伤，并学会制定和执行个人运动处方。通过本项目的学习，学生将能够根据自己的身体状况和兴趣选择合适的运动方式，享受运动带来的乐趣和益处。

学习目标：

1. 了解体育锻炼的原则与方法。
2. 掌握体育锻炼中的卫生常识，预防运动损伤。
3. 学会制定和执行个人运动处方，提升体能和身体素质。

任务一　体育锻炼的原则、方法与卫生常识

一、体育锻炼的原则

（一）自觉积极性原则

自觉积极性原则是指在教师主导下，充分调动大学生锻炼的自觉积极性，发挥大学生的主体作用，培养大学生参加体育锻炼的主动性，使大学生把认真完成体育锻炼变成自觉的行动。

（二）从实际出发原则

从实际出发原则是指锻炼身体应从个人实际情况和外界环境条件的实际出发，确定锻炼目的，选择适宜的运动项目，合理地安排运动时间和运动负荷。由于性别、年龄、体质和健康状况的差异，体育锻炼要从自己的实际出发，在每次锻炼前，大学生都要评估自己的健康状况，使运动项目的难度和强度不超过自身的承受能力。

（三）循序渐进原则

循序渐进是人体适应外界环境的基本规律。人体对环境的适应，是一个缓慢的、从量变到质变的过程，要想身体由弱变强，身体各器官、系统功能必须逐渐适应提高。因此，在安排锻炼内容、难度、时间及负荷等时要根据人体发展规律，有计划、有步骤地逐步提高要求，使人体在不断适应的同时，体质得到增强。例如，进行体育锻炼时，当机体对一定运动负荷产生适应之后，这种负荷对机体的刺激会减弱，此时，可适当增加练习时间和次数，然后让机体产生新的适应。运动负荷要由小到大，逐渐提高。

（四）持之以恒原则

持之以恒原则是指锻炼身体要有连续性和系统性，只有持之以恒地参加体育锻炼，才能持续有效地增强体质，才能不断提高运动技术水平。体育锻炼贵在坚持、贵在适度，不能一曝十寒、半途而废，必须持之以恒，即使不能每天锻炼，每周也要锻炼3～5次并持续下去。

（五）全面锻炼原则

全面锻炼原则是指参加体育锻炼时，不仅要有上下肢、躯干等不同部位的活动，更重要的是应包括多种不同性质的活动，使身体全面发展。体育锻炼可以以一个主要运动项目为主，然后辅以多个锻炼内容，使身体形态、身体机能、身体素质和心理品质得到全面和谐的发展。

二、体育锻炼的方法

在进行体育锻炼时，有许多常见的方法可以帮助大学生提高身体素质和健康水平。大学生应根据自身的体能条件、健身目标选择不同的体育锻炼方法。

（一）有氧运动

有氧运动是指人体在氧气供应充足的条件下，持续运动10分钟以上，全身主要肌肉群参与并加快心率的节律性周期运动。有氧运动是一种非常重要的锻炼方法，它主要通过持续的、节奏性的运动来提高心肺功能，增强心血管系统的健康。常见的有氧运动包括跑步、游泳、骑自行车和跳绳等。开始进行体育锻炼时，大学生应把有氧运动作为基本的体育活动方式，它可以全面提高人体机能，如改善心肺功能、减脂、调节血压、预防常见慢性疾病、改善情绪等。

（二）力量训练

力量训练是重要的锻炼方法之一，它通过对抗阻力来增强肌肉的力量和耐力。力量训练不仅可以塑造体型，还能提高骨骼的密度，预防骨质疏松。力量训练包括徒手力量训练和器械力量训练。常见的力量训练方法包括举重、俯卧撑和引体向上等。

（三）柔韧性训练

柔韧性训练也是体育锻炼中不可或缺的一部分，它通过拉伸运动来增加关节的活动范围和肌肉的柔韧性。柔韧性训练有助于预防运动损伤，缓解肌肉紧张和疼痛。常见的柔韧性训练方法包括瑜伽、普拉提、静态拉伸和动态拉伸等。

（四）平衡训练

平衡训练在体育锻炼中也占有重要地位。平衡训练旨在通过各种练习来提高身体的稳定性和协调性，增强神经系统对肌肉的控制能力。这对于预防跌倒、提高运动表现和日常生活中的动作协调都非常有帮助。常见的平衡训练方法包括单脚站立、直线行走、平衡垫训练和瑞士球训练等。

（五）球类运动

球类运动的趣味性和竞技性强，深受大学生喜爱。球类运动需要参与者有一定的专项技术，并以良好的身体素质为基础。大学生经常参加球类运动可以增强心肺功能和肌肉力量，提高身体的灵敏性，培养团结协作和顽强拼搏的精神。

三、体育锻炼的卫生常识

在进行体育锻炼之前和之后，进行适当的热身活动和放松活动是非常重要的。热身活动可以帮助身体逐渐适应即将进行的运动，减少运动损伤的风险。热身活动包括轻微的有氧运动，如慢跑或跳绳，以及针对性的拉伸运动，以提高肌肉的柔韧性和关节的活动范围。通过热身，身体的血液循环加快，肌肉温度升高，神经系统变得更加活跃，从而为即将到来的运动做好准备。运动后的放松活动同样重要，它有助于身体从高强度的运动状态逐渐恢复到平静状态。放松活动包括缓和的有氧运动如慢走，以及轻松的拉伸运动，以帮助肌肉逐渐放松，减少肌肉酸痛和僵硬。通过放松活动，身体的代谢废物得以清除，血液循环恢复正常，肌肉和关节得到适当的恢复，从而为下一次运动做好准备。

在运动过程中，预防运动损伤是非常关键的。常见的运动损伤类型包括肌肉拉伤、关节扭伤、韧带撕裂等。为了预防这些损伤，大学生需要了解并采取相应的预防措施。例如，在进行高强度或高风险的运动前，佩戴适当的防护装备，如护膝、护腕等；在运动过程中，保持正确的姿势和技术动作；在运动后，进行充分的放松和拉伸，以减少肌肉酸痛和僵硬。此外，应了解和掌握急救知识与技能，以便在发生运动损伤时能够及时进行初步处理，减轻伤害程度，避免进一步的损伤。

对于特殊人群，如老年人、儿童青少年和孕妇，体育锻炼的注意事项更为重要。老年人在进行体育锻炼时，应选择低强度、低冲击的运动，如散步、太极或水中有氧运动，以避免关节和骨骼受伤。同时，老年人应避免在极端天气条件下进行户外运动，以防中暑或感冒。儿童青少年在进行体育锻炼时，应注重身体素质的全面发展，以促进身体的健康成长。此外，家长和教师应确保运动环境的安全，避免儿童青少年在运动中受伤。孕妇在进行体育锻炼时，应选择对母体和胎儿安全的运动，如孕妇瑜伽或散步，并在医生的指导下进行。孕妇应避免高强度或高风险的运动，以防对胎儿造成不良影响。

任务二　运动损伤

运动损伤是指在运动过程中发生的各种损伤。运动损伤与运动项目、技术动作、练习水平、技能基础、教学环境与条件有着密切的关系。

一、运动损伤的发生原因及预防

（一）运动损伤的发生原因

思想麻痹大意；运动前准备活动不充分，特别是缺乏针对性的准备活动；缺乏运动经验与自我保护能力；技术水平低、动作不熟练或做动作时在某个环节上出现错误；纪律松懈或组织不严密；锻炼环境不好；体质弱、身体素质差或机能状态不良；内容组合不科学、方法不合理；运动情绪低下，伴有畏难、恐惧、害羞、犹豫以及过分紧张，致使注意力不能集中；动作粗野、违反规则（对抗项目）。

（二）运动损伤的预防

加强运动安全教育，克服麻痹思想，提高预防损伤意识；认真做好准备活动；改进技术动作，合理安排运动负荷；加强保护与帮助，特别是提高自我保护能力；做好医务监督工作，掌握运动损伤的预防与处置方法。

二、运动损伤的分类

运动损伤的分类方法较多，常用的有以下几种：

（1）按损伤组织的种类，运动损伤可分为肌肉肌腱损伤、滑囊损伤、关节韧带损伤、骨折、关节脱位、内脏损伤、脑震荡和神经损伤等。

（2）按有无创口与外界相通，运动损伤可分为开放性损伤和闭合性损伤。伤部皮肤或黏膜破裂，创口与外界相通，有组织液渗出或血液自创口流出，称为开放性损伤，如擦伤和刺伤等。伤部皮肤或黏膜完整，无创口与外界相通，损伤后的出血积聚在组织内，称为闭合性损伤，如肌肉拉伤和关节韧带损伤等。

（3）按发病的缓急，运动损伤可分为急性损伤和慢性损伤。瞬间遭受直接或间接暴力造成的损伤，称为急性损伤。其发病急，症状骤起，病程短。因局部长期负担过度，由反复微细损伤积累而成的损伤，称为慢性损伤。其发病缓慢，症状渐起，病程较长。此外，急性损伤还可因处理不当或过早运动而转变为慢性损伤。

三、常见运动损伤的处置

（一）出血和止血

1. 出血的种类

根据人体损伤的部位分类，出血可分为外出血和内出血两类。其中外出血又可分为动脉出血、静脉出血和毛细血管出血三类。

（1）动脉出血：血色鲜红，出血速度快，呈喷射状。

（2）静脉出血：血色暗红，血流缓慢。

（3）毛细血管出血：血缓慢渗出。

2. 止血方法

止血方法主要有以下几种。

（1）间接指压法。这一方法简便有效，可用于浅部动脉出血，方法正确可即刻止血。需要注意的是，动脉出血时应指压伤口的近心侧，静脉出血时应指压伤口的远心侧。常用的压迫止血点如下。

① 头部出血：头顶、额部及颞部出血，压迫颞动脉，压点在耳前，用手指正对颧骨后端骨面压迫。（图2-2-1）

② 面部出血：压迫颌外动脉，压点在下颌角前约半寸处。（图2-2-2）

③ 颈部出血：压迫颈总动脉，压点在甲状软骨外搏动处。（图2-2-3）注意：不要同时压迫两侧的颈总动脉，以免引起大脑出血。

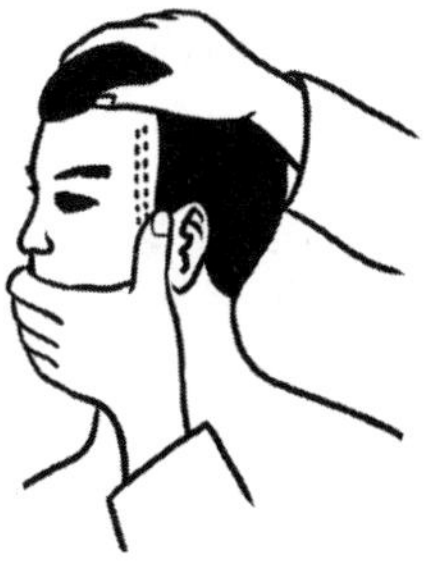

图 2-2-1

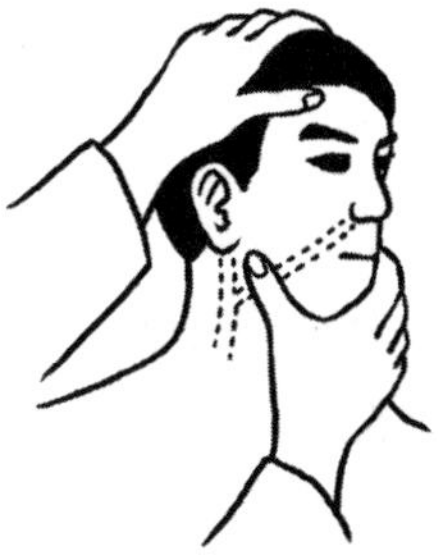

图 2-2-2

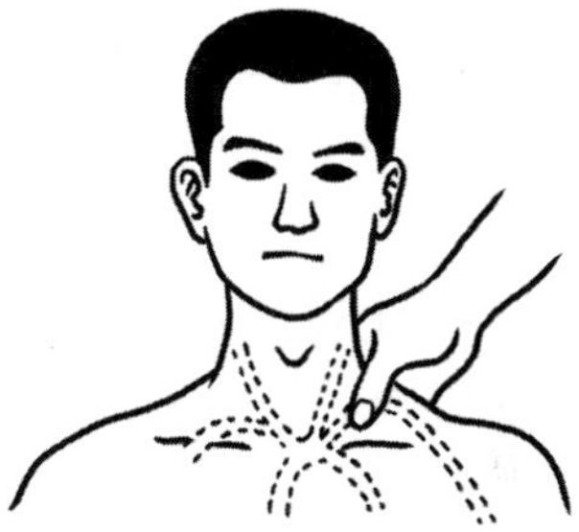

图 2-2-3

④ 上肢出血：腋部和上臂出血时压迫锁骨下动脉，压点在锁骨上方、胸锁乳突肌外缘。前臂出血时压迫肱动脉，使患肢外展，用拇指压迫上臂内侧上1/3处。（图2-2-4）

⑤ 下肢出血：大腿部出血时压迫股动脉，压点在腹股沟中点该动脉搏动处。（图2-2-5）

（2）止血带法。这一方法适用于四肢动脉大出血、创面大或不整齐时。常用皮管、橡皮带、气压式止血带等工具来止血，也可根据现场情况来选材止血，如用布带、手帕、领带、长袜等折叠成带状或将衣服撕成布条，宽度至少5厘米，用来替代止血带。方法：用止血带在出血部位的近端（近心侧）扎紧（上肢应在上中1/3交界处，下肢应在靠近大腿根部处），压力不小于20毫米汞柱。因为压力太小只能闭锁静脉，而动脉仍可继续出血。

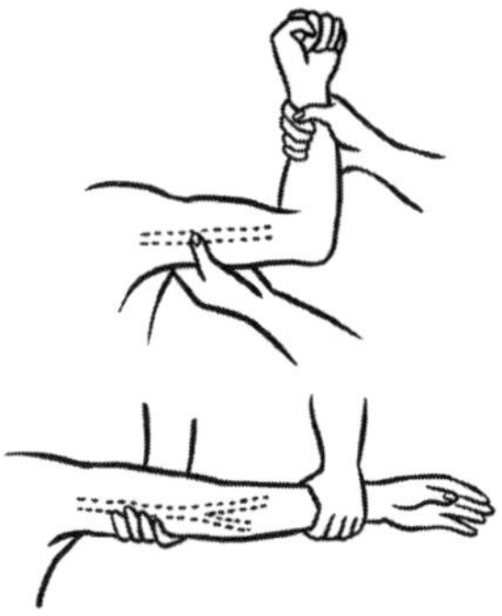

图 2-2-4

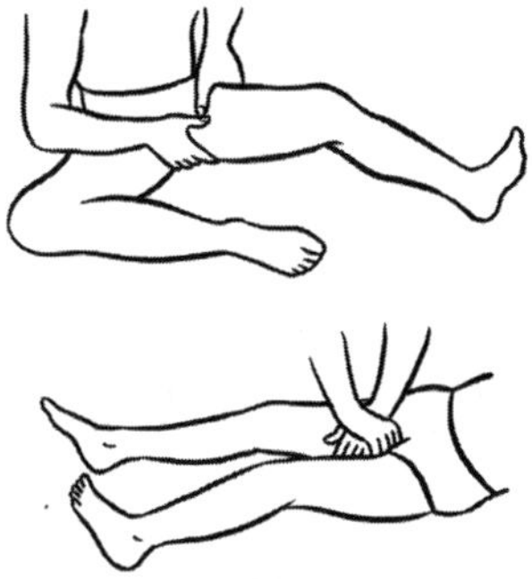

图 2-2-5

（3）抬高伤肢法。用于四肢出血，抬高伤肢，使伤处血压降低，血流量减少，以达到减少出血的目的。

（4）绷带加压包扎法。用数层无菌敷料覆盖伤口，再用绷带加压包扎，以压住出血的血管而达到止血的效果，同时抬高伤肢。绷带加压包扎法适用于小动脉、小静脉和毛细血管的止血。

用以上方法紧急处置后，立即送医治疗。

（二）软组织损伤

1. 擦伤

擦伤是指运动时机体表面与粗糙的物体相互摩擦而引起的皮肤表层损伤，创面有擦痕、渗出液或点状出血，属于开放性软组织损伤。

（1）主要症状。伤口浅，面积大，边缘不整齐；表皮脱落，点状出血，组织液渗出；无感染时，伤口易干燥结痂而愈合；伤口感染后易化脓，有较稠的渗出液。

（2）处理方法。伤口浅、面积小的擦伤，用生理盐水清洗后直接外涂2%的碘酊，无须包扎，让伤口暴露在空气中即可；伤口内有异物的擦伤，用生理盐水或自来水冲洗伤口，伤口用3%过氧化氢溶液、伤口周围用75%的酒精消毒，然后用消炎药粉、无菌敷料处理；伤口较深、污染严重的擦伤，除消毒、包扎等处理外，还应由医生注射破伤风抗毒素；关节部位的擦伤，经消毒后，涂上消炎软膏或抗生素软膏，并用无菌敷料覆盖，一般不用暴露疗法。

2. 裂伤

裂伤也称撕裂伤，属于开放性软组织损伤，是指身体受钝性暴力打击引起的皮肤、皮下组织撕裂的损伤。运动中头部裂伤最多，其中额部和面部最常见。

（1）主要症状。伤口周围多不整齐，常伴有周围软组织的损伤。

（2）处理方法。发生裂伤的患者，轻者可先用碘酒、酒精对伤口周围的皮肤消毒，然后在伤口上撒上消炎药粉，用消毒纱布覆盖，加压包扎。小的裂口，伤口消毒后可用粘膏粘合。裂口较长或污染较重者，应由医生做清创术，清除伤口内的污物和异物，切除失去活力的组织，彻底止血，缝合伤口。凡伤情和污染较重者，应遵医嘱，口服或注射适当的抗菌药物，预防感染。

3. 扭伤

扭伤属于闭合性软组织损伤，多是在外力作用下，关节发生超常范围的活动，造成关节内外侧副韧带损伤。扭伤在运动中较为常见。

（1）主要症状。关节出现疼痛、肿胀、皮下瘀血、关节功能障碍等症状。轻者发生部分韧带纤维断裂，重者韧带纤维完全断裂，并引起关节脱位或半脱位，同时合并关节内滑膜和软骨损伤。

（2）处理方法。关节韧带扭伤或部分韧带纤维断裂者，伤后立即冷敷，加压包扎，抬高伤肢并休息，以减轻出血和肿胀，然后送医治疗。24～48小时后，拆除包扎固定，根据伤情可采用中药外敷、痛点药物注射、理疗和按摩等，但理疗和按摩在开始时只能施于伤部周围，3天后才可施于伤部。韧带纤维完全断裂者，经急救处理后应立即将患者送至医院，以争取进行早期手术缝合或固定。关节韧带扭伤时，当关节肿胀和疼痛减轻后，在不引起疼痛或疼痛加重的情况下，应尽早进行伤肢功能性活动，防止发生肌肉萎缩和组织粘连，以促进功能恢复。

4. 肌肉拉伤

肌肉拉伤是指肌肉的猛烈收缩或被动牵拉超过了肌肉本身所能承受的限度而引起的肌肉组织损伤。

（1）主要症状。肌肉拉伤可发生在肌腹或肌腹与肌腱交界处，或肌腱的起止处。轻者发生微细损伤，重者肌纤维大部分断裂或完全断裂，甚至发生撕脱骨折。肌肉拉伤后，伤处疼痛、肿胀、压痛，肌肉紧张或痉挛，触之发硬。受伤肌肉做主动收缩或被动拉长的动作时，疼痛会加重。当肌肉严重拉伤时，患者在受伤当时可感到或听到断裂声，疼痛和肿胀明显，皮下瘀血显著，运动功能严重障碍，肌肉出现收缩畸形。

（2）处理方法。肌肉微细损伤或少量肌纤维断裂，应立即冷敷、加压包扎并抬高伤肢，注意局部休息。疼痛较重者可口服镇静剂、止痛剂。24～48小时后可采用中药外敷、痛点药物注射、理疗和按摩等。肌纤维大部分断裂或完全断裂时，经加压包扎等急救处理后，应立即将患者送至医院，及早进行手术。

5. 关节韧带拉伤

关节韧带拉伤是指在间接外力作用下，关节发生超常范围的活动而引起的关节韧带损伤，是一种闭合性软组织损伤。在体育运动中常见的有踝关节韧带拉伤、膝关节韧带拉伤、掌指（间）关节韧带拉伤和肘关节韧带拉伤。

（1）主要症状。伤后局部疼痛、肿胀，若伤及关节滑膜或韧带断裂及合并关节内其他组织损伤，会出现整个关节肿胀或血肿，局部有明显压痛。轻者关节活动受限，不能着力；当韧带完全断裂或撕脱时，关节有不稳或松动感，关节功能明显障碍。

（2）处理方法。关节韧带拉伤是运动中常见的损伤，如早期误诊或处理不当，转成慢性或遗留功能障碍，则会影响比赛和训练。处理基本原则：早期止血，预防肿胀；晚期消炎活血。最初要用压迫的方法及减少局部供血（降温）。经冰袋冷敷或冷水淋浴、喷冷冻剂后，覆盖绷带加压包扎，然后视情况决定是否立即送医治疗。24小时后打开包扎，观察伤部变化，考虑是否做进一步处理。拉伤后早期妥善处理，对减少瘀血肿胀、防止韧带无力是非常重要的。24～48小时后出血停止，局部用封闭治疗、中药外敷、理疗、按摩等，促使组织损伤后的炎症尽快消散。1～3周后，大多能够恢复。伤后的运动训练，要尽量用支持带保护，避免再损伤。

6. 挫伤

挫伤又称撞伤，是指钝性外力直接作用于人体某部引起该处及其深部组织的急性闭合性软组织损伤。

（1）主要症状。单纯性挫伤，轻者仅在伤部出现疼痛、肿胀、局部皮肤青紫、压痛和功能障碍等症状；严重挫伤或有并发症时，可因皮下出血而形成血肿或瘀斑，疼痛和功能障碍较为明显，头部或躯干部的挫伤较为严重者可并发脑组织或内脏器官的损伤，甚者出现全身症状或某些特殊体征。

（2）处理方法。单纯性挫伤的处理一般分为3期，若病情较轻，可把后两期合并兼治。

① 限制活动期。受伤24～48小时内，局部冷敷、加压包扎、抬高伤肢并休息。较轻的挫伤可外敷安福消肿膏或一号新伤药。疼痛较重者，可内服镇静剂、止痛剂。股四头肌和腓肠肌挫伤时，应注意严密观察，若出血较多，肿胀不断发展或肿胀严重影响血液循环，应立即将患者送至医院进行手术治疗，取出血块，结扎出血的血管。

② 恢复活动期。受伤24～48小时后，肿胀已基本消退，可拆除包扎进行温热疗法，包括各种理疗和按摩。在伤情允许的情况下，应尽早进行伤肢的功能锻炼，逐渐增加关节的活动幅度。股四头肌挫伤时，只有当病情已稳定，患者可以控制股四头肌收缩时，才可开始做膝关节的屈伸活动。先做伸膝练习，屈膝练习宜晚些，不可操之过急。当膝关节能屈至90°、走路不用拐杖时，可视为此期治疗结束。

③ 功能恢复期。逐渐增加抗阻练习和一些非碰撞性练习，如打乒乓球、羽毛球等，并配合进行理疗和按摩等，直至关节功能恢复正常。

混合性挫伤并出现休克的患者，经急救处理后，应尽快送至医院。

（三）骨折和脱臼

1. 骨折

由于外伤或病理等原因，骨的连续性、完整性遭到破坏的损伤都称为骨折。运动中发生的骨折多为闭合性骨折。

（1）主要症状。

① 疼痛：疼痛较明显，动则加剧，可引起休克。

② 畸形：与健侧骨比较有成角、变短等异态。

③ 活动失常：失去正常活动功能，在关节以外的地方出现异常活动。

④ 肿胀：伤后不久便出现，也可成血肿。

⑤ 压痛：骨折处压痛最明显，轴线撞击时骨折处剧痛。

⑥ 骨擦音：轻微活动或推摸局部时，断端会出现骨擦音。

（2）处理方法。一旦出现骨折，暂勿随意移动患肢，及时护送至医院治疗。

2. 脱臼

脱臼又称关节脱位，是指由外力或其他原因造成的关节各骨的关节面失去正常的对合关系。

（1）主要症状。

① 关节畸形：失去正常关节外观，骨标志改变。

② 活动失常：失去正常活动功能，常弹性固定于半屈曲状态。

③ 患肢缩短。

④ 局部肿胀或积血。

⑤ 压痛。

（2）处理方法：用夹板或三角巾固定伤肢，并尽快护送至医院治疗。如没有整复技术和经验，切不可随意做复位动作，以免加重伤情。

任务三 运动处方

运动处方是指根据个体的健康状况、体能水平、运动能力以及具体需求，由专业人员制定的一套个性化的运动方案，通常包括运动类型、运动强度、运动时间、运动频率以及注意事项等详细内容。运动处方的目的是达到特定的健康目标，如减肥、增强心肺功能、改善肌肉力量和耐力、预防慢性疾病等。科学合理的运动处方可以有效地提高运动效果，减少运动损伤的风险，使个体在享受运动带来的乐趣的同时，获得最佳的健康收益。

一、运动类型

耐力性（有氧）运动是运动处方中最主要和最基本的运动手段。在预防性运动处方中，耐力性（有氧）运动主要用于心血管、呼吸、内分泌等系统的慢性疾病的康复和预防，以改善和提高心血管、呼吸、内分泌等系统的功能。在健身、健美运动处方中，耐力性（有氧）运动是促进全面身心健康、保持理想体重的有效运动方式。

耐力性（有氧）运动项目包括健步走、慢跑、走跑交替、上下楼梯、游泳、骑自行车、跳绳、划船、滑冰、滑雪、球类运动等。

二、运动强度

运动强度是运动处方的核心及制定运动处方时最困难的部分，制定者需要通过适当的监测方法来确定运动强度是否适宜。运动强度是指单位时间内的运动量，即运动强度=运动量 ÷ 运动时间。运动量是运动强度和运动时间的乘积，即运动量=运动强度 × 运动时间。运动强度可根据最大摄氧量的百分数、代谢当量（metabolic equivalent，MET）、心率、自觉疲劳程度等来确定。下面主要介绍前3项。

（1）最大摄氧量的百分数。在运动处方中常用最大摄氧量的百分数来表示运动强度，最大摄氧量的百分数在50%~70%的运动是安全的。

（2）MET。MET是指运动时代谢率是安静时代谢率的多少倍。1MET是指每千克体重，进行1分钟活动消耗3.5毫升的氧，其活动强度称为1MET［1MET=3.5毫升/（千克•分）］。1MET的运动强度相当于健康成人坐位安静时的代谢水平。任何人进行任何强度的运动，都可测出其摄氧量，从而计算出MET。在制定运动处方时，如已测出某人的适宜运动强度相当于多少MET，即可找出相同MET的运动项目，写入运动处方。

（3）心率。在运动处方中，除了环境、心理刺激、疾病等因素之外，心率与运动强度之间还存在着线性关系。在运动处方实践中，一般来说，达到最大运动强度时的心率称为最大心率，达到最大摄氧量的60%~70%时的心率称为“靶心率”或“运动中的适宜心率”，它是指能获得最佳效果并能确保安全的运动心率。为精确地确定适宜心率，须先做运动负荷试验或做症状限制性运动试验，确定运动中可以达到的最大心率，该心率的70%~85%为运动的适宜心率。

三、运动时间

运动处方中的运动时间是指每次运动的持续时间。每次运动的持续时间为15~60分钟，一般需要持续20~40分钟。其中，达到适宜心率的时间须在15分钟以上。在计算间歇运动的持续时间时，应扣除间歇时间。间歇运动的运动密度应视体力而定，体力差者运动密度较低，体力好者运动密度较高。

运动量由运动强度和运动时间共同决定，即运动量=运动强度 × 运动时间。在总运动量确定时，运动强度越小则运动时间越长。体力较好的大学生可由较大的运动强度开始运动，体力较弱者可由较小的运动强度开始运动。运动量应由小到大，增加运动量时，应先延长运动时间，再提高运动强度。

四、运动频率

在运动处方中，运动频率常用每周的运动次数来表示。运动频率取决于运动强度和运动时间。一般认为每周运动3~4次，即隔1天运动1次，这种运动的效率最高。最低的运动频率为每周运动2次。运动频率更高时，运动效果的提升并不明显，但增加了运动损伤的风险。

五、注意事项

耐力性（有氧）运动用于康复和辅助治疗的疾病多为心血管、呼吸、内分泌等系统的慢性疾病。在制定运动处方时，制定者要根据各类疾病的病理特点、运动者的具体身体状况，提出有针对性的注意事项，以确保运动处方的有效性和安全性。

（1）运动处方应有针对性地提出运动禁忌证。例如，心脏病患者的禁忌证包括：病情不稳定的心力衰竭和严重的心功能障碍；急性心包炎、心肌炎、心内膜炎；严重的心律失常；不稳定型、恶化型心绞痛，心肌梗死后不稳定期；严重的高血压；不稳定的血管栓塞性疾病；等等。

（2）运动处方应指出须立即停止运动的症状。例如，心脏病患者在运动中出现以下症状时应停止运动：运动时上身不适，运动中无力、头晕、气短，运动中或运动后关节疼痛或背痛等。

（3）运动处方须对运动量的监控提出具体的要求，以保证运动处方的有效性和安全性。

（4）运动处方应要求做好充分的准备活动。

（5）明确运动疗法应与其他临床治疗手段相结合，如糖尿病患者的运动疗法须与药物治疗、饮食治疗相结合，以获得最佳的治疗效果。运动时间应避开降糖药物血浓度达到高峰的时间，在运动前、运动中或运动后，可适当增加饮食，以避免发生低血糖综合征等。

案例

运动处方示例

姓名：赵某某；性别：女；年龄：20岁；职业：学生；体育爱好：乒乓球。

健康检查：良好，身高1.6米，体重65千克（中度超重），无特殊病史。

运动负荷测定：台阶试验显示，平静脉搏79次/分，血压75/110毫米汞柱，肺活量2800毫升。

体能测定：力量（仰卧起坐25个/分）、耐力（800米用时5'05"）。

运动目的：减肥健身，改善心脏功能和代谢，预防“文明病”。

运动项目：结合个人爱好选择乒乓球，辅以有氧运动（如快走、慢跑）。

运动强度：中等强度，控制运动心率在最大心率的50%~60%。

运动时间：每次30~60分钟。

运动频率：每周3~5次。

注意事项：运动前进行10分钟准备活动，避免空腹或饱腹运动；运动后做整理活动，逐步降低强度；定期监测体重及身体成分变化，根据适应情况调整运动方案。

思政园地

淄川区：深化体教卫融合　构建运动促进健康新模式

近日，淄博市青少年生长干预中心与有关单位组建医疗专家团队走进淄博第十中学组织开展“运动康复进校园”活动，为参加山东省第二十五届运动会（以下简称省运会）男女排、棒垒球比赛的运动员进行康复治疗以及运动损伤预防指导等服务，进一步推动体教卫融合发展，构建运动促进健康新模式。

活动中，专家团队与教练员、运动员代表进行座谈交流，了解运动员既往伤病情况，讨论运动损伤创伤机理，针对普遍存在的错误观念与运动方式做了深度解析，介绍了在日常训练中如何提前介入，防患于未然，使师生产生了强烈共鸣。随后，专家团队对有运动损伤的重点运动员进行了现场评估，并根据运动损伤情况制订了个性化康复治疗方案。活动的最后，专家团队与重点运动员分别结对，结合省运会备战参赛任务，制订了详细方案，确保康复保障工作高效、有序，为运动员提供便捷、优质的康复医疗保障服务。

淄博第十中学与专家团队“牵手”，将建立起一站式运动健康服务与医疗保障体系，在深化体教融合、推动体卫融合实践的过程中，树立“健康第一”的理念，加强学校体育工作、医疗保障，助力体育教育，实现“1+1+1>3”的效果，打造“体教卫融合”新样板。

（资料来源：淄博市教育局，2022年6月20日，有改动）

思考与练习：

1. 简述体育锻炼的原则。
2. 简述软组织损伤的处理办法。
3. 分析自己的身体状况和运动兴趣，为自己制定一份个性化的运动处方。

项目三　基础体能与职业体能

导读：

基础体能是人们进行日常生活和工作的基础，而职业体能则是特定职业对个体体能的特殊要求。本项目旨在帮助学生了解基础体能和职业体能的概念及其重要性，掌握提升基础体能和职业体能的方法，并掌握职业病的防治策略。通过本项目的学习，学生将能够更好地适应日常生活和工作的需要，提升身体素质和工作效率。

学习目标：

1. 了解基础体能和职业体能的概念及其构成要素。
2. 掌握提升基础体能和职业体能的方法。
3. 掌握职业病的防治策略。

任务一　基础体能

基础体能是指一个人在日常生活中所具备的基本身体素质，包括力量、耐力、速度、灵敏和柔韧等素质。这些身体素质是人们进行各种日常活动和完成工作任务的基础。

一、力量素质

力量素质是指肌肉收缩克服阻力和对抗阻力的能力，是身体的基本素质之一，也是进行各项运动的基础。发展力量素质，不仅有利于增强肌肉力量，使身体更加结实、丰满、匀称，还有利于学习和掌握各项运动技能，减少运动损伤。力量素质的练习方法由一些基本要素组成，掌握这些要素及其规律，就可以根据运动需要，创造和设计出多种多样的力量练习方法。力量练习可分为上肢练习和下肢练习。锻炼上肢力量可选择引体向上、俯卧撑等动作，也可借助哑铃、拉力器等器械；锻炼下肢力量可选择蹲起、跳台阶、快速跑等动作。力量素质较差的人应注意适当减少运动次数，如每次少做几个引体向上、跳台阶时少跳几阶等。

二、耐力素质

耐力素质是指人体长时间进行肌肉活动时抗疲劳的能力。耐力素质是人体各器官、系统机能和心理素质的综合表现，发展耐力素质可以有效地提高人体呼吸系统和心血管系统的功能以及人体新陈代谢水平，增强人体抗疲劳的能力。

耐力素质可分为有氧耐力和无氧耐力。有氧耐力运动包括长跑、游泳、登山、健美操等；无氧耐力运动通常为爆发性运动，包括短跑、跳高、跳远等。耐力较差的人应注意缩短运动距离。以中长跑为例，可以从每天跑500米开始，逐渐过渡到每天跑800米、1000米等。

三、速度素质

速度素质是指人体快速运动的能力。神经系统的反应能力、做动作的频率和动作幅度的大小，是影响速度素质发展的主要因素。发展速度素质，可以提高大脑的反应能力和身体的协调能力，使身体更加灵活，做动作更加迅速。发展速度素质，一般采用强度大、持续时间短的练习，应在精力充沛、运动欲望强的情况下交替进行各种练习。在疲劳时或只采用单一的练习方法进行练习，不能达到良好的效果。同时，发展速度素质要与发展力量素质、耐力素质和柔韧素质结合起来，注意提高肌肉的放松能力。

四、灵敏素质

灵敏素质是指人在各种突然变化的条件下，能够迅速、准确、协调地改变身体运动的能力。灵敏素质是人体综合能力的反映，受遗传因素影响很大。为了提高大学生的灵敏素质，教师应尽可能采取逐渐增加复杂程度的练习方式，也可以通过改变条件、器材等方式增加技术动作的复杂性和难度。灵敏素质练习的主要手段有：①在跑、跳中做迅速改变方向的各种跑、躲闪、突然起动的练习，以及各种快速急停和迅速转体的练习等；②做各种调整身体方位的练习；③做专门设计的各种复杂多变的练习，如进行由“之”字跑、躲闪跑、穿梭跑和立卧撑组成的综合性练习。

五、柔韧素质

柔韧素质是指关节活动的幅度及相关肌肉、韧带等软组织的伸展性和弹性。发展柔韧素质有利于正确掌握各项运动技术，在突然用力的情况下，避免损伤肌肉、韧带等软组织。发展柔韧素质的方法主要是进行加大动作幅度的练习，即拉长肌肉、肌腱、韧带的练习。柔韧素质练习的动作幅度应逐步加大，身体各部位的柔韧素质练习要交替进行，持之以恒。当软组织被拉长之后，机体感到酸、胀、痛时应坚持8~10秒，这样重复练习8~10次，可以达到良好的效果。在每次运动过程中，动力拉伸练习一般控制在15~25个，每个练习以7~30次为宜。注意，柔韧练习的总时间不宜过长。

任务二　职业体能

职业体能是指在特定职业领域中，为了满足工作需求而必须具备的特定身体素质和技能。这些体能要求因职业不同而有所差异。例如，消防员需要具备较大的力量和较好的耐力，以便在紧急情况下进行救援行动；舞蹈演员则需要具备出色的柔韧性和协调性，以便完成复杂的舞蹈动作。职业体能不仅包括身体素质，还包括与工作相关的技能和知识，如操作特定设备的能力和应对紧急情况的反应能力。

一、静态坐姿类职业体能训练方法

静态坐姿类职业体能训练方法，主要是针对那些需要长时间保持坐姿工作的职业，如办公室文员、程序员等。这类训练方法主要包括核心肌群的锻炼，如俯卧挺身等，以增强腰背部肌肉力量，减少因久坐带来的腰背疼痛。此外，还可以进行一些拉伸运动，如颈部、肩部和腰部的拉伸，以缓解肌肉紧张和疲劳。

二、静态站姿类职业体能训练方法

静态站姿类职业体能训练方法，适用于那些需要长时间站立工作的职业，如售货员、保安等。这类训练方法主要包括下肢肌肉的锻炼，如深蹲、弓步蹲等，以增强腿部肌肉力量，减少因长时间站立带来的腿部疲劳和静脉曲张的风险。同时，也可以进行一些平衡训练，如单脚站立、瑜伽中的树式等，以提高身体的稳定性和协调性。

三、流动变姿类职业体能训练方法

流动变姿类职业体能训练方法，适用于那些工作过程中需要频繁变换姿势的职业，如医护人员等。这类训练方法主要包括全身性的有氧运动，如快走、慢跑、游泳等，以提高心肺功能和耐力。此外，还可以进行一些灵活性和协调性的训练，如太极、瑜伽等，以提高身体的灵活性和反应速度。

四、工厂操作类职业体能训练方法

工厂操作类职业体能训练方法，适用于那些在工厂环境中进行操作工作的职业，如机械操作工、装配工等。这类训练方法主要包括上肢和下肢的综合锻炼，如举重、推举、深蹲等，以增强全身肌肉力量和耐力。同时，还可以进行一些特定的技能训练，如模拟操作、工具使用等，以提高工作效率和安全性。

任务三　职业病的防治

在现代社会中，职业病的防治已经成为一个重要的公共卫生问题。职业病是指由工作环境中的有害因素长期作用于人体而导致的疾病。这些疾病不仅会影响员工的健康，还会影响企业的生产效率和经济效益。因此，加强职业病的防治工作显得尤为重要。

一、颈椎病

颈椎病是一种常见的职业病，主要由于长时间保持同一姿势，尤其是低头工作，导致颈椎负荷过大，从而引发颈椎间盘退变、颈椎骨质增生等问题。为了预防颈椎病，建议在工作时每隔一段时间就进行颈部活动，保持正确的坐姿，并适当进行颈部肌肉锻炼。

（一）颈椎病的预防措施

为了有效预防颈椎病的发生，我们需要采取一系列的措施来保护我们的颈椎健康。首先，保持正确的坐姿和站姿，避免长时间保持一个姿势，尤其是低头看手机或电脑屏幕。

其次，定期进行颈部肌肉的锻炼，增强颈部肌肉的力量和柔韧性，这样可以有效减轻颈椎的压力。再次，避免过度使用颈椎，在长时间的驾驶或阅读后，要注意适当休息和活动颈部。最后，保持良好的生活习惯，如避免长时间的枕头过高或过低，选择适合自己的枕头，以及保持良好的睡眠质量，这些都有助于预防颈椎病的发生。

（二）颈椎病的运动疗法

颈椎病的运动疗法是一种通过特定的运动来缓解颈椎疼痛和改善颈椎功能的方法。首先，进行一些简单的颈部伸展运动，如缓慢地将头部向一侧倾斜，然后向另一侧倾斜，重复多次。其次，进行颈部旋转运动，缓慢地将头部向一侧转动，尽量让下巴靠近肩膀，然后转向另一侧，重复多次。最后，进行颈部屈伸运动，将头部向前倾斜，尽量让下巴靠近胸部，然后向后仰，重复多次。这些运动可以帮助放松颈部肌肉，增加颈椎的活动范围。在进行运动疗法时，一定要注意动作的幅度和力度，避免过度拉伸或用力过猛，以免加重颈椎的损伤。最好在专业医生的指导下使用运动疗法，以确保安全和效果。

二、肩周炎

肩周炎，也称为冻结肩，是一种由于肩部肌肉、肌腱和滑囊长期过度使用或受到不良姿势影响而引起的炎症性疾病。为了预防肩周炎，建议在工作中注意肩部的保暖，避免长时间保持同一姿势，定期进行肩部肌肉的拉伸和力量训练。

（一）肩周炎的预防措施

肩周炎的主要表现为肩部疼痛和活动受限。为了有效预防肩周炎的发生，可以采取以下措施：首先，保持良好的姿势，无论是坐姿还是站姿，都应该尽量保持脊柱的自然曲线，避免长时间保持一个姿势。其次，定期进行肩部肌肉的拉伸和强化训练，以增强肩关节的稳定性，减少受伤的风险。再次，避免过度使用肩部，尤其是在进行重体力劳动或高强度运动时，要适当休息，防止肩部肌肉和关节的过度疲劳。最后，保持健康的生活方式，如合理饮食、充足睡眠和适度运动，这些也有助于预防肩周炎的发生。

（二）肩周炎的运动疗法

肩周炎的运动疗法主要包括一系列针对性的肩部运动，旨在缓解疼痛、增加关节活动范围和恢复肩部功能。首先，进行肩部的热身运动，如肩部旋转和肩部环绕，这些动作可以帮助放松肩部肌肉，提高关节的灵活性。其次，进行肩部拉伸运动，如将一只手臂横跨身体，用另一只手轻轻按住，保持拉伸状态几秒，然后换另一侧进行。这种拉伸运动有助于增加肩关节的活动范围。再次，进行肩部强化运动，如使用轻量哑铃进行上举，逐步增加重量和重复次数，以增强肩部肌肉的力量。最后，定期在专业医生或物理治疗师的指导下进行这些运动，以更有效地缓解肩周炎的症状，促进肩部功能的恢复。

三、腰肌劳损

腰肌劳损是指由于长时间的弯腰、久坐或重复性腰部动作，导致腰部肌肉、筋膜和韧带的慢性损伤。为了预防腰肌劳损，建议在工作中保持正确的坐姿，避免长时间保持同一姿势，定期进行腰部肌肉的拉伸和锻炼。

（一）腰肌劳损的预防措施

为了有效预防腰肌劳损，首先需要注意保持良好的姿势，无论是站立、坐着还是行走，都要尽量保持脊柱的自然曲线。长时间保持同一姿势工作或学习时，应每隔一段时间就起身活动一下，做一些简单的拉伸运动，以缓解腰部肌肉的紧张。其次，需要加强核心肌群的锻炼，如进行仰卧起坐、平板支撑等动作，以增强腰部的稳定性，减少腰肌劳损的风险。避免过度负重和突然的腰部扭转动作，也是预防腰肌劳损的重要措施之一。

（二）腰肌劳损的运动疗法

腰肌劳损的运动疗法主要包括一系列针对性的锻炼动作，旨在增强腰部肌肉的力量和柔韧性。例如，猫牛式运动可以有效缓解腰部紧张，通过交替弓背和下塌脊柱的动作，促进血液循环，增强脊柱的灵活性。桥式运动则可以锻炼到臀部和下背部的肌肉，通过仰卧位抬高臀部，保持几秒后缓慢放下，重复多次，有助于增强腰背部的支撑力。此外，游泳特别是蛙泳对腰部的压力较小，能够锻炼到全身的肌肉，是腰肌劳损患者理想的运动方式之一。这些运动疗法的持续练习可以有效缓解腰肌劳损的症状，促进腰部健康。

四、腰椎间盘突出症

腰椎间盘突出症是一种由于腰椎间盘长期受到过度压力或外力作用，导致椎间盘纤维环破裂，髓核突出并压迫神经根的疾病。为了预防腰椎间盘突出，建议在工作中避免重体力劳动，保持正确的坐姿和站姿，定期进行腰背部肌肉的锻炼，增强腰椎的稳定性。

（一）腰椎间盘突出症的预防措施

（1）保持正确的姿势：在日常生活中，保持正确的坐姿和站姿是非常重要的。在搬运重物时，也要保持正确的姿势，尽量使用腿部力量，避免腰部过度用力。

（2）加强核心肌群锻炼：通过锻炼腹部和背部的肌肉，增强核心肌群的力量，可以有效支撑脊柱，减少腰椎间盘的压力。常见的锻炼方式包括仰卧起坐、平板支撑等。

（3）避免负荷积累：要避免长时间保持一个姿势尤其是久坐或久站，要定期活动腰部，缓解肌肉紧张。同时，要尽量减少频繁弯腰的动作，以减轻腰椎间盘的负担。

（4）保持适当的体重：过重的体重会增加腰椎间盘的压力，因此保持健康的体重对于预防腰椎间盘突出症非常重要。

（5）定期进行体检：定期进行脊柱相关的体检，特别是对于有腰椎间盘突出症家族史的人群，定期体检可以早期发现潜在问题，及时采取预防措施。

（二）腰椎间盘突出症的运动疗法

（1）冷敷和热敷：在急性期，使用冷敷可以缓解疼痛和肿胀；而在慢性期，使用热敷可以促进血液循环，缓解肌肉紧张。

（2）牵引疗法：通过牵引设备对腰椎进行适当的牵引，可以减轻腰椎间盘的压力，缓解症状。牵引疗法应在专业人员的指导下进行。

（3）拉伸运动：进行腰部和腿部的拉伸运动，可以增加脊柱的柔韧性，缓解肌肉紧张。常见的拉伸运动包括猫牛式、下犬式等。

（4）核心肌群训练：通过平板支撑、仰卧起坐等锻炼方式，增强腹部和背部核心肌群的力量，提高脊柱的稳定性，减少腰椎间盘突出的风险。

（5）游泳：游泳是一项全身性的运动，可以增强全身肌肉的力量，对腰椎间盘突出症患者有很好的康复效果。选择蛙泳或仰泳等姿势，可以避免对腰部造成过大压力。

思政园地

健康中国　科学先行——专家谈科学健身

近年，国家体育总局科研所的国民体质监测车穿梭在全国各地，一辆辆流动的检测车不只为大家进行体质检测，更重要的是把科学健身的理念宣传到了更多的地方。据国家体育总局科研所国民体质研究中心有关人员介绍，国民体质检测有助于系统掌握我国国民体质现状和变化规律，推动全民健身活动的开展，提高国民身体素质和健康水平，也为更多人的科学健身提供身体依据。“现在群众的健身趋势突出针对性、个性化、精准性，越来越多的人使用一些便携式可穿戴设备，监控自己的锻炼负荷强度和运动量，这说明大家在运动中越来越依靠科学。针对糖尿病、高血压、肥胖等慢性疾病的运动处方，也越来越多地开到了不同人群，大家可以根据不同需求进行不同的锻炼，提高力量、心肺适能等。同时，围绕学生体质测试等，进行有针对性的提高。”

对此，国家体育总局科研所科学健身与健康促进研究中心负责人也表示：“体质水平与健康水平息息相关，要关注学生的心肺适能、协调性、灵敏性等指标，安排适合年龄段的力量练习。不能学生的体质测试考50米跑，我们就只练50米跑，而是需要全面发展身体素质，并且需要培养体育爱好，使他们爱上1~2项体育项目并积极投入，才能真正养成终身体育锻炼的习惯。”

（资料来源：《中国体育报》，2019年8月6日，有改动）

思考与练习：

1. 分析自己的职业特点与体能需求，制订一份个性化的职业体能训练计划。
2. 记录并评估自己的职业体能训练计划执行情况，根据评估结果进行必要的调整。
3. 研究一种常见职业病及其防治措施，撰写一篇小论文或报告。

项目四　体育文化与体育竞赛

导读：

体育文化是人类文明的重要组成部分，而体育竞赛则是展示体育精神和竞技水平的重要平台。本项目旨在帮助学生了解体育文化，掌握体育竞赛的组织与欣赏技巧，并培养对体育运动的热爱与参与意识。通过本项目的学习，学生将更加深入地理解体育的价值与意义，享受体育运动带来的乐趣与成就。

学习目标：

1. 了解体育文化。
2. 掌握体育竞赛的组织与欣赏技巧。
3. 培养对体育运动的热爱与参与意识。

任务一 体育文化

体育文化是指在一定社会历史条件下，人们在体育活动中所创造的物质财富和精神财富的总和。它包括体育运动的规则、技术、设施、组织形式以及相关的文化现象和文化成果。体育文化不仅体现在竞技体育的高水平表现上，还体现在大众体育的普及和推广上。

一、奥林匹克文化

奥林匹克文化是全球体育文化的重要组成部分。它源于古希腊的奥林匹克运动会，并在现代得到了广泛的传播和发展。它倡导“更快、更高、更强——更团结”。奥林匹克文化还通过各种形式的活动，如奥运会、冬奥会、残奥会等，促进了各国人民之间的相互了解和友谊，推动了世界和平与发展。

二、中华优秀传统体育文化

中华优秀传统体育文化源远流长，具有深厚的历史底蕴和独特的文化魅力。它包括武术、太极拳、龙舟、围棋、象棋等多种体育项目。这些项目不仅具有健身和娱乐的功能，还蕴含着丰富的哲学思想和道德观念。例如，太极拳强调“以柔克刚”“内外兼修”的理念，体现了中华民族追求和谐与平衡的智慧。中华优秀传统体育文化在传承和发展过程中，不仅丰富了中国人民的精神生活，也为世界体育文化的发展做出了重要贡献。

三、中华体育精神

中华体育精神是指在体育运动中所体现出来的中华民族的精神风貌和价值追求，其以“为国争光、无私奉献、科学求实、遵纪守法、团结协作、顽强拼搏”为主要内容。中华体育精神强调在体育竞技中不仅要追求胜利，更要注重道德修养和人格塑造。中华体育精神在历次国际大赛中得到了充分体现，中国运动员以优异的表现和良好的体育道德赢得了国际社会的广泛赞誉。中华体育精神不仅激励着一代又一代的中国运动员奋勇争先，也为全社会树立了积极向上的榜样。

任务二 体育竞赛

一、体育竞赛的组织

大学生体育竞赛是体育课外活动的重要组成部分，也是学校体育教育的重要形式之一。

它有力地推动了学校群众性体育活动的广泛开展，促进了学校体育的普及与提高，是实现学校体育目标、贯彻“健康第一”思想的基本途径之一。

体育竞赛组织工作的好坏直接影响到体育竞赛能否顺利进行。为了顺利完成竞赛任务，不论是综合性运动会还是单项比赛，都应将其看成一项系统工程。这项工程大致可分为3个阶段进行：赛前策划、赛中监管和赛后总结。组织规模较大的竞赛活动，应成立相应的大会组织委员会或筹备委员会。

（一）赛前策划

（1）确定竞赛的项目、规模、性质，参加竞赛的队数和人数；确定竞赛名称，如××杯赛、邀请赛、选拔赛等。

（2）成立组织机构。各类学校无论是组织校运会还是单项比赛，在赛前都应建立领导小组。在主管院（校）长的领导下，有关部室，如院（校）办公室、体育部（室）教务处、学生处、团委、学生会、工会、总务处、医务处、保卫处等各方面领导或代表，根据工作需要分成若干小组。一般设立如下几个机构。

① 仲裁委员会：由主任、副主任、委员3人或5人组成。其职责主要是接受运动队的申诉，并及时做出裁决，但不改变裁判结果。

② 组织委员会：由负责竞赛业务的若干行政人员组成，在大会组委会统一领导下，负责整个大会的竞赛组织工作。组织委员会下设竞赛处和秘书处，竞赛处下设竞赛组、编排组、裁判组、场地组等，秘书处下设政宣组、会务组、后勤组、医务组等。

办事机构的设置应根据比赛的规模等具体情况和实际需要来确定，要做到统一领导、分工明确、密切配合，机构不需要重叠，人员不要过多，要求事事有人管、人人有事干。

（3）制订工作计划。竞赛中的各项工作比较复杂，如果事先没有周密的计划，不仅容易导致各项工作没有准则，而且很容易出现被动和忙乱现象。工作计划主要包括竞赛活动的工作日程、各机构的工作分工及任务要点等。工作计划既要简明又要具体，以便执行和检查，最好用表格逐项列出来。

（4）制定竞赛规程。竞赛的一切工作都以竞赛规程为主要依据，制定竞赛规程是赛前准备工作中一个非常重要的环节。竞赛的工作人员、裁判员、教练员和运动员都必须按照竞赛规程的有关规定参加培训。竞赛规程一般由上级机关或主办单位下达或由参赛单位（群体）协商研究制定。竞赛规程应在比赛开始前1~2个月发送到各参赛单位，以便各参赛单位有充足的时间准备，保证竞赛的效果和质量。竞赛规程的内容主要包括以下几个方面。

① 竞赛名称：根据竞赛项目的特点、规模、参赛的人数、经费来源等来确定竞赛名称，同时要标明主办单位和承办单位。

② 竞赛的目的与任务：根据本次竞赛所针对和要解决的主要问题，明确目的和任务。

③ 竞赛日期和地点：竞赛日期的确定要考虑利用节假日，平时最好利用业余时间；确

定竞赛地点时应考虑交通、气候、场地、器材、设备和食宿等实际情况。

④ 竞赛项目：竞赛项目的设置依据是基层开展此项活动的广泛性和运动水平的高低，应保证有较多的队伍和运动员参赛，使比赛对抗性强、激烈和精彩，以达到开展竞赛的目的。

⑤ 参赛资格、人数和报名日期、地点：根据竞赛性质和项目制定参赛资格标准，球类竞赛可按性别和年龄划分组别，运动员、领队、教练员和工作人员人数要有明确规定，限定报名截止时间，报名地点要明确，并注明第一次领队会议和抽签的时间与地点。

⑥ 竞赛办法和录取名次：竞赛办法和录取名次是所有参赛队或个人共同关心的问题，采用的竞赛办法会直接影响比赛时间的长短、运动员的比赛负荷、场地设备运用和比赛成绩的合理性，因此应根据参赛的队数和人数采用适宜的竞赛办法；如不能预测参赛队数和人数，待报名截止后，由领队会议研究决定竞赛办法。录取名次一般为前3名或前6名或前8名，或是并列前3名（第3名、第4名并列），抑或是并列前5名（第5名至第8名并列）。

⑦ 竞赛规则：竞赛规则应采用该项目比赛的最新规则，没有竞赛规则的项目，也应制定出竞赛的内容、方法、程序和评定标准，为竞赛提供切实可行的胜负标准和依据。

⑧ 其他事项：不同竞赛有不同的注意事项，如服装和鞋的要求、伙食住宿的标准，以及对交通工具、生活管理等的规定。

（二）赛中监管

准备工作就绪后，立即开始赛会的全面组织工作。准备工作是否有效，会在竞赛过程中得到检验。竞赛中的工作主要包括以下几个方面。

1. 组织开幕式

开幕式的程序应根据竞赛的规模大小、性质、目的及要求来设计。程序可繁可简，也可举行一般的开赛仪式。开幕词是主办单位的负责人在开赛前的重要讲话，应简明扼要地讲清楚此次竞赛的宗旨、任务、目的和要求等，体现竞赛的指导思想，为竞赛定下基调，使参赛单位和运动员为达到总目标而努力。

2. 管理裁判队伍

竞赛组委会主要通过裁判长对裁判队伍进行管理，要将“严肃、认真、公正、准确”的八字方针贯彻组织工作的始终；要抓住比赛不同阶段的主要环节。

为便于管理，可将全体裁判员根据比赛任务分成若干个裁判小组。分组时，同一单位的裁判员要尽可能分布在各个组内，并合理搭配，使各组裁判员水平相当。小组长应由业务水平高、思想作风正派、能够团结他人、有一定组织能力的裁判员担任。

裁判员执行临场任务前，应和有关人员确定配合方法，并认真检查场地器材。要尽量安排中立裁判员担任裁判工作。比赛中，裁判员要根据规则和实际情况，掌握好判定的准确性和稳定性，对比赛双方的判罚尺度要一致。

3. 公布竞赛成绩

及时、准确地公布竞赛成绩，可使各参赛队伍和有关部门及时了解竞赛结果，并在分析研究后宣传报道。竞赛成绩公布专栏要设在赛场的附近，通常在赛前将竞赛成绩大表画好，张贴在公告牌或墙上醒目的地方；也可以用黑板公布。每天每场竞赛结束，应及时、准确地将竞赛成绩登记在表格中，并将成绩复印发给各参赛队、有关领导和有关部门。这样既能反映竞赛结果，又能积累资料。

4. 解决竞赛中出现的问题

体育竞赛具有对抗性和竞争性的特点，因此，在竞赛过程中经常会或多或少地产生一些矛盾：裁判员与运动员之间的矛盾，产生原因既有运动员对规则理解不够的情况，也有裁判员错判、误判的情况；运动员与运动员之间的矛盾，产生原因有在比赛中动作过大或不够尊重对方等；运动员与组织者之间的矛盾，产生原因有运动员认为编排不够合理、组织不够严密，组织者对运动员资格方面的意见等；还可能出现其他矛盾。处理竞赛矛盾，要依据竞赛的指导思想、竞赛规程和竞赛规则，通过正确的程序和途径，妥善、冷静地处理，以维护赛场的秩序和纪律。

（三）赛后总结

竞赛组及时汇总比赛成绩并排出名次，交由裁判长宣布。召开组委会会议，听取工作汇报及意见，确定体育道德风尚奖或精神文明奖的评选结果，组织闭幕式和颁奖仪式，汇编、印发成绩册，安排和办理各队及裁判员离赛的相关事宜，完成竞赛总结并向领导部门汇报。

二、体育竞赛的欣赏

体育竞赛不仅仅是一场简单的比赛，更是一种充满激情与活力的展示，能够带给观众无尽的欢乐，留下许多激动人心的时刻。欣赏体育竞赛，不仅需要关注比赛的结果，更需要深入理解比赛过程中运动员所展现出的拼搏精神、团队协作和高超技艺。

首先，体育竞赛的魅力在于运动员在场上表现出的顽强拼搏和不屈不挠的精神。无论是足球场上的激烈对抗，还是田径赛道上速度与耐力的较量，运动员都在用尽全力去争取胜利。他们的每一次冲刺、每一次跳跃，都充满了对胜利的渴望和对梦想的追求。这种精神不仅激励着场上的运动员，也感染着每一位观众，让我们感受到人类挑战自我、超越极限的无限可能。

其次，体育竞赛中的团队协作也是其魅力所在。许多体育项目，如篮球、足球、排球等，都需要团队成员之间的默契配合和无私奉献。一个团队的成功不仅仅依赖于个别明星球员的表现，更需要每一个队员的共同努力。在比赛中，我们常常可以看到队员们通过眼神交流、手势沟通，甚至在关键时刻为队友做出牺牲，这种团队精神和协作能力是体育竞赛中最为动人的部分之一。

再次，体育竞赛中运动员表现出来的高超技艺也是值得我们欣赏和学习的。无论是足球运动员精准的传球和射门，还是体操运动员优美的动作和惊人的平衡能力，抑或是乒乓球运动员快速而精准的击球，背后都凝聚着运动员无数的汗水和努力。他们在训练中不断磨炼自己的技能，力求在比赛中展现出最佳状态。观众通过欣赏这些高超的技艺，不仅能感受到比赛的精彩，还能从中获得启发和动力，激励自己在各自的领域中不断进步和提升。

最后，体育竞赛的欣赏还在于其带给我们的精神享受和情感共鸣。比赛的胜负固然重要，但更重要的是比赛过程中所传递出的正能量和积极向上的精神风貌。观众在观看比赛时，往往会情不自禁地为运动员的精彩表现欢呼喝彩，甚至在某些关键时刻感到紧张和激动。这种情感共鸣和精神享受是体育竞赛所独有的，也是其他娱乐活动难以替代的。

总之，体育竞赛的欣赏不仅仅是一种简单的娱乐活动，更是一种精神文化的享受。通过欣赏体育竞赛，我们不仅能够感受到比赛的精彩和运动员的拼搏精神，还能从中汲取力量，激励自己在生活和工作中不断追求卓越和进步。

拓展阅读

体育竞赛编排

大型体育赛事介绍

思政园地

安徽省体育文化协会：打造体育文化“样板间”

安徽省体育文化协会于 2021 年成立。协会秉承推动体育文化发展的使命，通过举办多元化的体育文化赛事活动，致力于弘扬中华体育精神和奥林匹克精神，讲好安徽体育故事，丰富群众的体育文化生活，同时深入挖掘体育项目的文化价值，坚持创新与传承并重，构建全面的体育宣传平台，助力安徽体育文化高质量发展。

安徽省体育文化协会将文化阵地建设作为首要任务，指导和推动全省文化阵地建设。截至目前，已建成安徽省体育博物馆和中国蜀山马拉松文化博物馆，在体育文化主题展览策划、文化推广和科普教育等方面作出了显著贡献，助力安徽省体育博物馆先后获批全国首批“国家体育科普基地”“国家三级博物馆”等荣誉称号。

协会还积极指导安徽体育科普教育工作，联合当地博物馆、体育科研单位共同举办“燃动体育科启未来”等体育科普活动，激发学生们对科学探索的热情和对体育的认识。

协会一直以来坚持“价值引领 繁荣发展”战略，积极挖掘优秀传统体育文化项目，不断扩大体育文化社会影响力。安徽省现已有 13 个优秀传统体育项目入选“中华体育文化优秀项目”。

协会在加快媒体融合发展、联动各方力量、讲好体育故事等方面持续发力，正在让体育的良好舆论形象成为推动体育事业繁荣向好的重要“增量”。协会还通过线上全媒体矩阵宣传与线下丰富活动相结合，定期举办健康讲座、体育知识科普活动，邀请优秀运动员、体育科研人员普及科学健身知识，提高人们的健康意识。

如今，协会已经建立了完善的成效评估体系，定期收集反馈、进行效果评估，并根据评估结果不断调整和优化服务。这种持续改进的工作态度，确保了体育文化工作始终能够满足群众的需求。

（资料来源：《中国体育报》，2025 年 1 月 9 日，有改动）

思考与练习：

1. 分析一种体育文化的内涵与特点，撰写一篇小论文或报告。
2. 观看一场体育比赛，记录并分析比赛过程、运动员表现与战术安排。
3. 参与一次体育活动或竞赛，分享自己的体验与感受。

专项运动技能篇

- 专项运动技能篇
  - 项目五 田径运动
    - 任务一 跑
    - 任务二 跳
    - 任务三 投掷
  - 项目六 大球运动
    - 任务一 篮球
    - 任务二 排球
    - 任务三 足球
  - 项目七 小球运动
    - 任务一 乒乓球
    - 任务二 羽毛球
    - 任务三 网球
  - 项目八 操舞类运动
    - 任务一 体操
    - 任务二 健美操
    - 任务三 啦啦操
    - 任务四 体育舞蹈
    - 任务五 艺术体操
    - 任务六 街舞
    - 任务七 瑜伽
  - 项目九 武术与民间传统体育类运动
    - 任务一 太极拳
    - 任务二 八段锦
    - 任务三 五禽戏
    - 任务四 跳绳
    - 任务五 舞龙
    - 任务六 舞狮
    - 任务七 抖空竹
    - 任务八 龙舟
  - 项目十 游泳与冰雪类运动
    - 任务一 蛙泳
    - 任务二 自由泳
    - 任务三 仰泳
    - 任务四 滑雪
    - 任务五 滑冰
  - 项目十一 时尚户外运动
    - 任务一 定向越野
    - 任务二 攀岩
    - 任务三 轮滑

项目五 田径运动

导读：

田径运动作为体育运动的重要组成部分，不仅能够全面提升学生的速度、力量、耐力、柔韧性和协调性等身体素质，还能培养学生的意志品质和团队合作精神。通过学习本项目，学生将了解田径运动的起源与发展，掌握田径运动各项目的基本技术，提高运动技能和竞技水平。

学习目标：

1. 了解田径运动的起源与发展。
2. 学习并掌握田径运动各项目的基本技术。
3. 掌握提高跑、跳、投掷等能力的练习方法。
4. 提高身体素质，增强体能储备，培养坚韧不拔的意志品质和积极向上的精神风貌。

任务一　跑

田径运动的起源与发展

跑分为短跑、中长跑、跨栏跑等。

一、短跑

（一）短跑简介

短跑是一种用最快速度跑完全程的赛跑。在短跑时，人体的运动器官和内脏器官在大量缺氧的状态下完成大强度的运动。短跑属于极限强度的运动，是发展快速奔跑能力的一种有效手段。短跑能培养大学生顽强、果断、勇往直前的优良品质。

短跑是田径运动的基础项目，正式比赛的项目有男（女）100米跑、200米跑、400米跑等。

（二）短跑的基本技术

短跑由起跑和起跑后的加速跑、途中跑、终点跑几个紧密联系的技术动作部分组成。

1. 起跑和起跑后的加速跑

起跑和起跑后的加速跑的主要任务是使身体迅速摆脱静止状态，获得最大的起动初速度和向前的冲力，以尽快提高速度并转入途中跑。短跑项目采用的是蹲踞式起跑。蹲踞式起跑姿势如图5-1-1所示。

（a）　（b）　（c）

图5-1-1

2. 途中跑

途中跑是短跑全程跑中距离最长的一段，也是短跑技术中最主要的环节。其任务是继续发挥和保持高速度。途中跑动作如图5-1-2所示。

图 5-1-2

3. 终点跑

终点跑是短跑全程跑的最后一段。其任务是尽力保持途中跑的高速度通过终点。

二、中长跑

（一）中长跑简介

中长跑既要跑出一定的速度，又要跑得持久。其特点是需要人体内脏器官长时间工作，进行连续的肌肉活动。中长跑是发展持久奔跑能力、提高心血管系统和呼吸系统机能的有效手段。同时，它对培养人顽强的意志品质有明显作用，是一项简单易行的健身运动。

中长跑是耐力性运动项目，正式比赛项目有中跑男（女）800米跑、1500米跑；长跑男子5000米跑、10000米跑，女子3000米跑、5000米跑、10000米跑。

（二）中长跑的基本技术

中长跑技术与短跑技术基本相同，只是由于距离的长短和跑速不同，而在跑的技术细节上有不同程度的差异。

1. 起跑

中跑多采用半蹲式或站立式起跑，长跑一般采用站立式起跑。比赛时，运动员应站在起跑线后3米的集合线上，当“各就位”口令发出后，迅速走到起跑线后，身体稳定下来听枪声跑出。

起跑的方法有以下两种：①半蹲式起跑。两脚前后开立，一只手虎口向前呈“八”字形撑于起跑线后，另一侧手臂置于身体侧后方。体重主要落在前脚和支撑手上。鸣枪后，前脚积极蹬地，两臂前后摆动，后脚迅速向前摆出。②站立式起跑。两脚前后站立，上体前倾，重心落于前脚，后脚用前脚掌着地，两臂前后张开。鸣枪后，前脚蹬地，后腿积极前摆，两臂协调用力摆动，顺势向前跑出。

2. 起跑后的加速跑

利用起跑获得向前的冲力，积极迅速地向前跑出，力争在较短的时间内较快地发挥出最快速度。加速跑的距离应根据项目、个人特点和战术需要而定。为能很好地跑完全程，应在跑的开始就注意有节奏地呼吸。

3. 途中跑

途中跑在整个中长跑过程中距离最长，是中长跑的主要部分，因此，掌握途中跑的技术是极其重要的。中长跑的途中跑技术结构与短跑的途中跑技术结构基本相同。途中跑因为跑的距离长、体力消耗大，所以要求跑的动作更加放松协调、平稳和节省体力。上体基本保持正直、稍前倾。两肩下沉，两臂靠近躯干，上臂与前臂约成90°角，以肩为轴，轻松、快速、有力地前后摆动。有力的后蹬和运动方向相反，推动身体更快地向前移动，蹬地角度一般为55°左右。脚的落地方式一般有两种：一种是用前脚掌或前脚掌外侧着地（适用于中跑）；另一种是用脚跟外侧着地，向前滚动至前脚掌外侧着地（适用于长跑）。

4. 弯道跑

中长跑一半以上的距离是在弯道上进行的。为了克服沿弯道跑进时产生的离心力，在跑进时，身体需要适当向左倾斜，跑速越快向左倾斜的程度越大。摆臂时，右臂向前摆的幅度稍大，前摆时稍向内，左臂后摆幅度稍大。摆动腿前摆时，右膝前摆应稍向内扣，左膝前摆稍向外展。脚着地时，右脚前脚掌内侧着地，左脚前脚掌外侧着地。弯道跑时，应靠近跑道的内沿，以免多跑距离。超越对手最好不要在弯道上进行。

5. 终点跑

终点跑是指临近终点前最后一段距离的加速跑，是取得胜利和优秀成绩的关键，这时运动员应以顽强的意志品质全力以赴，加快摆臂和加强后蹬，冲向终点。中长跑对终点跑的动作要求基本与短跑对终点跑的动作要求相同。跑的动作应是摆臂加快而用力，加强腿的后蹬与前摆。终点跑距离应根据个人余力、场上情况和战术要求而定。一般来说，800米跑可在最后200～250米开始加速并逐渐过渡到冲刺跑，1500米跑可在最后300～400米逐步加速。

三、跨栏跑

（一）跨栏跑简介

跨栏跑是田径运动中技术性较强、难度较大的径赛项目。正式比赛的项目有男子110米栏、女子100米栏、男（女）400米栏。跨栏跑是途中设有固定数量、固定距离、固定高度栏架的短跑项目。跨栏跑可以培养人勇敢、顽强、果断和克服困难的意志品质，并能有效地发展速度、弹跳力、柔韧和灵敏等身体素质。其锻炼价值较高。

（二）跨栏跑的基本技术

跨栏跑作为一项结合了速度、力量与技巧的田径项目，其基本技术主要包括起跑至第一栏的技术、跨栏步技术以及栏间跑技术。

起跑至第一栏的技术关键在于迅速起动并稳定加速，运动员需要保持身体前倾，重心适度降低，以便快速进入加速阶段。同时，起跑后的步伐节奏要稳定，确保在到达第一栏前达到适宜的起跨速度。

跨栏步技术是跨栏跑的核心，包括起跨腿和摆动腿的协调配合。起跨腿在起跨瞬间应迅速有力地蹬地，同时摆动腿积极向前上方摆动，以足够的幅度和速度越过栏架。在此过程中，身体重心应保持平稳，避免过早或过晚起跨，以确保跨栏动作的流畅性和高效性。

栏间跑技术则注重于速度与节奏的保持。运动员在跨越栏架后，应迅速调整步伐，以稳定的节奏和速度跑向下一栏。栏间跑中，身体重心应保持稳定，步伐节奏要清晰，以便为下一次跨栏动作做好充分准备。

掌握这些基本技术，对于提高跨栏跑成绩至关重要。运动员需要通过反复练习和不断调整，以形成稳定的技术动作和节奏感。

四、提高跑能力的练习

1. 速度练习

（1）目的：速度对于短跑来说最关键。要想提高短跑成绩，就要把发展跑的绝对速度放在首位，只有在提高速度的基础上提高耐力，才能有效地提高跑的成绩。在发展速度的过程中，除了提高肌肉力量、柔韧性、协调性外，还要加大运动强度和运动密度。只有在运动员精力充沛的时候开展速度练习才能收到良好的效果。

（2）速度练习方法：①原地快速摆臂；②原地快速跑；③30~60 米加速跑；④专门性练习过渡到 30~50 米快速跑。

2. 速度耐力练习

（1）目的：速度耐力是连续快跑的能力，从短跑项目成绩提高幅度看，在绝对速度达到一定水平之后，取得进展大多在于后程。要想在前 50~60 米提高 0.1 秒是不容易的，而保持已获得的速度较前者相对容易。同时，运动强度、密度大的专门练习和短跑距离的速度练习不仅可以提高速度，还可以发展速度耐力。

（2）速度耐力练习方法：①100~300 米反复跑；②150~250 米变速跑；③400~800 米各种距离和各种形式的变速跑（如 100 米快跑+100 米慢跑……，直弯道交替跑，上下弯道交替跑）。

3. 力量练习

（1）目的：短跑是快速的周期性运动，要有很好的力量基础，特别是腿部力量。没有力量就无法将人体迅速向前推进，就不会有好的短跑成绩，因此提高速度和力量综合能力是提高短跑成绩的重要手段。

（2）力量练习方法：

① 各种跳跃：双脚纵跳、单脚交替纵跳、立定跳远、立定三级跳、多级跳、短程跳远、蛙跳、栏间跳、摸高跳、跳上跳下、单足跳（在沙坑或跑道练习均可）、原地弓步换腿跳等。

② 实心球练习：双脚夹球向前、向上、向后抛。

③ 持轻杠铃练习：快速连续挺举、抓举，纵跳、弓步跳，弓箭步走（可徒手做），深（半）蹲起跳、提踵，原地高抬腿跑，卧推。

④ 仰卧起坐、仰卧举腿、仰卧两头起。

4. 柔韧练习

（1）目的：具有良好的柔韧素质，有助于掌握正确的短跑技术，增大跑幅，使动作协调、轻松、省力，不易受伤。

（2）柔韧练习方法：①踢腿、摆腿、压腿；②拉伸韧带；③腰腹屈伸；④进行肋木的各种练习。

任务二　跳

跳属于田径运动中的田赛项目，包括跳高、跳远、三级跳远和撑竿跳高。下文仅介绍跳高与跳远项目。

一、跳高

（一）跳高简介

跳高是深受广大学生欢迎的田赛项目之一。随着技术的不断发展，跳高姿势已从跨越式、剪式、滚式、俯卧式发展到现在主要采用的背越式。

练习跳高能够增强腿部力量，提高弹跳力，发展灵活性和协调性；能够培养勇敢、坚定、沉着、果断的意志品质和不怕艰难险阻、勇于攀登高峰的精神。

（二）跳高的基本技术

跳高由助跑、起跳、过杆和落地4个技术环节组成。起跳必须用单脚。跳高姿势现主要采用背越式，下文只介绍背越式跳高的助跑、起跳、过杆和落地4个阶段。

1. 助跑

助跑分直线助跑和弧线助跑两种。

（1）直线助跑一般为4～5步。两腿后蹬和前摆的幅度较大，身体重心较高，动作轻松、自然、有弹性。

（2）弧线助跑一般为4～5步。助跑时身体略向圆心倾斜，脚落地时由脚跟着地过渡到前脚掌着地，摆臂与弯道途中跑相似。倒数第二步步幅稍大，全脚掌着地；最后一步步幅稍小，速度较快，准备起跳。

2. 起跳

（1）以远离横杆的腿为起跳腿，起跳腿向身体对侧迈出，踏上起跳点，脚落地时由脚跟外侧着地迅速过渡到全脚掌着地，屈膝缓冲，身体向起跳腿一侧倾斜。

（2）摆动腿大腿积极向前上方摆至水平位置，小腿自然下垂，身体转为正直。

（3）摆动腿屈膝内扣，向异侧肩上方摆动，并带动髋部向内转动；起跳腿迅速蹬伸髋关节、膝关节、踝关节，完成起跳动作。

3. 过杆和落地

（1）起跳腿保持蹬伸，躯干充分伸展；上体转动成背对横杆，起跳腿自然下垂。

（2）当头和肩越过横杆后，迅速沉肩，两臂置于体侧，髋关节向上挺起，形成背弓；两膝自然弯曲，小腿自然下垂。

（3）当髋关节过杆后，大腿向上摆动，小腿上踢，使整个身体过杆。

（4）两肩继续下潜，含胸收腹，自然下落，以肩部先着垫。

二、跳远

（一）跳远简介

跳远是田赛项目之一，也是古老的竞技项目之一。男子跳远在1896年第1届奥运会上被列为正式比赛项目，女子跳远在1948年第14届奥运会上被列为正式比赛项目。

（二）跳远的基本技术

跳远的基本技术包括助跑、起跳、腾空和落地4个阶段。

1. 助跑

助跑距离一般为男子35～45米、女子30～35米。助跑一般从静止姿势开始，主要采用“站立式”或“半蹲式”助跑。

（1）原地站立或行进中起动开始助跑，上体前倾，大腿积极摆动，后蹬充分，摆臂有力。

（2）助跑途中上体逐渐抬起，腿和手臂加速用力摆动，加快助跑速度，重心抬高，身体平稳，节奏性强。

（3）助跑几步后步频加快，保持较高的身体重心和较快的助跑速度，准备起跳。

2. 起跳

起跳动作从助跑最后一步摆动腿后蹬开始至起跳腿蹬离地面结束。

（1）助跑最后一步，摆动腿用力蹬地，使身体尽快向起跳板方向运动；起跳腿快速前摆，大腿积极下压，踏上起跳板，由脚跟着地过渡到全脚掌着地。

（2）起跳腿着地瞬间，髋关节、膝关节、踝关节被迫弯曲缓冲；同时，身体重心前移，起跳腿快速用力蹬伸，摆动腿大腿积极向前上方摆至水平位置，小腿自然下垂。

（3）起跳腿同侧臂屈肘向身体前上方摆动，异侧臂屈肘向体侧摆动，提肩、拔腰，向上顶头。

3. 腾空

（1）起跳腿蹬离地面后，上体正直，摆动腿保持起跳时的水平姿势，小腿自然下垂，起跳腿自然弯曲留在体后，形成空中的“跨步”动作。

（2）腾空的姿势分为蹲踞式、走步式、挺身式。

① 蹲踞式：接近腾空最高点时，起跳腿屈膝上提，与摆动腿并拢；两腿屈膝，大腿靠近胸部，上体稍前倾；两臂由前向下、向后摆动；落地前，两小腿向前伸出，准备落地。（图5–2–1）

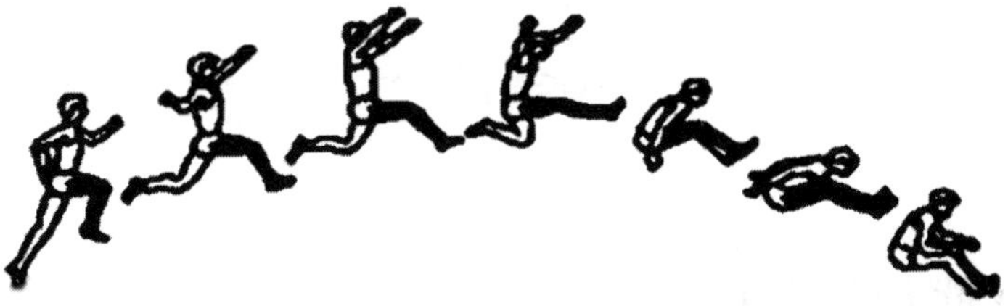

图 5–2–1

② 走步式：走步式分为两步半走步式和三步半走步式，是根据运动员的腾空高度、滞空时间、动作速度和协调性来决定的。腾空步后摆动腿下落，继续向后运动，同时展髋，起跳腿屈膝前摆，在空中完成一个自然的换步动作，形成起跳腿在前、摆动腿在后的空中“跨步”动作。（图5–2–2）

换步时，要注意保持跑的自然动作，摆动腿由屈到直向后摆动，起跳腿由直变屈，以大腿带动小腿向前摆动，摆动的动作幅度要大。完成一个换步接着做落地动作叫作两步半走步式，完成两次换步再做落地动作叫作三步半走步式。

图 5-2-2

③ 挺身式：腾空后，摆动腿自然放下，小腿向后下方做弧形摆动；两臂向下，经体侧向后上方摆动；摆动腿与起跳腿并拢，髋部向前，胸、腰前挺，头、肩后展，呈挺身展体姿势；落地前，两臂由后上方经体前向后摆动；同时两大腿上抬，收腹抬腿，上体前倾，小腿前伸，准备落地。（图5-2-3）

图 5-2-3

4. 落地

① 两腿尽量前伸，脚跟先触沙面，然后前脚掌下压，两腿迅速屈膝缓冲。② 两臂屈肘前摆，身体向前方或向侧方倒。

三、提高跳能力的练习

（一）立定跳

1. 立定跳远

两脚平行开立，站在起跳线后；屈膝半蹲，两臂自然摆动，身体上下屈伸；待重心平稳后，两脚用力蹬地，同时两臂由后向前摆，身体尽量前送；腾空时收腿，落地时屈膝缓冲。

2. 纵跳摸高

由原地向上用力跃起，用手摸高处的标记或实物。

3. 蹲跳起

由半蹲或全蹲位置向上跳起，腾起时伸直腿。

4. 弓箭步交换跳

由弓箭步姿势开始，跳起后两腿交换。

（二）连续跳

1. 单足跳

前脚掌快速蹬地跳起，上体正直。两腿交换练习。

2. 跨步跳或多级跳

摆动腿用力前摆或大腿抬平，小腿下垂，下压时有扒地动作。另一条腿充分蹬伸，脚用力向后蹬地。上体正直，两臂协调配合摆动。两脚交换向前跨进，腾空明显。

3. 蛙跳

连续做立定跳远。

4. 跳跃台阶

面对台阶，做跨步跳或单脚跳、双脚蹬跳动作。跳时上体正直，两臂协调配合摆动。

（三）跳绳

跳绳练习可采用单人跳、双人跳和集体跳。

任务三　投掷

投掷是田径运动中的田赛项目，有推铅球、掷铁饼、掷标枪和掷链球4个基本类型的运动项目。下文只介绍推铅球和掷标枪。

一、推铅球

（一）推铅球简介

推铅球是投掷者站在投掷圈后沿，单手持铅球置于肩上锁骨窝处，经过滑步、旋转等，尽可能多地动员全身的力量，以尽可能快的动作速度，将铅球尽可能掷远的投掷项目。推铅球的完整技术由握球与持球、预备姿势、滑步动作、最后用力动作4个环节组成。正式比赛男子铅球质量为7.26千克，女子铅球质量为4千克。推铅球技术由最古老的站立姿势发展到侧向滑步、背向滑步和旋转推铅球技术。下文只介绍背向滑步推铅球技术。

（二）背向滑步推铅球技术（以右手投掷为例）

1. 握球与持球

右手五指自然分开，将球置于食指、中指和无名指根部，拇指和小指扶在球的两侧，然后把球放在肩上锁骨窝处并贴紧颈部，肘关节自然下垂，手腕稍外转，掌心向前。

2. 预备姿势

持球者背对投掷方向，右脚脚尖贴近投掷圈后沿内侧，身体重心放在右腿上，左脚脚尖或前脚掌着地。根据右腿站立的曲直，预备姿势分为高姿势和低姿势。右腿与上体正直放松站立为高姿势。右腿弯曲，上体向前倾站立为低姿势。根据高、低姿势，两脚前后开立的距离以合适为度。

3. 滑步动作

滑步的目的是为器械的预先加速和最后用力创造良好条件。滑步的作用在于使铅球在被推出之前预先获得一定的水平速度，从而为最后用力创造有利条件。

（1）背向滑步动作（以右手投掷为例）。预备姿势之后左腿做1～2次预摆，随即向后摆出。随着臀部后移，右腿（支撑腿）弯曲并迅速而有力地蹬伸。右腿蹬直的瞬间，右脚脚尖内转并拉收至投掷圈的圆心附近，与投掷方向成90°角。与此同时，左腿（摆动腿）迅速下落，以前脚掌内侧落于左侧抵趾板处。两脚落地的间隔时间力求短促，以保证连贯、加速地过渡到最后用力。

（2）侧向滑步动作。动作基本同背向滑步。侧向滑步因侧对投掷方向，摆动腿的摆动应向侧前方，支撑腿蹬伸后，脚尖无内转动作，仍按原方位落地。

4. 最后用力动作

最后用力动作是从左脚积极主动着地的一刹那开始的。左脚着地后，身体左侧充分伸展形成稳固的制动和支撑。同时，右腿迅速、爆发式地用力蹬转，继续推动髋部向正对投掷方向转动。随着两腿蹬转和支撑的反作用力向上体传递，上体向上抬起、挺胸抬头，右臂沿向上传递力的方向迅速、爆发式地用力向前上方伸展将球推出。球即将离手时，手指快速拨球，使球沿着38°～42°的出手角度飞出。左臂与右臂相向，协调一致地向下屈肘压臂。球出手后，两脚迅速跳步交换，落地后右腿迅速屈膝、降低重心；左腿后拖以维持身体平衡，避免冲出投掷圈而犯规。最后用力不仅要在尽可能短的时间内以爆发式用力来完成，还要保证正确的用力顺序，以充分将身体各部分力量集中作用在球上。

二、掷标枪

（一）掷标枪简介

掷标枪具有悠久的历史，希腊人早就有非正式的掷标枪比赛。实际上掷标枪是人类在与自然界进行斗争的过程中形成的一种技术，在长期演进中，逐渐成为一种锻炼身体和进行竞赛的运动项目。最早的标枪比赛不仅比掷远还比掷准，在公元前708年的古希腊奥运会上，标枪就被列入当时的“五项竞技”运动了。在漫长的历史发展中，标枪器械逐渐演变。芬兰人把原先的木棍枪改为全长2.6米、重800克，并且带有金属枪头的标枪。

（二）掷标枪技术（以右手投掷为例）

1. 握枪

标枪常用的握法有3种，即普通式握法、现代式握法和中指握法。这里主要介绍普通式握法和现代式握法。

（1）普通式握法（拇指和食指握法）。右手拇指、食指握在缠绳把手末端边沿，其余手指顺着食指方向握在缠绳把手上。

（2）现代式握法（拇指和中指握法）。将标枪斜放在右手掌心上，拇指和中指握在缠绳把手末端边沿，食指自然弯曲斜放在枪身上，无名指和小指自然地握在缠绳把手上。

2. 持枪

正确的持枪技术应有利于持枪助跑发挥速度，有利于引枪、控制标枪的位置和角度且保持肩部和持枪臂放松。持枪有多种方式，如肩上持枪法、腰间持枪法等。还有一种方式是持枪助跑，前半段采用腰间持枪，后半段变成肩上持枪，到投掷步时再引枪。这样做既有利于前半程发挥速度优势，又便于后半程引枪和控制标枪。因此，许多运动员都喜欢采用这种综合的方式持枪助跑。

3. 助跑

助跑可以使标枪获得预先速度，并有利于运动员控制好标枪的位置，为引枪和超越器械创造良好条件。

助跑由两个阶段组成：第一个阶段是预跑阶段，也就是持枪跑阶段；第二个阶段是掷标枪特殊的助跑——投掷步阶段。（图5–3–1）

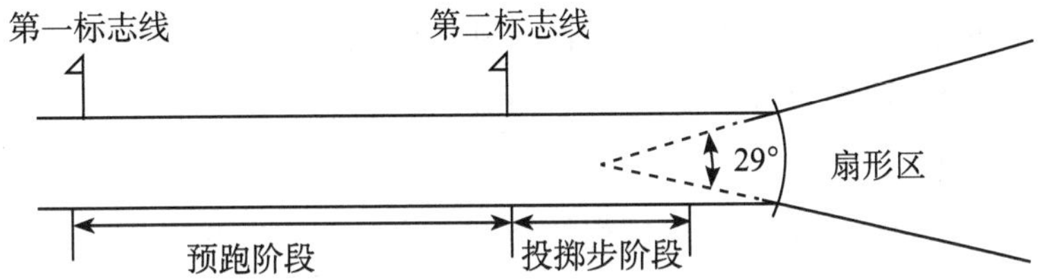

图 5–3–1

（1）预跑阶段。掷标枪的助跑距离一般是25～35米。以第一标志线到第二标志线15～20米的距离作为预跑阶段，通常跑8～14步。

预跑阶段，投掷臂持枪，上体稍前倾，前脚掌着地，大腿抬高，蹬伸动作有力，动作轻快而富有弹性，并且助跑的节奏性要强。持枪臂和另一臂要与两腿动作协调配合，两眼平视，头部自然抬起。

预跑阶段的助跑应是逐渐加速的，助跑的步长要稳定，助跑阶段也要能控制，以便于完成投掷步和最后用力为前提。尤其对初学者来说，更要控制预跑阶段的助跑速度，随着技术熟练程度的提高，可逐步提高助跑的速度。

（2）投掷步阶段。掷标枪的投掷步不同于普通跑步，在投掷步中还包含一个特殊的交叉步，因此，也有人把掷标枪的投掷步阶段叫作交叉步阶段。投掷步是从第二标志线开始，到投掷这一段距离内的助跑。实际上投掷步阶段是从预跑加速过渡到最后用力直至标枪出手这一系列的动作阶段。

投掷步的任务是通过特殊的助跑技术，使下肢动作加快，在快速向前运动的过程中完成引枪，并且通过投掷步使身体超越器械，为最后用力和出手创造良好条件。

投掷步有两种形式：一种是跳跃式的投掷步，另一种是跑步式的投掷步。投掷步通常跑4～6步，男子为9～15米，女子为8～13米。

4. 最后用力动作

投掷步的第 3 步右脚着地后，右腿被动屈膝缓冲，身体继续向前运动。当身体重心越过右脚支撑点上方时（左脚还未着地），右腿积极蹬伸用力。在左脚着地时，左腿做出有力的制动动作，可加快上体向前的运动速度。右腿继续蹬地，推动右髋加速向投掷方向运动，使髋轴超过肩轴，并带动肩轴向投掷方向转动。在肩轴向投掷方向转动的同时，投掷臂快速向上翻转，使上体转向投掷方向，形成“满弓”姿势。此时投掷臂处于身后，与肩同高，与躯干几乎成直角；标枪处在肩上后方，掌心向上，枪尖向前。

形成“满弓”姿势后，胸部继续向前，将投掷臂最大限度地留在身后，右肩部的肌肉最大限度地伸展。由于向前的惯性作用，左腿被迫屈膝，随即做迅速有力的充分蹬伸，同时以胸部和右肩带动投掷臂向前做爆发性的“鞭打”动作，并使用力的方向通过标枪纵轴。

在最后用力时，合理的用力顺序是取得最大出手速度的关键。从右腿落地后的及时发力到右臂的快速鞭打，再到标枪出手，人体各部位形成一个完整的运动链。身体左侧的支撑和用力动作对于投掷成绩起着至关重要的作用。

5. 维持身体平衡

标枪出手后，维持身体平衡是全过程的结束动作，能够有效防止人体越过投掷弧造成犯规。标枪出手后，右腿应及时向前跨出一大步，使身体重心降低，以保持平衡。为了保证最后用力时运动员可以大胆向前做动作而又不犯规，最后一步左脚落地点至投掷弧的距离应为1.5～2.0米。

三、提高投掷能力的练习

（一）上肢力量

1. 俯卧撑

从直臂俯撑开始，屈臂，使肘部高于背（两肘不外张），然后快速用力推起，再还原成直臂俯撑。全过程保持身体挺直、不塌腰。

2. 引体向上

跳起后两手正握单杠，两手同肩宽，成直臂悬垂。两臂同时用力引体（身体不能有附加动作）上拉到下颌超过横杠上缘为完成一次。

3. 双杠臂屈伸

两手各握双杠一端，跳上成支撑；两臂尽量弯曲，使端面达到胸部位置；两臂用力迅速伸直成支撑；当臂屈伸时身体不能做大摆动。

4. 哑铃练习

手持哑铃，两臂向各方向做屈、伸、举、振等动作。

（二）腰腹力量

1. 仰卧起坐

仰卧于垫上，两腿屈膝稍分开，大小腿成直角，两手手指交叉贴于脑后，由另一人压住练习者两踝关节处。起坐时，以两肘触及两膝，仰卧时两肩必须触垫。

2. 仰卧两头起

仰卧于垫上，两臂上举，收腹，上体前屈，同时举腿，两手拍击脚面后还原成仰卧姿势。

3. 俯卧两头起

俯卧于垫上，两臂上举，上体后屈抬头，同时后举腿，达到最大体后屈后还原成俯卧姿势。

（三）下肢力量

肩负杠铃做蹲起、半蹲起。

思政园地

亚运会冠军进校园讲授田径课

“老师，我的腾空动作总是控制不好，该怎么调整？”

“比赛时，如果踏板踩不准，如何快速调整？”

“在高压力下如何保证助跑节奏不乱？”

日前，亚运会男子跳远冠军得主、全国纪录保持者李金哲走进鲁东大学，为体育学院 2023 级田径专选班授课。课上，同学们积极提问，李金哲一一解答，并通过现场示范帮助大家理解技术动作。他逐一指导每位同学的起跳技术，手把手纠正动作细节，让大家在实践中深刻体会技术要领，令在场同学们深受启发。

“跳远项目不仅是速度和爆发力的较量，更是技术与心理素质的融合。”课堂上，李金哲系统讲解了跳远的技术要点，包括助跑节奏的控制、起跳时机的把握、空中动作的调整以及落地技术的优化。

“竞技体育的核心不仅是赢得比赛，也是在不断挑战自我的过程中实现突破。”授课结束后，李金哲与同学们围坐在一起，分享自己和队友们在赛场上拼搏、为国争光的奋斗历程。

“如何做好一名大学生？体育可以给出答案。”李金哲勉励同学们以体育精神要求自己，在学习和训练中保持专注与热爱，在拼搏中成长，在挑战中突破。

同学们纷纷表示，通过与“名师”面对面的交流，深刻体会到了体育的无穷魅力，感悟到运动健儿们对祖国、对体育深沉的热爱，立志以更加积极的态度投入到今后训练和学习中，为中国体育事业贡献青春力量。田径教研室主任吕永强也向李金哲介绍了学校田径队近年来的亮眼表现。

近年来，鲁东大学竞技赛事及体育育人工作取得长足进展。学校共获得国际田联竞走世界杯、亚洲竞走锦标赛、全国运动会、全国大学生运动会、山东省运动会和山东省大学生运动会等高水平体育赛事冠军 177 个、亚军 143 个、季军 207 个。同时，学校创新形成“三方协同、思政贯通、六维融合”体育育人模式，开展系列实践，取得丰硕成果，为新时代高校体育教学改革提供了宝贵的经验。学校《田径》课程获评国家一流本科课程，并获评山东省普通本科课程思政示范课程。学校还先后邀请国家女排前教练安家杰等体育冠军走进校园，把“讲体育”与“讲道德”结合起来，把“讲道理”与“讲故事”结合起来，让学生在沉浸感悟中不断激发爱国情、强国志、报国行。

（资料来源：《中国体育报》，2025 年 3 月 20 日，有改动）

思考与练习：

1. 分析短跑、中长跑、跨栏跑在技术和训练上的主要区别。
2. 描述跳远和跳高的技术动作要点。
3. 分析投掷项目（如推铅球、掷标枪）的技术动作和力量训练要点。
4. 田径比赛中，起跑的重要性体现在哪里？如何在日常训练中加强起跑练习？

项目六　大球运动

导读：

大球运动包括篮球、排球和足球等项目，这些项目不仅具有广泛的群众基础，还是竞技体育中的重要赛事。通过学习本项目，学生将了解大球运动各项目的起源与发展，掌握大球运动各项目的基本技术和常用战术，提高运动技能和竞技水平。此外，大球运动还能够培养学生的团队协作能力和战术执行能力，增强集体荣誉感和团队精神。

学习目标：

1. 了解大球运动各项目的起源与发展。
2. 了解大球运动各项目的竞赛规则。
3. 学习并掌握大球运动各项目的基本技术和常用战术。
4. 提高团队协作能力和战术执行能力，培养良好的比赛心态和竞技状态。

任务一　篮球

一、篮球概述

现代篮球运动起源于美国，是1891年由美国体育教师詹姆斯·奈史密斯发明的。篮球运动是19世纪末由西方传入我国的，主要在大城市和学校中开展。中华人民共和国成立后，篮球已成为我国群众喜爱的体育项目之一，有着坚实的群众基础。与此同时，我国篮球的竞技水平也取得了历史性突破。中国女篮先后取得了1992年奥运会亚军、1994年世锦赛亚军、2022年世界杯亚军和2023年亚洲杯冠军；中国男篮则打进了1994年世锦赛八强及1996年、2004年、2008年奥运会八强，在2025年三人篮球亚洲杯上获得亚军，创造了历史最佳成绩。现在，我国职业篮球赛的蓬勃开展带动了我国篮球运动向更高水平发展。

二、篮球基本技术

篮球基本技术主要有移动、传球、接球、运球、投篮、抢篮板球和防守等。各类技术又有若干不同的方法和不同的完成方式。各种方法和方式的组合运用构成了进攻技术和防守技术两个部分。

（一）移动

移动技术包括起动、跑、跳、急停、转身、跨步、滑步等。

1. 起动

起动是队员在球场上由静止状态变为运动状态的一种起始动作，是获得位移速度的方法。进攻时，突然快速起动是摆脱防守的有效手段之一。防守时，突然快速起动可以抢占有利位置，看住对手。从基本站立姿势开始，向前起动时以后脚、向侧起动时以异侧脚的前脚掌短促有力地蹬地，迅速向跑的方向迈出，同时上体迅速前倾或侧转，向跑的方向移动身体重心，手臂协调摆动。

2. 跑

跑是队员在球场上改变位置、发挥速度的重要方式，也是比赛中运用最多的一种移动动作。篮球比赛中经常运用的跑主要有变速跑、变向跑、侧身跑。变速跑是队员在跑动中利用速度的变化来争取主动的一种方法。

3. 跳

跳是队员在球场上争取高度及远度的一种动作方法。篮球比赛中的很多技术动作需要队员在空中完成，因此，队员要会单、双脚起跳，能在原地、跑动中和对抗条件下向不同方向跳、连续跳等，并要跳得快、跳得高，滞空时间长，以便更好地在空中完成各种攻守动作。

4. 急停

急停是队员在跑动中突然制动的一种动作方法，也是各种脚步动作衔接和变化的过渡动作。比赛中急停更多的是与其他技术结合在一起运用的。急停的动作有以下两种：①跨步急停（两步急停）。队员在快速跑动中急停时，先向前跨出一大步，用脚跟先着地过渡到全脚抵住地面，并迅速屈膝，同时身体微向后仰，后移重心。然后，跨出第二步，脚着地时，脚尖稍向内转，用前脚掌内侧蹬住地面，两膝弯曲，身体稍有侧转（右脚跨出第一步，身体后移），微向前倾，重心移至两脚之间，两臂屈肘时自然张开，以保持身体平衡。②跳步急停（一步急停）。队员在中、慢速移动中急停时，用单脚或双脚起跳（一般离地面不高），上体稍后仰，两脚同时平行落地。落地时全脚掌着地，用前脚掌内侧蹬住地面，两膝弯曲，两臂屈肘微张，以保持身体平衡。

5. 转身

转身是队员以一只脚蹬地向前或向后跨出的同时，以另一只脚为中枢脚进行旋转来改变身体方向的一种动作方法。转身可分为前转身和后转身：①前转身。移动脚蹬地，在中枢脚前方（身前）进行弧形移动的动作叫作前转身。②后转身。移动脚蹬地，在中枢脚后方（身后）进行弧形移动的动作叫作后转身。

6. 跨步

跨步是一种起步的动作方法。跨步的动作方法是以一只脚为中枢脚，另一只脚向前或向侧方跨出，以便衔接其他动作。

7. 滑步

两脚平行站立，两膝弯曲幅度较大，上体略前倾，两臂侧伸。向左侧滑步时，在左脚向左迈出的同时，右脚蹬地滑动，向左脚靠近，两脚保持一定距离，左脚继续跨出。向后滑步时，在一只脚向后撤步着地的同时，前脚紧随着向后滑动，保持前后开立姿势。向前滑步时，在前脚向前迈出一步着地的同时，后脚紧随着向前滑动，保持前后开立姿势。滑步时注意屈膝，降低重心。

（二）传球

这里只介绍双手胸前传球和单手肩上传球。

1. 双手胸前传球

双手胸前传球是比赛中最基本、最常用的一种传球方法，用这种方法传出的球迅速有力。

两手手指自然分开，拇指相对，呈“八”字形，用指根以上部位持球，手心空出。两肘自然弯曲于体侧，将球置于胸腹之间的部位，身体呈基本站立姿势。传球时，后脚蹬地、身体重心前移，同时前臂迅速向传球方向伸出，拇指用力下压，手腕前屈，食指、中指用力拨球将球传出。球出手后身体迅速调整成基本站立姿势。传球距离近，前臂前伸的幅度小。远距离的传球，则需要加大蹬地、伸臂和收紧腰腹的力度。传球距离越远，蹬地、伸臂的动作幅度也越大。（图 6–1–1）

图 6–1–1

2. 单手肩上传球

单手肩上传球是单手传球中一种最基本的方法。传球时（以右手传球为例），左脚向传球方向迈出半步，右手托球，同时将球引到右肩上方，肘部外展，上臂与地面近似平行，手腕后仰。左肩对着传球方向，重心落在右脚上，右脚蹬地，转体，右臂迅速向前挥摆，手腕前屈，通过食指、中指拨球将球传出。球出手后，右脚随着身体重心前移并向前迈出半步，保持基本站立姿势。（图 6–1–2）

图 6–1–2

（三）接球

接球是篮球运动中的主要技术之一，既是获得球的动作，也是抢篮板球和抢断球的基础。接球有双手接球和单手接球两种方法。

1. 双手接球

双手接球是最基本的接球方法，也是比赛中的常用动作之一。双手接球时，两眼注视来球，两臂伸出迎球，手指自然分开，两拇指呈“八”字形，手指向前上方，两手呈半圆形。当手指触球时，两臂后引缓冲来球的力量，两手接球于胸腹之间。保持身体平衡，做好传球、投篮或突破的准备。由于来球的高度不同，两臂伸出迎球的高低也有所不同。

2. 单手接球

单手接球控制的范围大，能接不同方向的来球。但是单手接球不如双手接球牢固，因此，在一般情况下应尽量用双手接球。如用右手接球，则右脚向来球方向迈出，两眼注视来球。接球时，手掌呈勺形，手指自然分开，右臂向来球的方向伸去。当手指触球时，手臂顺势将球向后引，左手立即接球，两手将球接于胸腹之间，保持基本持球姿势。

（四）运球

运球是篮球技术中重要的基础技术，是组织全队进攻配合和突破防守的基础。这里只介绍高运球、低运球、体前变向换手运球和运球急停急起技术。

1. 高运球

高运球时，两腿微屈，上体稍前倾，两眼平视，以肘关节为轴，前臂自然屈曲，手掌、手指柔和而有力地按拍球的后上部。球的落点控制在运球手臂同侧脚的外侧前方，球的反弹高度控制于胸腹之间。

2. 低运球

低运球时，两腿应迅速弯曲，重心下降，上体前倾，球的落点在体侧，用上体和腿保护球。同时，手掌和手指短促地按拍球的后上部，球的反弹高度控制在膝关节高度以下。

3. 体前变向换手运球

以右手运球为例，运球队员从对手右侧突破时，先向防守队员左侧做变向运球假动作。当防守队员向左侧移动堵截运球时，运球队员突然按拍球的右后上部，使球经自己体前右侧反弹至左侧前方，同时，右脚向左前方跨出，上体向左转，侧肩挡住防守队员，同时换左手按拍球的后上部，左脚跨出并用力蹬地加速，从防守队员的右侧突破。

4. 运球急停急起

在快速运球中突然急停时，一般采用两步急停，身体重心降低，手按拍球的前上部，同时两脚做跨步急停，并转入低运球。运球急起时，后脚用力蹬地，上体急剧前倾。同时，手按拍球的后上部，向前运球。

（五）投篮

投篮是队员将球投入篮圈的一种专门动作，是篮球比赛中唯一的得分手段，是一切进攻技战术的最终目的和全部攻守矛盾的焦点。这里只介绍原地单手肩上投篮、行进间单手肩上投篮、行进间单手低手投篮、跳起单手投篮。

1. 原地单手肩上投篮

原地单手肩上投篮是基本的单手投篮方法，其他各种单手投篮方法大都由此演变而来。

以右手投篮为例，两脚开立，右脚稍前，身体重心落在两脚之间。屈肘，手腕后仰，掌心向上，五指自然张开，持球于右眼前上方，左手扶球的侧部，两膝微屈，上体放松并稍前倾，目视瞄篮点。投篮时下肢蹬伸，同时依势伸腰展腹，抬肘上伸前臂，手腕前屈，以指端拨球，最后通过食指、中指用力将球投出，球离手后右臂应有自然跟进动作。（图 6–1–3）

图 6–1–3

2. 行进间单手肩上投篮

行进间单手肩上投篮是在比赛中切入篮下的一种投篮方法。

以右手投篮为例，跑动接球时，右脚跨出一大步，然后左脚接着跨出第二步，这一步稍小并用力起跳，右腿屈膝抬高，在左脚蹬地起跳的同时，双手迅速将球举至右上方，右手五指自然分开，掌心空出，手腕后屈托球，左手扶球进行保护，肘下垂，目视篮圈。接着右手托球向上伸展，手指柔和地拨球，手腕下压，将球投出。（图 6–1–4）

图 6–1–4

3. 行进间单手低手投篮

行进间单手低手投篮是比赛中广泛应用的一种投篮方法，多在快攻或切入篮下时运用，俗称跑动中投篮。

以右手投篮为例，当球在空中运行时，右脚向来球方向或投篮方向跨出一大步，同时双手接球，左脚向前跨出一小步，脚跟先着地，上体稍后仰，然后迅速过渡到前脚掌着地，并用力蹬地起跳。右腿屈膝上提，左脚蹬离地面，同时双手向前上方举球，腾空后，右臂向前上方伸展。投篮出手后，两脚同时落地，两腿弯曲，以缓冲落地的力量。

4. 跳起单手投篮

跳起投篮简称跳投，这里主要指跳起单手投篮，其出手动作与原地单手投篮基本相同，只是在动作结构上增加了起跳部分，投篮动作要在空中完成。

以右手投篮为例，双手持球于胸腹之间，两脚左右（前后）开立，两膝微屈，身体重心落在两脚之间，上体放松，目视篮圈。起跳时两膝适当弯曲（两脚前后开立时也可上一步再做此动作），接着脚掌蹬地发力，提腹伸腰，向上迅速摆臂举球并起跳，双手举球于肩上或头上，左手扶球左侧。当身体升至最高点或接近最高点时，左手离球，右臂向前上方伸直，同时用突发性力量屈腕、压指，使球通过指端投出。球离手后身体自然落地，屈膝缓冲，准备冲抢篮板球或回防。（图6–1–5）

图6–1–5

（六）抢篮板球

篮板球是攻守双方争夺的焦点，是攻守转换的关键。抢篮板球是获得球权的主要手段。

1. 抢防守篮板球

(1) 先挡后抢：近篮区用后转身挡人。强调挡人的质量，不要过早放松，以免给对手留下移动的空间。

(2) 配合抢防守篮板球：始终保持2～3名队员抢占罚球线前和两侧的三角区域，掌握控制权，或要求每名队员分别盯人挡住对手的冲抢路线。

2. 抢前场篮板球

（1）每当出手时，要善于利用对手转身观察的瞬间，乘其不备运用上步或助跑起跳，突然冲向球反弹的方向，遇到对手阻挡，要运用假动作摆脱，快速移动脚步，抢占有利位置。

（2）配合抢前场篮板球：锋线队员主要积极抢占篮下三角区域，外围队员要有组织地跟进冲抢，但必须保持攻守平衡。

（七）防守

防守是防守队员合理运用脚步移动和手臂动作积极抢占有利位置，阻挠和破坏对手的进攻，并以争夺控球权为目的的行动。

1. 防守无球队员

（1）位置的选择。防守时，位置的选择非常重要，正确、合理地占据有利位置，会使防守变得主动。就一般情况来说，防守队员应站在对手与球篮之间的内侧位置上，与对手保持适当的距离和角度，以便能根据情况行动。与对手的距离要根据对手与持球队员的距离而定，一般来说，离持球队员近则近，离持球队员远则远，以能控制对手为原则。

（2）手臂的配合。在积极移动的同时，必须借助手臂的动作，扩大防守面积。手臂要随着移动配合做伸出、挥摆、上举等动作，以便更有效地阻挠对手接球和争取断球。

（3）积极地移动。防守时，要随时保持有利的防守位置，就必须有正确的准备姿势，以保证及时移动。由于对手会不断地向不同的方向移动，防守队员的准备姿势的站法也要随时变换。在离球较近处防守时，通常采用面向人、侧向球的站法，不让对手摆脱接球；在离球较远处防守时，通常采用侧向人、面向球的站法，以便断球或进行协防配合。不论采用哪种站法，都要积极运用撤步、滑步、交叉步、碎步和快跑等脚步移动跟上对手，堵截其移动路线。为了及时起动，防守队员应以短小的步幅不停滑动，以便更快地移动阻挠对手，使他向不利的位置转移。

2. 防守有球队员

（1）位置、距离的选择。当对手接球后，必须迅速调整位置和距离，在占据对手与球篮之间有利位置的基础上，与对手保持适当的距离。一般来说，对手离球篮远则远，对手离球篮近则近，并根据对手的特点（善投、善突等）、战术的需要进行调整。

（2）防守的动作。由于有球队员的特点、意图以及与球篮的距离不同，防守有球队员时的动作也有所不同，一般防守有球队员有以下两种方法。① 平步防守：两脚取平行站立的防守姿势，两臂侧伸和挥摆。这种方法防守的面积大，便于左右滑动，对防突破比较有利。② 斜步防守：两脚取前后站立的防守姿势，一臂上伸，另一臂侧伸进行阻挠。这种方法便于前后移动，对防投篮比较有利。

（3）合理地运用抢球、打球技术。在防守有球队员的过程中，始终要伺机抢、打对手的球，但要判断准确，动作突然快速。注意保持身体平衡，避免犯规。

拓展阅读

篮球基本战术　　篮球竞赛规则

任务二　排球

一、排球概述

排球运动始于1895年，是由美国人威廉·摩根发明的。排球最初作为一种消遣游戏，被称为“空中飞球”，后来从美国传到了世界各地。1905年，排球传入我国，其形式先后经历了16人制、12人制和9人制。中华人民共和国成立后，为了适应国际交往的需要，排球改为6人制，并一直沿用至今。1964年第18届奥运会把排球列为正式比赛项目。

二、排球基本技术

（一）准备姿势和移动

准备姿势和移动是排球的基本技术，属于无球技术，是完成发球、垫球、传球、扣球和拦网等各项有球技术的前提和基础，并在各项有球技术中起串联和纽带作用。准备姿势按身体重心高低可分为稍蹲、半蹲和低蹲3种，其中半蹲运用得最多。

1. 半蹲准备姿势

两脚左右开立，略比肩宽。一只脚在前，两膝弯曲。脚尖朝前并稍内收，脚跟稍提起，身体重心放在前脚掌上，膝关节保持一定的弯曲。上体前倾，重心靠前，以利于向前方及斜前方移动和接起较低的来球。两臂放松，两肘自然弯曲并下垂，双手置于腹前。全身适当放松，处于灵活状态，并根据球场变化随时调整身体的位置、方向和重心。

2. 移动

移动的目的是及时接球，保持好人与球的位置关系，以便于击球。移动的常用步法有以下几种。

(1) 交叉步：以右交叉步为例，上体稍右转，左脚从右脚前面向右交叉迈出一步，然后右脚向右跨出一大步，同时身体转向来球方向，保持击球姿势。

（2）跨步：向移动方向跨出一大步，屈膝，上体前倾，身体重心移至跨出腿。

（3）跑步：注意边跑边把身体转向来球的方向。

（4）并步和滑步：以向右并步为例，右脚先向右迈出一步，左脚迅速并上，落在右脚的左侧。连续并步就是滑步。

（二）发球

发球指的是队员在发球区用一只手将自己抛起的球直接击入对方场区的技术动作。这里主要介绍正面下手发球、侧面下手发球、正面上手发球、勾手发球。

1. 正面下手发球

面对球网，两脚前后开立。左脚在前，两膝微屈，上体稍前倾，重心偏于右脚，左手持球于腹前。发球时，将球抛起在体前右侧，离手约20厘米高。抛球前，右臂伸直，以肩为轴向后摆动。击球时，右脚蹬地，身体重心随着右手向前摆动击球移至前脚，在腹前以手掌击球的后下部。手触球时，手指手腕紧张，手呈勺形。击球后，迅速进入场地。（图6-2-1）

图6-2-1

2. 侧面下手发球

左肩朝向球网，两脚左右开立，与肩同宽。两膝微屈，上体前倾，重心落在两脚之间，左手持球于腹前。发球时，左手把球平稳地抛送于胸前，距身体约一臂远，离手约30厘米高。在左手抛球的同时，右臂摆至右侧后下方，接着右脚蹬地，利用向左转体的力量带动右臂向前上方摆动，在腹前用全掌击球的右下部。（图6-2-2）

图 6-2-2

3. 正面上手发球

发球前，面对球网，两脚自然开立，左脚在前，身体重心在右脚，左手托球于身前。发球时，抬臂，手掌平托上送，将球平稳地垂直抛于右肩的前上方，高度适中。在左手抛球的同时，右臂抬起，屈肘后弓，肘与肩平，抬头、挺胸、展腹，上体稍向右侧转动，身体重心移至右脚。击球时，上体利用蹬地向左转，同时收腹带动手臂挥动，手臂在右肩上方伸到最高点，用全掌击球的中下部。击球时，手腕主动做推压动作，使击出的球上旋飞行。

4. 勾手发球

发球前，左肩对网，两腿稍屈，自然开立，双手持球于腹前。抛球时，将球垂直、平稳地抛至头的左前上方1米左右，同时身体重心下降，挺胸抬头看球。击球时，右脚用力蹬地，利用向左移重心和转体动作，带动手臂协调、自然地向上做弧形摆动，用手掌击球的后下部。

（三）垫球

垫球是用手臂或身体其他部位通过迎击使球从垫击面反弹出去的击球动作。垫球技术有正面双手垫球、体侧双手垫球、背垫球、跨步垫球、让垫、挡球、单手垫球、前扑垫球、滚翻垫球和鱼跃垫球等。下面只介绍正面双手垫球和体侧双手垫球。

正面双手垫球：采用半蹲位准备姿势，当球飞来时，双手呈垫球手型，手腕下压，两臂外翻形成一个平面。当球飞到腹前一臂距离时，两臂夹紧前伸，插到球下，向前上方蹬地抬臂，迎击来球。利用腕关节以上10厘米左右处的桡骨内侧平面击球的后下部，身体重心随击球动作前移。击球点保持在腹前一臂距离处。（图6-2-3）

图 6-2-3

体侧双手垫球：来球飞向体侧、来不及移动对正来球时，即要采用体侧双手垫球。如果球从左侧飞来，左脚往外跨出一步，右脚前脚掌内侧蹬地，重心随即移至左脚上，左膝弯曲，同时两臂向左侧伸出，右肩微向下倾斜，使两臂击球面截住球飞行的弧线，两前臂并拢成一平面，垫击球的后下部。当来球在右侧时，以相反方向的动作击球。

（四）传球

传球分为正面双手传球、背传球、侧传球、跳传球。这里只介绍正面双手传球、侧传球。

正面双手传球：双手相对呈半球形置于脸前，一般在额前上方20厘米处。触球瞬间，手指和手腕保持一定的紧张度，以增加弹性和产生适当缓冲。同时，向前上方伸臂，配合两脚蹬地和身体伸展的协调动作将球传出。(图6-2-4)

图 6-2-4

侧传球：身体不转动，主要靠两臂向侧面伸展的传球动作。准备姿势和迎球动作与正面双手传球相同，击球点保持在脸前或稍偏于出球方向一侧。一侧手臂要低一些，另一侧手臂要高一些。用力时，蹬地后上体要向出球方向倾斜。两臂向传出侧用力伸展，异侧手臂动作幅度较大，伸展较快。

（五）扣球

扣球是队员起跳后，在空中将高于球网上沿的球有力地击入对方场区的击球动作。扣球技术分为正面扣球、单脚起跳扣球、双脚冲跳扣球、小抡臂扣球、勾手扣球、扣各种战术球。这里只介绍正面扣球技术（图6–2–5）。

图 6–2–5

（1）准备姿势：采用稍蹲准备姿势，两臂自然下垂，随时做好助跑起跳扣球的准备。

（2）助跑起跳：左脚在前，右脚向前跨出一大步，同时重心落在右腿上，左脚迅速并在右脚前，脚尖内扣，同时两臂绕体侧后引，在左脚制动踏跳的过程中，两臂积极向前摆动。顺着双脚蹬地的力量，两臂挥至肩上方。

（3）空中击球：在空中挺胸展腹，转体，右臂向后上方抬起，身体呈“反弓”形。通过收腹、转体的力量，带动肩关节、上臂、前臂和手依次鞭打击球。击球时五指张开呈勺形，并保持适度紧张，用全手掌击球的后中部，同时主动甩腕用力向前推压。

（4）落地：击球后，双脚落地，前脚掌先落地，再过渡到全脚掌着地，顺势屈膝以缓冲下落的力量。

（六）拦网

拦网是排球比赛中至关重要的防守技术之一，它不仅能有效阻止对方的进攻，还能为本队创造反击的机会。拦网技术的运用要求运动员具备良好的预判能力、快速反应能力和准确的空间定位感。通过合理的拦网准备姿势、起跳动作以及空中拦网手型的控制，运动员能够最大限度地封锁对方的进攻线路，降低对方的得分机会。同时，拦网技术也是展现团队防守实力和战术配合的重要环节。

1.拦网准备姿势

距网30~50厘米，两脚平行开立与肩同宽，膝关节微屈，重心落在前脚掌上。两臂自然弯曲置于胸前，掌心朝前，手指自然张开，目光紧盯对方二传手和扣球手。

2.起跳动作

根据对方扣球手的助跑节奏和起跳时间，提前1~2步蹬地起跳，避免过早或过晚。两脚蹬地，利用腰腹力量带动身体向上，两臂由胸前向头上方画弧摆动，增加起跳高度。

3.空中拦网手型

两手手指自然张开呈半球状，拇指相对或略向外，掌心朝前上方，手腕保持一定紧张度。尽量用两手手腕以上部位（手指、手掌）触球，通过手指发力“盖帽”或“推压”，将球拦回对方场地或控制落点。两臂伸直过网，尽量接近球网，扩大拦网面积，但避免触网犯规。

4.常见拦网类型

（1）单人拦网：单人负责拦网，适用于对方扣球威胁较小或战术变化较少的情况。

（2）双人拦网：两名队员协同拦网，通常由前排中间队员（3号位）与边锋（2号或4号位）配合，覆盖较大区域。

（3）三人拦网：针对对方强力扣球手，三名前排队员共同组成密集拦网，力求完全封锁扣球路线。

（4）移动拦网：通过滑步、交叉步等移动步法，调整拦网位置，应对对方斜线扣球或战术快攻。

拓展阅读

排球基本战术

排球竞赛规则

任务三　足球

一、足球概述

我国是足球运动开展最早的国家，在春秋战国时期就有了叫作“蹴鞠”的脚球游戏。经过唐宋时期，这种游戏有了新的发展，出现了“气球”（内胆充气的球），球门、场地也有了改进和完善，比赛位置有了明显区分，设立了奖罚制度。

现代足球运动起源于英国。公元16世纪以后，足球游戏在欧洲一些国家盛行起来。1857年，英国成立了第一个足球俱乐部。1863年10月26日，世界上第一个足球运动组织——英格兰足球协会在英国伦敦成立，并制定和通过了第一部较为统一的足球竞赛规则，促进了现代足球运动的发展。

二、足球基本技术

（一）踢球

踢球技术包括脚内侧踢球、脚背内侧踢球、脚背正面踢球、脚背外侧踢球等。

1. 脚内侧踢球

脚内侧踢球是短距离传球和射门常用的脚法，这里只介绍脚内侧踢定位球技术。

直线助跑，最后一步要大，支撑脚向前跨步支撑时，脚掌要稍离地面快速积极落地支撑。落地时，以脚跟先落地，滚动式向前过渡到全脚掌支撑。支撑腿膝关节要适当弯曲，以保持身体重心的稳定。支撑脚与球的前后距离以支撑脚的脚尖与球的前沿保持平齐为准，左右距离以支撑脚的内侧沿与球的外侧沿保持10 ~ 15厘米为宜。在支撑脚落地支撑的同时，踢球腿大小腿折叠靠拢（在大腿后伸状态下），然后以大腿带动小腿由后向前摆动。在前摆过程中，大腿向外旋转带动膝关节向外侧移动，使踢球脚的脚内侧正对出球方向，小腿加速前摆，踝关节保持适当紧张，使脚掌与地面保持平行并保持住这种脚形，用脚内侧（脚弓上方）部位触球的正中后部，将球踢出。踢球后身体重心随踢球腿的前摆向前移动。（图6-3-1）

图 6-3-1

2. 脚背内侧踢球

脚背内侧踢球主要用于踢定位球、过顶球、中长传球、转踢球以及各种距离的射门。这里只介绍脚背内侧踢定位球技术。

斜线助跑，助跑方向与击球方向约成45°角，支撑脚踏在球的侧面20～25厘米处。支撑腿屈膝，脚尖指向击球方向，身体稍向支撑脚一侧倾斜，支撑脚一侧肩部侧对击球方向。在支撑脚着地的同时，踢球腿以髋关节为轴，大腿带动小腿由后向前摆，在膝关节摆至接近球的内侧正上方的刹那，小腿加速前摆，脚尖稍外展（指向斜下方），膝关节稍内旋，脚趾扣紧，以脚背内侧击球的后中部，踢球后小腿随球前摆。（图6–3–2）

图6–3–2

3. 脚背正面踢球

脚背正面踢球主要用于踢定位球、空中球、反弹球及倒钩球、射门（特别是远射）。这里只介绍脚背正面踢定位球技术。

直线助跑，最后一步稍大并积极着地，支撑脚踏在球的侧面10～12厘米处，脚尖正对击球方向。支撑腿膝关节微屈，踢球腿在支撑脚着地前顺势后摆，大小腿屈曲（折叠）。当支撑脚着地时，踢球腿以髋关节为轴，大腿带动小腿由后向前摆，在膝关节摆至接近球垂直上方的刹那，小腿加速发力，脚背充分绷直，脚趾扣紧，以脚背正面击球的后中部。击球后踢球腿随球继续前摆。（图6–3–3）

图6–3–3

4. 脚背外侧踢球

踢平直球时，助跑、支撑位置与姿势、踢球腿的摆动基本与脚背正面踢球动作相同，只是用脚背外侧部位触球。当踢球腿的膝关节摆到球的垂直上方时，小腿做爆发式前摆。小腿前摆时，脚尖向内转并向下指，踝关节内收并旋内，脚背绷紧，脚趾扣紧，以脚背外侧部位触球的正中后部。踢球后身体重心随踢球腿的前摆向前移动。(图6–3–4)

图 6–3–4

（二）接球

接球包括脚内侧接球、脚背正面接球、脚背外侧接球、大腿接球等。

1. 脚内侧接球

脚内侧接球有脚内侧接地滚球、脚内侧接反弹球、脚内侧接空中球。

脚内侧接地滚球：支撑脚正对来球，支撑腿屈膝，稳定地支撑身体重心。接球腿屈膝外转并前迎，接球脚以脚内侧部位触球。在球与脚接触前的瞬间，接球脚向后回撤缓冲来球力量，在后撤过程中将球接在自己控制范围之内和下一个动作需要的位置上。(图6–3–5)

图 6–3–5

脚内侧接反弹球：支撑脚在球的落点的侧前方（根据接球的方向不同，可以调整支撑脚的位置），支撑腿屈膝，稳定地支撑身体重心。上体稍向接球方向倾斜并稍前倾。接球脚提起，踝关节适当紧张（脚尖适当勾起，脚内侧部位对准球的反弹路线）。当球落地反弹刚离地面时，接球脚以脚内侧部位触压球的外侧中上部，将球接在支撑脚的附近位置以便连接下一个动作。

脚内侧接空中球：支撑脚的位置一般在球的侧方大约15厘米的距离，支撑腿屈膝，稳定地支撑身体重心。根据来球的高度和位置，接球脚举起以脚内侧部位对准来球，踝关节保持适当紧张，以控制脚形并适当前迎。在球与脚接触前的瞬间，接球脚向后回撤缓冲来球力量，在后撤过程中将球接在自己控制范围之内和下一个动作需要的位置上。

2. 脚背正面接球

脚背正面接球有两种：一种是支撑腿屈膝，稳定地支撑身体重心，支撑位置一般在球的侧后方。接球腿屈膝抬脚，踝关节保持适当紧张，以脚背正面正对来球，在球下落触到脚背前的瞬间接球，脚向下回撤将球接在自己控制范围之内和下一个动作需要的位置上（图6–3–6）。另一种是接球脚基本不向上抬起，而是脚背向上勾起，踝关节保持中度紧张，在离地面5～10厘米处触球，通过球下落的冲击力将勾起的接球脚背砸下去从而缓冲球的力量，将球接在自己控制范围之内和下一个动作需要的位置上。

图6–3–6

3. 脚背外侧接球

脚背外侧接球有脚背外侧接地滚球、脚背外侧接反弹球。

脚背外侧接地滚球：面对来球，支撑腿屈膝，稳定地支撑身体重心，支撑位置通常在球的侧面。接球脚稍提起，膝关节和脚尖稍内转（向支撑脚一侧靠近），以脚背外侧正对来球，在支撑脚的前侧方触球外侧部位（球体靠近支撑脚一侧的部位）。在脚触球时踝关节要适当紧张，并伴有一个向接球方向推送的拨球动作，将球控制在下一个动作需要的位置上。（图6–3–7）

图6–3–7

脚背外侧接反弹球：面对来球，支撑腿屈膝，稳定地支撑身体重心，支撑位置通常在球的侧面。接球脚稍提起，膝关节和脚尖稍向支撑脚一侧靠近，脚尖稍向内上方勾起（脚内翻状态），以脚背外侧正对来球，并使接球腿小腿及接球脚与地面形成一个夹角。在球刚反弹离地时接球脚脚背外侧于支撑脚的前侧方触球外侧上部（球体靠近支撑脚一侧的部位）。在脚触球时踝关节要适当紧张，并伴有身体重心向接球方向倾斜移动的动作，将球控制在下一个动作需要的位置上。

4. 大腿接球

大腿接球有大腿接高球、大腿接平球。

大腿接高球：面对来球，支撑腿屈膝，稳定地支撑身体重心。接球腿向前上方屈膝抬起，以大腿中部正对下落来球，肌肉适当紧张。大腿在与球接触前的瞬间向下撤引，在撤引过程中接控球，将球控制在下一个动作需要的位置上。

大腿接平球：面对来球，支撑腿屈膝，稳定地支撑身体重心。接球腿屈膝前迎，以大腿中部正对来球，肌肉适当紧张。在大腿与球接触前的瞬间小腿迅速向后下方撤引（接球腿的大小腿呈伸直状态），在撤引过程中接控球，将球控制在下一个动作需要的位置上。

（三）运球

运球包括脚背正面运球、脚背外侧运球、脚背内侧运球和脚内侧运球等。

1. 脚背正面运球

脚背正面运球多在越过对手之后，前方纵深距离较长，仍需要快速运球前进的情况下使用。跑动时身体自然放松，上体稍前倾，两臂自然摆动，步幅要适当。在运球脚提起的同时，膝关节弯曲，脚跟提起，脚尖下指。在迈步伸脚着地前，用脚背正面向前推拨球。(图6-3-8)

图 6-3-8

2. 脚背外侧运球

跑动时身体自然放松，上体稍前倾，两臂自然摆动，步幅不宜过大。在运球脚提起的同时，膝关节弯曲，脚跟提起，脚尖稍内转。在迈步伸脚着地前，用脚背外侧向前推拨

球。（图6–3–9）

图6–3–9

3. 脚背内侧运球

跑动时身体自然放松，上体稍前倾，并稍向运球方向转动。两臂自然摆动，步幅要小些。在运球脚提起的同时，膝关节弯曲，脚跟提起，脚尖稍外转。在迈步伸脚着地前，用脚背内侧向前推拨球。（图6–3–10）

图6–3–10

4. 脚内侧运球

运球时，支撑脚稍向前跨，落在球的前侧方，膝关节稍弯曲，上体前倾并内转。随着身体的向前移动，运球脚蹬地提起，用脚内侧推球的后中部。（图6–3–11）

图 6-3-11

拓展阅读

足球基本战术

足球竞赛规则

思政园地

第一届全国青少年三大球运动会闭幕

第一届全国青少年三大球运动会于 2024 年 11 月 28 日在湖南省岳阳市落下帷幕。闭幕式上进行了精彩的文艺汇演，充分展现了东方神韵、运动潮流和青春律动之美，运动员代表许下了“为振兴中国三大球而砥砺拼搏、为建设体育强国而不懈奋斗”的铮铮誓言。《青春回响》《相继出发》两个篇章展现了青少年的朝气蓬勃与昂扬向上的体育精神。《荣耀时刻》篇章则为排球最有价值球员、篮球最有价值球员、足球最佳射手、足球最佳守门员颁奖。特别环节《青春之问》《热血誓词》，将赛场内外运动员、教练员、裁判员、志愿者的故事再次呈现，让“国家兴则体育兴，青年强则国家强”更加具象。大家相约再赴下届赛事之约，为三大球振兴，为体育强国建设贡献青春力量。

全国青少年三大球运动会由国家体育总局、教育部联合主办，每年举办一届，旨在进一步推广普及三大球运动，让更多青少年喜爱、参与三大球运动。同时调动各地抓三大球青训的积极性，形成振兴发展三大球的合力。本次运动会搭建了青少年竞技比拼的新舞台，成为了青少年竞赛体系的新品牌，共吸引了来自全国 25 个省、自治区、直辖市的 96 支队伍 1500 余名运动员齐聚湖南长沙、岳阳。通过 12 天赛场上的拼搏，运动员用一场场精彩的比赛诠释三大球运动的魅力，传递青春的活力与梦想，共赴振兴三大球的“青春之约”。

（资料来源：《中国体育报》，2024 年 11 月 29 日，有改动）

思考与练习：

1. 结合实际比赛或训练，分析大球运动各项目的技术特点和难点。
2. 讨论如何在团队中发挥自己的优势并弥补队友的不足。
3. 设计一套针对大球运动的体能训练计划。
4. 分析一场大球比赛的战术布局和执行情况。

项目七　小球运动

导读：

小球运动包括乒乓球、羽毛球和网球等项目，这些项目以其高度的技巧性和趣味性而受到广大群众的喜爱。通过学习本项目，学生将深入了解小球运动各项目的起源与发展，掌握小球运动各项目的基本技术和常用战术，提高运动技能和竞技水平。此外，小球运动还能够锻炼学生的反应速度和协调能力，培养良好的比赛心态和竞技状态。

学习目标：

1. 了解小球运动各项目的起源与发展。
2. 了解小球运动各项目的竞赛规则。
3. 学习并掌握小球运动各项目的基本技术和常用战术。
4. 提高反应速度和协调能力，培养良好的比赛心态和竞技状态。

任务一　乒乓球

一、乒乓球概述

乒乓球运动起源于19世纪末的英国，是由网球运动派生而来的。自1988年第24届汉城奥运会开始，乒乓球正式成为奥运会比赛项目。乒乓球作为我国的“国球”，具有丰富的文化底蕴，有着广泛的群众基础。

二、乒乓球基本技术

（一）握拍法

1. 直式握拍法

在球拍正面，以拇指第一指节与食指第二指节扣住拍柄，虎口贴于拍柄后面；在球拍背面，中指第一指节左侧贴住拍面，手指半屈压紧球拍，无名指、小指半屈紧靠中指，提供支撑（图7–1–1）。握好球拍后伸直手臂，如球拍拍柄的虚拟延长线与手臂接近平行，则握拍正确。

图 7–1–1

2. 横式握拍法

在球拍正面，拇指右侧压紧球拍拍面底部与拍柄的结合部位；在球拍背面，食指伸直压紧球拍拍面底部1～2厘米处，中指、无名指和小指并拢握住拍柄（图7–1–2）。握好球拍后伸直手臂，如球拍拍柄的虚拟延长线与手臂接近形成一条直线，则握拍正确。

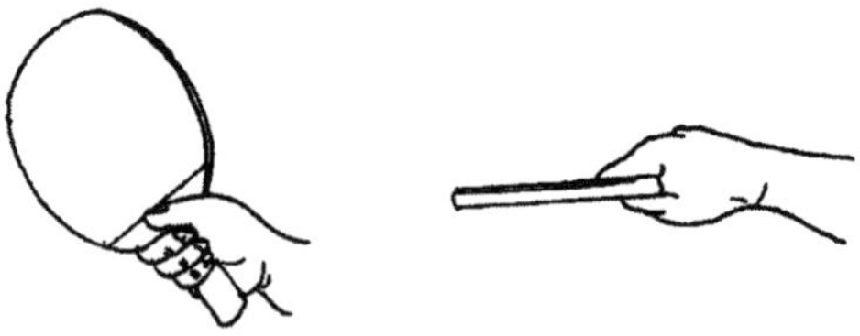

图 7–1–2

（二）移动步法

这里主要介绍单步、跨步、并步、跳步和交叉步。

1. 单步

(1) 技术要点：移动时以一只脚为轴蹬地，另一只脚可向目标方向跨步，身体重心随之落在移动脚上。

(2) 使用范围：常用于接台内短球或离身体较近的来球。

2. 跨步

(1) 技术要点：移动时一只脚蹬地，另一只脚向目标方向跨出一大步，蹬地脚随后跟上半步或一小步，身体重心随即转移到跨步脚上。

(2) 使用范围：常用于接近台进攻时离身体较远的来球。

3. 并步

(1) 技术要点：移动时一只脚先向另一只脚移动/并半步或一小步，另一只脚在并步脚落地后即向同方向移动。

(2) 使用范围：常用于中近台进攻时的中小范围的移动。

4. 跳步

(1) 技术要点：以移动方向的反方向脚向移动方向蹬地发力为主，两脚同时离地向来球方向跳动。

(2) 使用范围：常用于中近台进攻时的左右移动。

5. 交叉步

(1) 技术要点：移动时以靠近来球方向的脚作为支撑脚，该脚的脚尖调整指向移动方向，远离来球方向的脚在体前交叉，向来球方向跨出一大步，身体随之向来球方向转动，支撑脚跟着向来球方向再迈一步。

(2) 使用范围：常用于大范围的移动进攻或救球。

（三）准备姿势和站位

1. 准备姿势

准备姿势应自然、协调、放松，重心较低且稳定。两脚开立，稍宽于肩，前脚掌着地，脚跟稍提起。两膝微屈，上体略前倾，重心在两脚之间。下颌略内收，两眼注视来球。两臂自然弯曲置于身体略前两侧，握拍手手腕适当放松。

2. 站位

不同技术打法有不同的站位，但总体动作要协调，位置要合理。快攻打法和弧圈球打法的基本站位在近台中间偏左处，两面攻打法的基本站位在近台中间，攻削结合打法的基本站位在中远台中间。

（四）发球技术

发球动作由两个部分组成：一部分是一只手的上抛动作。上抛的高度大于等于16厘米，上抛动作要在球台端线外，高于台面，且须垂直上抛。另一部分是另一只手的挥拍动作。按照新规则，该动作要高于台面，并且要使两侧居中的裁判员和对方运动员都能看清动作。

1. 正手平击发球

正手平击发球如图7–1–3所示。

（1）击球部位：击球时，球拍前倾下压，球拍拍面与球台台面形成70°~ 80°的夹角，击球的中上部。

（2）击球方式：以撞击击球为主。

（3）动作结构：肩关节放松，上臂自然靠近身体，左手握球放在球拍正前方，在左手垂直抛球的同时，右臂以肘关节为中心，向身体后方摆臂引拍。击球时以肘关节为中心，手臂带动球拍向目标方向摆臂挥拍击球。

图 7–1–3

2. 正手下旋发球

正手下旋发球如图7–1–4所示。

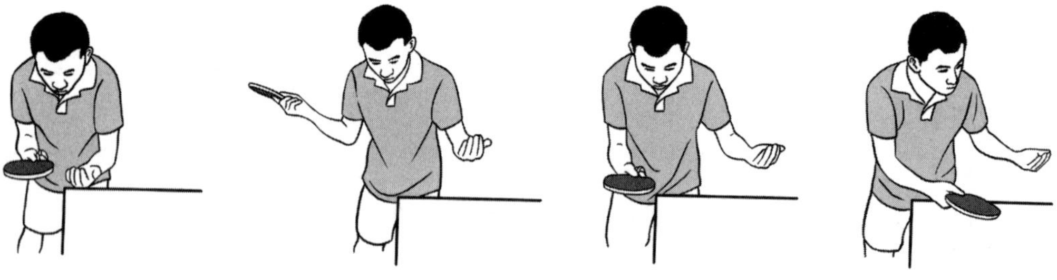

图 7–1–4

（1）击球部位：击球时，球拍拍面后仰，球拍拍面与球台台面形成135°~ 145°的夹角，击球的中下部。

（2）击球方式：以摩擦击球为主。

（3）动作结构：肩关节放松，上臂自然靠近身体，左手握球放在球拍正前方，左手垂直抛球的同时，右臂以肘关节为中心，向身体后方摆臂引拍。击球时以肘关节为中心，手臂带动球拍向前下方摆臂挥拍摩擦击球。

3. 正手侧上旋发球

正手侧上旋发球如图7–1–5所示。

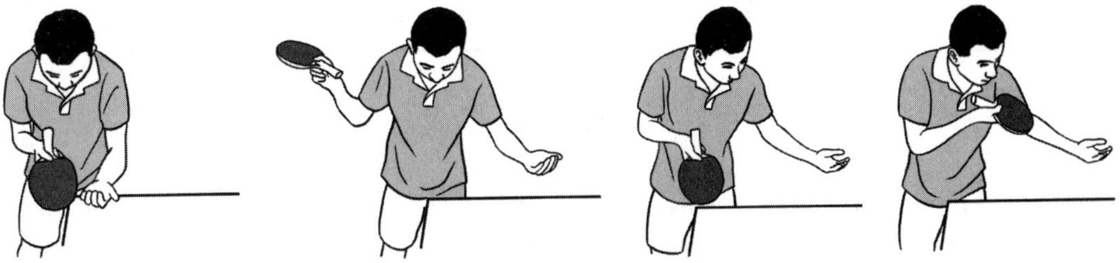

图 7–1–5

（1）击球部位：击球时，球拍正面对准右侧对方球台台角，球拍拍面与球台台面形成90°~ 100°的夹角，击球的中间偏左侧部位。

（2）击球方式：以摩擦击球为主。

（3）动作结构：肩关节放松，上臂自然靠近身体，左手握球放在球拍正前方。在左手垂直抛球的同时，右臂以肘关节为中心，向身体后方摆臂引拍。击球时，以肘关节为中心，手臂带动球拍向左侧上方肩关节方向摆臂挥拍摩擦击球。

4. 正手侧下旋发球

正手侧下旋发球如图7–1–6所示。

（1）击球部位：击球时，球拍拍面后仰并对准右侧对方球台台角，球拍拍面与球台台面形成约135°的夹角，击球的中下偏左侧部位。

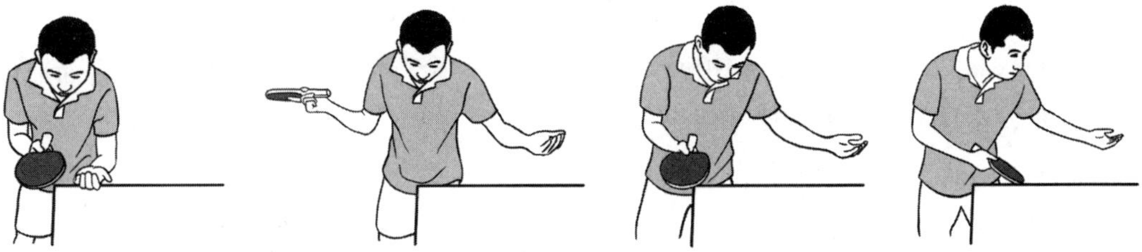

图 7–1–6

（2）击球方式：以摩擦击球为主。

（3）动作结构：肩关节放松，上臂自然靠近身体，左手握球放在球拍正前方。在左手垂直抛球的同时，右臂以肘关节为中心，向身体后方摆臂引拍。击球时，以肘关节为中心，手臂带动球拍向左侧前下方髋关节方向摆臂挥拍摩擦击球。

5. 反手侧上旋发球

反手侧上旋发球如图 7–1–7 所示。

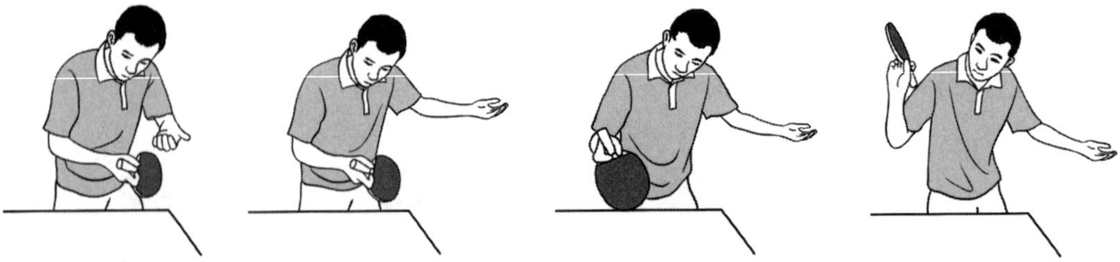

图 7–1–7

（1）击球部位：击球时，球拍拍面对准左侧对方球台台角，球拍拍面与球台台面形成 90° ~ 100° 的夹角，击球的中间偏右侧部位。

（2）击球方式：以摩擦击球为主。

（3）动作结构：肩关节放松，上臂自然靠近身体，左手握球放在球拍正前方。在左手垂直抛球的同时，右臂以肘关节为中心，向身体左侧后方摆臂引拍。击球时，以肘关节为中心，手臂带动球拍向身体右侧前上方齐肩高方向摆臂挥拍摩擦击球。

6. 反手侧下旋发球

反手侧下旋发球如图 7–1–8 所示。

图 7–1–8

（1）击球部位：击球时，球拍拍面对准左侧对方球台台角，球拍拍面与球台台面形成约 135° 的夹角，击球的中下偏右侧部位。

（2）击球方式：以摩擦击球为主。

（3）动作结构：肩关节放松，上臂自然靠近身体，左手握球放在球拍正前方。在左手垂直抛球的同时，右臂以肘关节为中心，向身体左侧后方摆臂引拍。击球时，以肘关节为中心，手臂带动球拍向右侧前下方球网柱方向摆臂挥拍摩擦击球。

（五）接发球技术

接发球是一个回合中的第二板球，也是接发球方的第一板球。接发球技术的作用首先是破除发球的威胁，使回球后对方不易进攻，然后在可能的情况下采用一定的战术打乱对方的比赛节奏或直接得分。

各种接发球方法如下。

（1）接平击发球。可在球刚刚弹起时用反手推挡、反手攻或正手攻技术回接，借来球之力将球击回；也可以借力为主，多做向前的动作。

（2）接侧下旋长球。可采用拉球和搓球回接。用拉球回接时，将拍前倾，摩擦球的中上部；用搓球回接时，将拍后仰，摩擦球的中下部。

（3）接侧下旋短球。可采用摆短、摆长、挑打等技术回接，运用挑打技术可以提高球的威胁性。

（4）接侧上旋球。侧上旋球有左、右两个方向，一般可使用推挡和攻球等技术回接。在推挡时要将拍面稍前倾，击球的中上部，发力向前以抵消球的旋转与力量；采用反手攻或正手攻技术时，要注意加大力量来抵消球的旋转。

（六）攻球技术

攻球力量大、速度快、攻击性强，是争取主动、克敌制胜的重要手段。这里只介绍攻球技术的正手攻球、反手推挡、正反手搓球、弧圈球和削球。

1. 正手攻球

左脚在右脚前约半个脚掌的位置，双脚打开略比肩宽，左右脚脚尖分别对准左右两侧球网柱方向，呈外“八”字形。身体离球台一个拍长的距离，屈膝，收腹，弯腰，身体重心前倾，肩关节放松，上臂自然靠近身体，球拍放在身体正前方位置。引拍时以肘关节为中心，前臂带动球拍向身体右侧下方球台台面上方引拍。击球时，以肘关节为中心，前臂带动球拍向眉毛正前方15～20厘米处摆臂挥拍击球。击球后原路还原动作。（图7–1–9）

图 7–1–9

2. 反手推挡

右脚在左脚前约半个脚掌的位置，双脚打开略比肩宽，左右脚脚尖分别对准左右两侧球网柱方向，呈外“八”字形。身体离球台一个拍长的距离，屈膝，收腹，弯腰，身体重心前倾，肩关节放松，上臂自然靠近身体，球拍横向放在身体正前方。击球时，球拍拍面与球台台面形成70°～80°的夹角，以肘关节为中心，前臂带动球拍向目标摆臂挥拍发力击球。击球后返回还原动作。（图7–1–10）

图 7-1-10

3. 正反手搓球

（1）正手搓球。左脚在右脚前约一个脚掌的位置，双脚打开略比肩宽，左右脚脚尖分别对准左右两侧球网柱方向，呈外“八”字形。身体离球台 10 ~ 20 厘米距离，屈膝，收腹，弯腰，身体重心前倾，肩关节放松，上臂自然靠近身体，球拍在身体右侧下方，拍头对准右侧球网柱方向，拍面后仰，击球面与球台台面形成135°左右的夹角。引拍时，以肘关节为支点，球拍向身体近身处内收。击球时，前臂带动球拍向目标摆臂挥拍摩擦切球。击球后原路还原动作。（图 7-1-11）

图 7-1-11

（2）反手搓球。右脚在左脚前约一个脚掌的位置，双脚打开略比肩宽，左右脚脚尖分别对准左右两侧球网柱方向，呈外“八”字形。身体离球台 10 ~ 20 厘米距离，屈膝，收腹，弯腰，身体重心前倾，肩关节放松，上臂自然靠近身体，球拍在身体正前方，拍头对准左侧球网柱方向，拍面后仰，击球面与球台台面形成135°左右的夹角。引拍时，以肘关节为支点，球拍向身体近身处内收。击球时，前臂带动球拍向目标摆臂挥拍摩擦切球。击球后原路还原动作。（图 7-1-12）

4. 弧圈球

左脚在右脚前约一个脚掌的位置，双脚打开略比肩宽，左右脚脚尖分别对准左右两侧球网柱方向，呈外“八”字形。身体离球台 80 ~ 100 厘米距离，屈膝，收腹，弯腰，身体重心前倾，肩关节放松，上臂自然靠近身体，球拍放在身体正前方。引拍时，球拍击球面与球台台面形成35° ~ 45°的夹角，重心转移到右脚的同时转动髋关节，手臂以肘关节为中心，前臂带动球拍向身体右侧下方引拍。击球时，重心由右脚转移到左脚的同时向同一方向转动髋关节，手臂以肘关节为中心，前臂带动球拍向眼睛、眉毛正前方 20 ~ 30 厘米处摆臂挥拍摩擦击球。击球后原路还原动作。（图 7-1-13）

图 7-1-12

图 7-1-13

5. 削球

削球是一种积极的防守技术，它以旋转、落点的变化制约和控制对方，使对方直接失误或为己方创造进攻机会。这里只介绍正反手削加转弧圈球和削前冲弧圈球。

（1）正反手削加转弧圈球。判断来球方向，降低身体重心，移动到削球位置。正手削球时左脚稍前，反手削球时右脚稍前，击球点选在左、右腹前为宜。正手削球时，身体向右后方转并向右后上方引拍，动作幅度稍大些，使球拍与击球点之间有适当的挥拍加速距离。反手削球时，身体向左后方转并向左后上方引拍，动作幅度略小于正手引拍。正手削球由右后上方向左前下方挥拍，反手削球由左后上方向右前下方挥拍，以上臂带动前臂发力为主，拍形稍立一些。手臂的发力顺序是先压后削再送。击球后，手臂继续向前下方挥动并迅速还原。

（2）削前冲弧圈球。左脚在前，右脚稍后，两脚间距比快攻时略大，两膝微屈，身体重心约落在前脚掌内侧，手臂自然下垂伸直，拍面略前倾。当来球从台面弹起时，左脚稍蹬地右转，身体重心落在右脚上，右肩下沉，右手随之引拍至身体右后方。右脚蹬地，挺髋，腰部向左上方转动，在肩部带动下，上臂带动前臂向左前上方加速挥动。在击球瞬间，整个身体的动量传递到手腕，加速度达到最大。在来球的下降前期挥拍摩擦球的中部。击球后，身体重心移至左脚，随势挥拍后注意尽快还原。

拓展阅读

乒乓球基本战术

乒乓球竞赛规则

任务二　羽毛球

一、羽毛球概述

羽毛球运动的前身是板羽毛球，是一种用木板拍扎着羽毛的球体（类似于毽子）并避免其落地的游戏。现代羽毛球运动起源于英国。1893年，英国正式成立羽毛球协会。1899年，第一届全英羽毛球锦标赛在伦敦举行，之后每年一次，沿袭至今。现代羽毛球运动大约在1920年传入我国，此后得到不断发展。多年来，我国已培养出一大批世界级羽毛球运动员。

二、羽毛球基本技术

（一）握拍法

以下以右手执拍为例介绍两种握拍方法：正手握拍法和反手握拍法。

1. 正手握拍法

正手击球时的握拍方法为正手握拍法。握拍时，先用左手拿住拍颈，使拍面与地面垂直，再展开右手，使右手的小鱼际部分靠在拍柄底托处，虎口对准拍柄的内侧小边棱，然后小指、无名指和中指并拢握住拍柄。小指和无名指在拍柄的末端应稍紧，食指与中指稍分开，食指和拇指轻松扣住拍柄。（图 7–2–1）

2. 反手握拍法

在正手握拍法的基础上，尽量放松握拍，拇指上提，顶贴在拍柄的宽拍棱上，食指向中指、无名指和小指方向收回，食指、中指、无名指和小指并拢，自然握住拍柄，掌心与拍柄间留有足够的空隙，切记拇指后端不可与拍柄接触。反手握拍法强调拇指握拍，击球时以拇指发力为主。单打时握拍的位置为小鱼际部分，与拍柄底盖处相平。双打一般握拍柄中间或偏上的位置。（图 7–2–2）

图 7-2-1

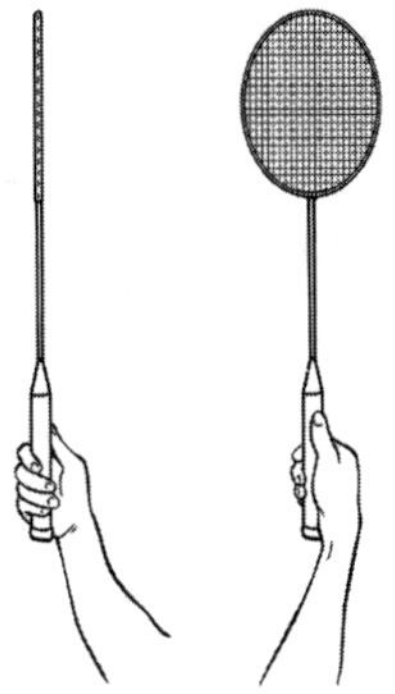

图 7-2-2

（二）发球技术

羽毛球的发球方法有两种：一种是正手发球，另一种是反手发球。按照发出的球在空中飞行的弧度与落点，羽毛球发球可以分为发高远球、发平高球、发平快球和发网前球。以右手握拍为例，单打比赛时，发球员站在中线附近，离前发球线约1米；双打发球站位可靠近前发球线。

1. 发高远球

两脚自然开立，左脚在前，脚尖对网，右脚在后，脚尖稍向右侧，重心在右脚上。左手拇指、食指和中指夹持住羽毛球中部，自然平举于胸前方。持球手自然松开，使球自然下落。右臂上臂外旋，带动前臂自下而上沿半弧形做回环引拍动作。在拍面与球在身体右侧前下方接触的瞬间，前臂迅速内旋带动手腕，快速向前上方闪动，屈腕、屈指发力，用正拍面将球击出。身体重心移至左脚，持拍手随击球动作的惯性自然向上方挥动。（图 7-2-3）

2. 发平高球

平高球是一种弧线高度比高远球低，速度比高远球快，具有一定攻击性的球。

发球前的准备姿势和发球动作过程与发高远球大致相同，只是在击球的一刹那，前臂加速带动手腕向前上方挥动，拍面要向前上方倾斜，以向前用力为主，球击出的弧线高度以对方伸拍打不到为宜，落点在对方场区底线。（图 7-2-4）

图 7-2-3

图 7-2-4

3. 发平快球

平快球的弧线高度比平高球还要低，速度比平高球快。在应对反应较慢、站位较前、动作幅度较大的对手或初学者时，发平快球的效果往往很好。

其准备姿势同发高远球。站位比发平高球稍后些（防止对方很快回球到本方后场），充分利用前臂带动手腕的爆发力向前方用力，球直接从对方肩上稍高位置越过，直攻对方后场。发平快球的关键是击球的动作要小而快，但前期动作应和发高远球一致。发平快球时应注意击球点不得高于腰部，且球拍击球瞬间不得过手，以免犯规。

4. 发网前球

发网前球是双打中主要采用的发球技术。单打比赛中，如果害怕发高球遭到对方球速较快的直接攻击或主动改变发球方式借以调动对方，可采用发网前球。

这里主要介绍正手发网前球和反手发网前球。

（1）正手发网前球。准备姿势大致与发高远球相同。用球拍完成小的回环动作。肘关节保持稍微弯曲，腕关节不参与或者较少参与。右髋向前送，身体重心移至左脚。击球点位于右侧体前几乎与髋同高的位置，拍头必须低于持拍手。略晚些抛球，手臂在离身体较近处击球，髋部快速转向前。球拍继续向前挥拍。（图 7–2–5）

图 7–2–5

（2）反手发网前球。面向球网，两脚前后站立（左脚或右脚在前均可），上体稍前倾，身体重心在前脚上。右手反手握拍，左手拇指、食指和中指捏住球的两三根羽毛，球托明显朝下（避免犯规），球体与拍面平行或球托对准拍面放在拍面前方。在左手放球的同时，右臂以肘为轴，前臂内旋，带动展腕由后向前做回环半弧形挥动至一定发力所需幅度。手腕由外展至内收发力，靠手腕和手指控制力量，以斜拍面向前轻轻推送切击球托，使球尽可能低地沿网上方飞过并落入对方前发球线内。以制动动作结束发力，并迅速将握拍姿势调整为正手握拍。（图7-2-6）

图7-2-6

（三）接发球技术

1. 接发球站位

不论是单打比赛还是双打比赛，运动员都应选择一个合理的接发球站位。一般情况下，单打的接发球站位应在离前发球线约15米处，在右发球区应站在靠中线的位置，在左发球区应站在中间稍偏边线位置，主要防备对方发球攻击反手部位；双打的接发球站位可靠近前发球线。

2. 接发球的准备姿势

单打接发球应左脚在前，右脚在后，侧身对网，使身体重心在前脚上，后脚脚跟稍提起，收腹含胸，持拍于右身前，两眼注视对方。双打接发球的准备姿势基本同单打接发球，但身体重心可随意放在任何一只脚上。将球拍高举在肩上，注意力要高度集中。

（四）击球技术

1. 击高远球

击出高弧线飞行的、几乎垂直落到对方底线附近场区的球，称为击高远球。

（1）正手击高远球。左脚在前，右脚在后，侧身对网。右手正手握拍屈肘于体侧，上臂、前臂间的夹角为45°左右；左手自然上举，保持平衡，两眼注视来球方向。当球下落到一定的高度时，右臂手肘上抬，后摆引拍，以肩为轴做回环动作；前臂充分向后下方摆动并外旋，手腕充分伸展。左手随身体协调屈臂向身体左侧下降。击球时，右前臂急速内旋并带动手腕加速向前上方挥动，手腕屈收，手指屈指发力，用正拍面将球击出。击球点选在右肩的前上方，其高度以持拍手臂自然伸直击球为宜。右手随击球后的惯性向左前下方挥动，顺势收回至体前，呈接球前的准备姿势。（图7–2–7）

（2）反手击高远球。判断对方来球的方向和落点，迅速将身体转向左后方，以步法到位后，右脚前交叉跨到左侧底线，背对球网，身体重心在右脚上，使球在身体的右肩上方。击球前，由正手握拍迅速换为反手握拍，并持拍于胸前，拍面朝上。击球时，以上臂带动前臂，通过手腕的闪动，自上而下地甩臂将球击出。在最后用力时，要注意拇指的侧压力与甩腕配合，同时要利用两脚的蹬地、转体等协调全身用力。（图7–2–8）

图7–2–7

图7–2–8

（3）头顶击高远球。在左后场区，用正手在头顶中间部位或在左肩上方将来球击到对方底线的高远球击球法称为头顶击高远球。击球前的准备姿势及击球动作与正手击高远球基本一致。二者不同的是头顶击高远球的击球点在左肩上方（因来球是飞向左后方的）。准备击球时，侧身（左肩对网）稍向左后仰。击球时，上臂带动前臂使球拍绕过头顶，从左上方向前加速挥动。在用力击球时，要注意发挥手腕的爆发力，充分利用蹬地及收腹的力量。击球后，左脚在身后着地并立即回蹬，同时右脚前移，身体重心移至右脚。

2. 击平高球

根据击球方式和击球时球与人的位置，击平高球技术可分为正手击平高球、头顶击平高球和反手击平高球3种。这里只介绍正手击平高球和头顶击平高球。

（1）正手击平高球。准备姿势和引拍动作同正手击高远球。击球动作与正手击高远球基本一致，只是在击球时，运用前臂带动手腕充分闪动，然后屈指发力，以比击高远球仰角稍小一些的正拍面（拍面与地面近似垂直）将球击出。击球后右手顺势向左下方减速摆臂，最后至体前，成接球前的准备姿势。（图7–2–9）

图7–2–9

（2）头顶击平高球。判断来球后，迅速向左侧后场蹬转侧身，做好击球前的准备。引拍动作、击球动作和击球后的动作同正手击平高球。

3. 吊球

将对方击来的后场高球还击到对方网前区称为吊球。它的作用是调动对方站位，以利于己方组织进攻。吊球有劈吊、轻吊和拦吊。这里只介绍劈吊和轻吊。

（1）劈吊。用力较小，挥拍时拍面正面向内倾斜，手腕做快速切削下压动作。若劈吊斜线球，则球拍切削球托的右侧，并向左下方发力；若劈吊直线球，则拍面正对前方，向前下方切削。

（2）轻吊。用力更轻一些，挥拍时拍面正对来球，用拍面轻挡来球，使球以平弧线、较慢速度越网垂直下落。

4. 杀球

杀球的准备姿势和击球动作同正手击高远球，不同的是最后用力的方向朝下，而且要充分利用蹬地、转体收腹及手臂和手腕的爆发力全力将球向下击出，在击球的一刹那要握紧球拍。无论采用哪种动作杀球，都可做重杀、轻杀、长杀、深杀、直线杀和斜线扣杀。杀球时只要通过手腕和手指控制拍面倾斜角度、用力方向和大小，就可以扣杀出不同形式的球。这些不同形式的杀球主要是为了满足战术的需要，应根据对方的站位情况灵活运用。一般通过打高球和吊球来为扣杀创造机会，发挥杀球的威力。

5. 平抽球

将位于身体左右侧，高度在肩以下、腰以上的球平抽击过去称为平抽球。平抽球时以腰为轴，从转髋发力开始，发挥手臂的摆速和手腕的爆发力。平抽球在双打比赛中比在单打比赛中运用得更多，特别是双打中前场球的飞行距离短、速度快、飞行弧线低。平抽球有正手平抽球、反手平抽球两种。

（1）正手平抽球。面对球网，右脚稍在前，膝微屈，前脚掌着地，右手握拍于体前。右脚稍向前迈出一小步，同时上体稍向右倾，右臂向右侧上摆。球拍上举，肘关节保持一定角度，前臂稍后摆带有外旋，手腕从稍外展至后伸，使球拍移至后下方。前臂急速向右侧前挥动，从外旋转为内旋，球拍由后伸至闪腕，握紧拍柄，挥拍抽击球托底部。球拍向左侧顺势盖过去，收拍于胸前回位。（图 7-2-10）

图 7-2-10

（2）反手平抽球。准备姿势同正手平抽球。右脚向前跨一步，身体左转，右前臂往身前收。肘部稍上抬，前臂内旋，手腕外展，球拍引向左侧。右前臂往前挥拍的同时外旋，手腕由外展伸直至内收闪腕，手指突然握紧拍柄，拇指前顶，迎球挥拍，从球托的底部盖压过去。击球后，球拍随身体回动回收。（图 7-2-11）

图 7-2-11

6. 平挡球

平挡球有正手平挡球和反手平挡球两种。

（1）正手平挡球。准备姿势同正手平抽球。右脚向右侧跨出一步，在跨步的同时球拍向右侧后引，对准来球，上体向右后方转至左肩对网，髋关节也转向右后方，右腿蹬直，给接近右侧身体的来球让出适当空位。击球时不必做过大的挥拍动作，只需借助来球力量，在手腕外展闪动的同时，食指、中指往拇指方向轻轻提拉，靠其余手指突然紧握拍柄产生的力量将球轻挡过网。击球后，右脚向前迈，球拍随身体向左转，收回于身前。（图 7–2–12）

图 7–2–12

（2）反手平挡球。准备姿势同正手平抽球。球拍向左下侧摆，上体稍向左侧闪，左肩向后侧转动，让出适当的击球空位。击球时不必做过大的挥拍动作，只需借助来球力量以及手腕的内收动作，由屈腕至伸直闪腕，以握紧球拍产生的力量击球托的后底部，把球轻轻地弹击到对方网前区域。击球后球拍回收于体前，向前跟进一步，以便封住对方的直线或斜线网前回球。（图 7–2–13）

图 7–2–13

7. 推球

推球有正手网前推球和反手网前推球两种。

（1）正手网前推球。站在右网前，球拍向右侧前上举。肘关节微屈回收，同时前臂稍外旋，手腕稍向后侧，球拍也随之往右下后方摆，拍面正对来球。这时，小指和无名指稍松开，使拍柄稍离开鱼际肌，拇指和食指向外捻动拍柄，拍面变为后仰。推球时，身体稍向前移，右前臂向前伸并带内旋，手腕和手指控制拍面角度，手腕由后伸至伸直并闪腕，食指向前压，小指和无名指突然握紧拍柄，球拍急速地由右经前上方至左挥动推球，使球沿边线飞向对方后场底角。在挥动过程中，球拍回收。（图 7–2–14）

图 7–2–14

（2）反手网前推球。站在左网前，以反手握拍，前臂往前上方伸举。前臂稍向左胸前收引，肘关节微屈，手腕外展，此时变成反手推球的握拍法，球拍松握，反拍面迎球。当前臂前伸并带外旋，手腕由外展到伸直并闪腕，中指、无名指和小指突然握紧拍柄，拇指顶压，往右前方挥拍时，推击球托的左侧后部，使球沿对角线方向飞行。击球后，手臂回收，恢复击球前的准备姿势。（图 7–2–15）

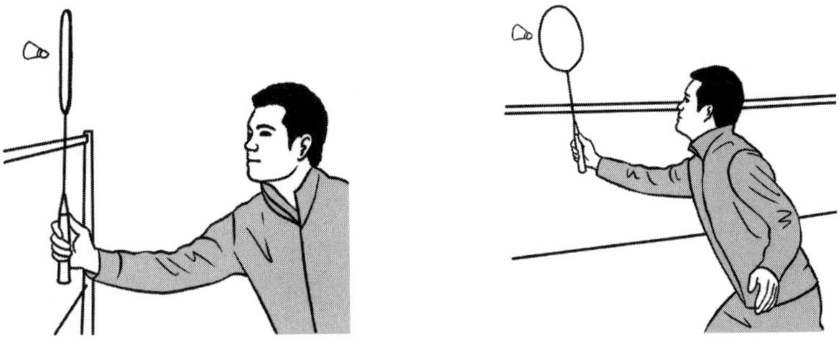

图 7–2–15

8. 搓球

搓球有正手网前搓球和反手网前搓球两种。

（1）正手网前搓球。左脚蹬地，右脚向网前跨成弓箭步，侧身对网，身体重心在右脚上。持拍手臂向前伸出，出手要快，握拍手腕和手指自然放松。击球时，前臂稍外旋，拍面与球网呈斜面向前。手指控制好拍面并发力，使搓出的球尽可能贴网而过。挥拍时，腕部由展腕至收腕闪动，带动手指向前切削，搓击球托的侧面底部，球下旋翻滚过网；或者腕部由收腕至展腕闪动，带动手指离网提拉，搓击球托的侧面底部，球上旋翻滚过网。（图 7-2-16）

图 7-2-16

（2）反手网前搓球。运用反手上网步法向来球方向移动，击球前的动作同正手网前搓球。随步法将握拍方式调整为反手，前臂举起，手腕前屈，手背约与球网同高，拍面低于网顶，用反拍面迎球。击球时，手腕由展腕至收腕发力，由左至右切击球托的左后侧部。击球后动作同正手网前搓球，注意握拍要从反手握拍还原为手放松握拍。（图 7-2-17）

图 7-2-17

9. 勾球

勾球是将对方击到自己前场区域的球还击到与之成对角线位置的对方网前区域的击球技术。勾球有正手网前勾球和反手网前勾球两种。

（1）正手网前勾球。勾球一般采用并步加蹬跨步上网的步法。其准备姿势同正手网前搓球。在以步法移动的同时，球拍随着前臂往右前上方举起，前臂在前伸的同时稍外旋，手腕微后伸，这时的握拍稍有变化，将拍柄稍向外捻动，使拇指贴在拍柄的宽面上，食指的第二指节贴在与其相对的另一个宽面上，拍柄不触及掌心。击球后，球拍回收至右肩前。（图

7–2–18）

（2）反手网前勾球。准备姿势同正手网前搓球。在以步法移动的同时，手臂向左前方平举（不要完全伸直，肘关节稍弯曲）。击球时，肘部下压，同时前臂稍外旋，手腕由稍屈至后伸并闪腕，拇指内侧和中指把拍柄向右侧拉，其他手指突然紧握拍柄，拨击球托的左侧部，使球沿着对角线飞行。击球后，球拍向右回收。（图 7–2–19）

图 7–2–18

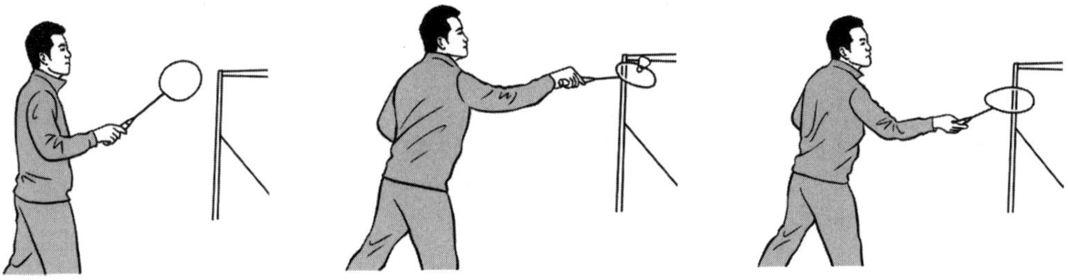

图 7–2–19

10. 扑球

扑球有正手扑球和反手扑球两种。

（1）正手扑球。迅速移向网前，右脚在前，上体直立。在跑动过程中完成击球准备，拍头要过头顶。击球时，随着手臂由屈到伸，手腕由后伸至向前闪动及手指顶压将球扑下。（图 7–2–20）

（2）反手扑球。迅速近网，右脚在前，上体直立。在跑动过程中将球拍高举过头。向左转动球拍，使拍面正对球网。击球时，前臂伸直外旋带动手腕内收至外展，拇指顶压，加速挥拍扑球。如果来球靠近球网，手腕可外展由左向右拉切击球，以免触网。（图 7–2–21）

图 7-2-20

图 7-2-21

11. 挑球

挑球有正手挑球和反手挑球两种。

（1）正手挑球。正手握拍举于胸前，右脚向右前跨出一大步，左脚在后，侧身向前，重心在右脚上，同时右臂向后摆，自然伸腕，使球拍后引。然后右臂以肘关节为轴，屈臂内旋，右手握紧球拍，用食指及手腕的力量，将球向前上方击出。（图 7-2-22）

图 7-2-22

（2）反手挑球。反手握拍举于胸前，右脚向左前方跨出一大步，重心放在右脚上。同时右肩向网，屈肘引拍至左肩旁。然后右臂以肘关节为轴，右手握拍经体前由下向上，用拇指第一指节压住拍柄的宽面，用力将球击出。（图 7-2-23）

图 7-2-23

拓展阅读

羽毛球基本战术

羽毛球竞赛规则

任务三　网球

一、网球概述

网球运动的起源可以追溯到12—13世纪的法国。现代网球运动起源于19世纪的英国。19世纪后期，现代网球运动传入我国。最初，网球运动仅在一些学校中开展，后来逐渐推广到上海、广州、北京等城市。随着我国经济实力和人民生活水平的不断提高，我国网球运动水平也不断提高。

二、网球基本技术

（一）握拍法

1. 东方式握拍法

正手握拍：以右手持拍为例，左手先握住拍颈，使拍面和地面垂直，然后手掌也垂直地面，手握拍柄如同与人握手，又称“握手式”握拍法，即用右手掌根与拍柄右上斜面贴紧，拇指垫握住拍柄的左垂直面，食指微离中指，食指下关节压住拍柄右垂直面。拇指与食指呈“V”形，对准拍柄的右上斜面和左上斜面的上端中间。

反手握拍：从正手握拍开始，把手向左转动 (把拍子向右转动)，使拇指与食指呈“V”形，对准拍柄的左上斜面与左垂直面的中间那条线。用手掌根压住拍柄的右上斜面，食指下关节贴在右上斜面上。

2. 大陆式握拍法

正反手均采用同一种握拍法，不需要变换动作，适宜截击和发球。握拍时用手掌根紧贴拍柄上部的平面，食指与其余三指稍微分开，食指上关节紧贴在右上斜面上，拇指垫贴在拍柄的左垂直面上。

3. 西方式握拍法

正手握拍：掌心向下，手掌的大部分放在拍柄的底部，手掌根贴在拍柄的右下斜面上，拇指压在拍柄上部，食指的下关节握住拍柄的右下斜面。拇指与食指的“V”形对准握柄右垂直面。

反手握拍：在西方式正手握拍的基础上，把球拍上下颠倒过来，用同一拍面击球或手腕顺时针转动，使拇指与食指的“V”形对准拍柄的左垂直面。食指下关节压住拍柄的上部，手掌根贴在左上斜面上。

4. 双手反手握拍

右手为东方式反手握拍法，握在球拍拍柄的底部，手掌根与拍柄对齐。左手握在右手的上方，以东方式正手握拍法握拍。该握拍法的优点在于力量不足的运动员双手反手比较容易，同时这种握拍法易于对来球加上旋和发力，且动作的隐蔽性强；缺点在于对步法要求精确。

（二）正手击球

1. 握拍方式

（1）手掌定位。正手击球技术以食指的指根和小鱼际底部来定位，球拍柄水平放置，拍面与地面垂直，拍柄的8个面中最上面的面定为第1平面，按顺时针依次定位至第8平面。(图7-3-1)

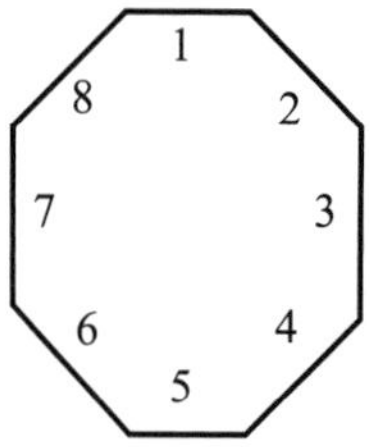

图 7-3-1

（2）握拍方式的选择。正手击球的握拍常用的方式有大陆式、东方式、半西方式和西方式。图7–3–2所示为右手正手击球的握拍方式。

大陆式：握拍时，食指的根部紧贴第2平面，虎口对准第1平面。

东方式：握拍时，食指的根部紧贴和拍面平行的第3平面，食指和中指分开，中指及余下两指自然环扣拍柄，拇指自然弯曲，缠绕拍柄。

半西方式：介于东方式和西方式之间的一种握拍方法。握拍时，食指的根部紧贴第3平面和第4平面之间的区域，食指和中指略微分开，其余手指自然握拍。

西方式：握拍时，食指的根部紧贴在第5平面上，手掌虎口形成的“V”字形对准第3平面，即和拍面平行的面，拇指垫按在第1平面上。

2. 准备姿势

准备击球时，面对球网，两脚开立，约与肩同宽。两膝微屈，上体微微前倾，重心在两脚的前脚掌上。右手握拍，左手轻扶拍柄的上端或者拍颈，两手自然置于体前，拍头向前上方并高于拍柄，拍面略微倾斜。两眼平视前方。（图7–3–3）

3. 后摆引拍

判断来球的方向，在转体的带动下，做弧形的后摆引拍动作。引拍时在右肩向后转的基础上把球拍向后引出。整个过程中肘关节微屈，拍头微微向上，后摆至拍底指向来球，拍头指向后面的挡网，拍面略向下关闭。

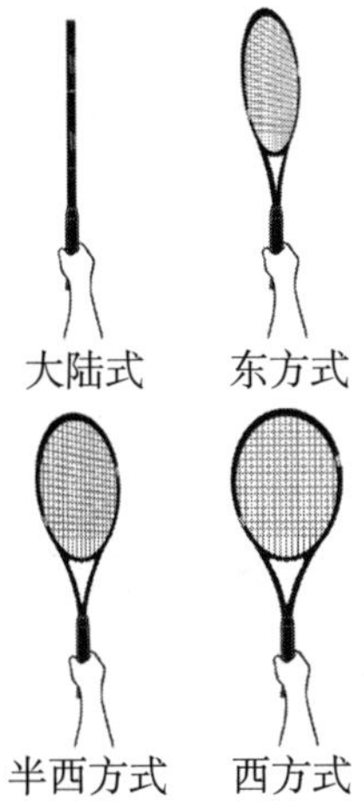

图7-3-2

图7-3-3

4. 挥拍击球

借助转体的力量，利用离心力大力摆动身体并挥出球拍，拍头从外侧向内侧加速。从后摆进在向前挥动的同时向前迎击来球，争取在球的上升期击打来球。当球触拍后，挥拍沿着球飞行的方向向前、向左上方送出，重心移至左脚，身体也随之转向球网。挥拍动作在左肩上方结束，左手在右肩的上方扶住拍颈。（图7–3–4）

图 7-3-4

5. 随挥动作

在移动回位的时候两眼要始终盯住来球，同时选择尽可能快的步法迅速回到最有利于下一次击球的位置。回位时多采用并步（侧滑步）或交叉步。

（三）反手击球

1. 握拍方式

反手击球双手反手握拍（以右手持拍为例），以食指的指根和小鱼际底部来定位，左手的食指指根和小鱼际底部成一条直线握在拍柄的第7平面上，右手的食指指根和小鱼际底部成一条直线握在拍柄的第2平面上。（图 7-3-5）

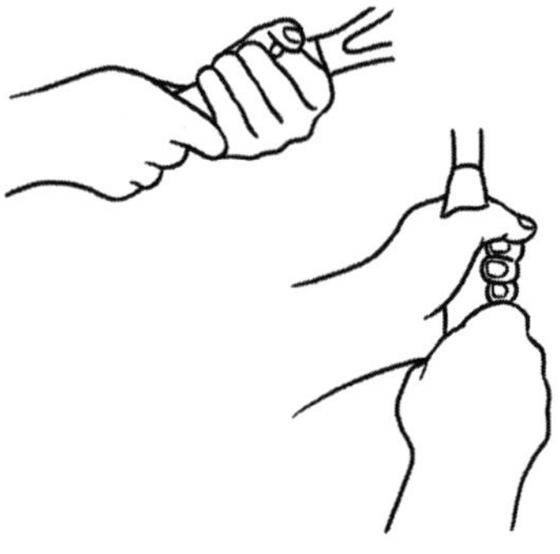

图 7-3-5

2. 准备姿势

准备击球时，面对球网，两脚开立，约与肩同宽。两膝微屈，上体微微前倾，重心在两脚的前脚掌上。右手握拍，左手轻扶拍柄的上端或拍颈，两手自然置于体前，拍头向前上方并高于拍柄，拍面略倾斜。两眼平视前方。

3. 后摆引拍

当判断来球为反手时，在肩的带动下两手向后摆动引拍。引拍时右手肘关节尽量伸直，让上臂紧贴身体，拍头高于拍柄，拍面向下，拍底指向来球方向。

4. 挥拍击球

挥拍击球时，左脚蹬地发力，转髋，带动肩、手臂及球拍迎着来球方向向前挥动。在球的上升期击打来球，击球点在右脚侧前方腰部高度。前挥动作要平滑、连贯。击球前瞬间拍头低于来球，击打时靠左手向前挥动的力量把球拍向前上方带出。挥拍动作结束时重心移落在右脚上，身体也随之转向球网，挥拍动作在右肩上方结束。（图 7-3-6）

图 7-3-6

5. 随挥动作

击球后，球拍沿着球的飞行方向继续向前上方挥动，重心前移至左脚，身体由侧身转向正对球网。挥拍动作在左肩上方结束，然后迅速还原成准备姿势。

（四）发球

发球技术既是网球技术中非常重要、非常特别的技术之一，也是网球技术中唯一完全由运动员控制的技术。一次好的发球，不仅可以在较大程度上发挥个人的优势，用以控制对方，最大限度地实现自己的战术意图，而且有可能直接得分。发球分为平击发球、上旋发球和切削发球3类。

1. 握拍方式

发球通常使用大陆式握拍，这种握拍方式为形成扣腕动作和握拍动作提供了较大的活动范围，适用于高点击球，能够充分发挥腕部的力量。

2. 准备姿势

单打在右区发球时，站在端线后中心标志点稍右侧的位置，左脚脚尖对准左边网柱，与底线成45°角。两脚分开，约与肩同宽，两脚的连线指向发球区。在左区发球时，左脚脚尖对准右侧网柱，右脚约与端线平行。无论在哪个区域发球，重心都放在左脚上。抛球手的拇指、食指和中指轻轻托住球，掌心向上。球拍置于身体前方，拍头稍稍向前上方倾斜，呼吸均匀，注意力集中。双打发球站位与单打略有不同，一般站在边线与中心标志点的中间，这样做可以更好地保护自己的半场。（图 7–3–7）

图 7–3–7

3. 后摆引拍

做好准备姿势后，两手同时向下运动。当持球手向下到左腿大腿内侧时，持拍手运动到右腿大腿外侧，重心从左脚转移到右脚。当球拍从身后向头上方做大弧度摆动，身体做转体、屈膝、展肩时，持球手柔和地从左脚前方上举，直至伸直高及头顶时抛出球。此时身体重心转向左脚，两腿膝关节微屈，左侧腰、胯呈弓形。抛球时，动作要协调、平稳，球送至最高点再顺势抛到空中，右肘向后外展约同肩高，拍头指向天空，拍底指向地面，两肩与球网约成直角。（图 7–3–8）

图 7–3–8

4. 挥拍击球

当左手抛出球时，右臂抬肘转体让球拍继续保持向上摆起的趋势，在向前转动的身体和顶出的右肩的带动下，右臂完成一个完美的绕圈。此时，肘关节、球拍拍底向上，拍头向下。当球下降至击球点时，左脚上蹬，伸膝转髋发力，手臂和身体充分伸展，迅速向前、向上挥拍击球。身体向前上方伸展击球时，肩、手臂回转，两肩与球网平行，持拍手手腕带动前臂做旋内“鞭打”动作。（图 7–3–9）这是发球的关键环节，也是其他如重心前移、蹬地、转体、挥拍等环节聚集的结果。

5. 随挥动作

在球拍击球后，运动员应顺着身体及挥拍动作的惯性做收腹、转肩及收拍的动作。这一系列动作称为随挥。随挥时球拍经过左腿外侧，收于左侧腋下，右腿小腿上翘，以维持身体平衡。（图 7–3–10）

图 7–3–9

图 7–3–10

（五）接发球

接发球技术和底线正反手击球动作十分类似，但更加简洁。它是接发球员根据对方发球的速度、旋转、落点和弹跳弧度等所采用的各种正反手击球手法的集合。其主要目的是把对方发来的极具威胁的球回击到对方的场地。

1. 握拍与站位

右手普遍采用正手握拍法，左手采用双手反手握拍法，这样既可以快速接发正手位的发球，也可以快速变换握拍方式接发反手位的发球。站位采用低重心、大分开脚步、上体略微前倾的方式。（图 7–3–11）在右区接发球时，右脚基本在边线的延长线上；在左区接发球时，左脚基本在距离边线半步内。

2. 后摆引拍

在接发球区准备好后，当对方准备发球时，两脚快速原地交换重心；对方发球瞬间向前快速分腿垫步，眼睛紧盯来球，并转体向后小幅度地引拍，随时准备向前上脚迎击来球。接发球的引拍动作幅度比一般的正反手击球引拍动作要小，均为直线小摆动拉拍。（图 7–3–12）总体归结为转体、侧身上步和手臂随身体小幅度摆动拉拍。

3. 挥拍击球

发球的力量大、速度快、旋转强，造成接发球的挥拍和击球时间很短。接发球挥拍击球不同于底线击球依靠身体旋转来增加力量，而是借助身体重心的前移来增加力量。接发球挥拍击球时应注意：①快速侧身后，减小挥拍动作幅度。拍头向前加速包裹来球，前挥完整，动作流畅、不间断。②掌握拍形。在击球瞬间握紧球拍，使拍头稳定。③击球位置固定。球拍与球接触位置尽可能控制在球拍的甜点上，使球身与拍面完全接触。④注意球身与身体的距离。一般小于正常击球位置，使手臂带动身体转动，借助身体的力量将球击出。⑤后腿蹬地，重心前移。（图7-3-13）

4. 随挥动作

接发球时基于动作的稳定性要求，随挥要求球拍向前推送完整，以产生足够的撞击力度，并由前臂带动球拍自然向前、向上，使整个接发球动作完整、自然、流畅。（图7-3-14）

图7-3-11

图7-3-12

图7-3-13

图7-3-14

（六）截击

截击是指来球过网未落地之前在空中飞行时被凌空回击到对方场区的击球技术，因此又称拦网。

1. 握拍与站位

正反手截击常采用大陆式握拍，这样在截击时就省去了换握拍的麻烦。在准备截击时，两脚平行站立，与肩同宽，脚跟稍稍抬起，膝关节微屈，上体略向前倾斜，以便灵活移动。非持拍手扶拍颈将球拍置于胸前，拍头竖起指向前方。（图 7–3–15）

2. 引拍

截击技术的引拍动作要迅速、简练。不管是正手截击，还是反手截击，引拍动作一定是先分腿垫步再以肩转动引拍。正手引拍以右脚为轴向右侧转动，球拍略向后打开，后引不要超过右肩，身体朝向来球方向，拍头高于手腕，手腕高于肘关节，保持手腕固定，眼睛紧盯来球。反手引拍以左脚为轴向左侧转动，同时左手辅助扶着拍颈将球拍向后拉，持拍手的肘关节弯曲，拍头向上竖立，球拍置于来球后方，重心移向左腿。（图 7–3–16）

3. 上步击球

看准来球，正手时右脚蹬地，左脚向前上方跨出（图 7–3–17）；反手时左脚蹬地，右脚向前上方跨出。触球时应该迅速、干脆、简短，手腕固定，保持拍面的稳定。一般来说，击球点越低，拍面就越接近水平；击球点越高，拍面就越接近垂直，甚至是略微向下。与此同时，球拍的触球部位也由球的底部到后中上部发生微妙的变化。

图 7–3–15

图 7–3–16

图 7–3–17

4. 随挥和回位

截击的随挥动作要短而脆，随挥动作幅度极小。完成截击动作时，身体重心在跨出去的脚上，拍面指向出球方向。完成一次截击后应立刻收回跨出去的脚，回到准备姿势或者向前跟进准备。

（七）高压球

所谓高压球，是指在头顶以类似发球的动作用扣压方式完成的一种击球技术。高压球根据击球方式的不同可以分为正手高压球和反手高压球，根据球是否落地又可以分为落地高压球和凌空高压球。

1. 握拍与步法

高压球的握拍方式基本为大陆式。侧并步是在高压球中比较常见的步法，多用于对手被动挑高球时运动员主动高压。此时，侧身引拍后，后脚带领前脚小步后撤，类似于侧身滑步移动。侧后交叉步相比侧并步难度稍大，侧身引拍时，前脚经后脚后方向后撤步，后脚移动至两脚平行位置，两脚依次交替移动。不论采用哪种移动方式，最后都是两脚一前一后的站位，两脚的连线几乎与球网垂直，重心在后脚。

2. 侧身举拍

高压球的动作与发球相似，但球拍直接从体前举起，并迅速侧身，持拍手向后抬起，将球拍放在脑后偏上位置；非握拍手高高抬起，向前上方伸展指向来球，并维持身体平衡。

3. 扣腕击球

当来球接近击球区域时，后脚蹬地发力，由上肢带动肩部回转，快速向前上方挥动手臂。在手臂带动下，拍头快速向前、向上挥动。击球时，上臂、前臂完全伸展于高点触球，前臂内旋以做到拍面平击来球。在跳起扣杀时，前后脚在空中交换，落地时非发力脚先落地。

（八）挑高球

挑高球是把对方来球向空中高高挑起，使球越过对手，落入其球场后端，为本方赢得回位时间或直接得分的技术。

1. 上旋挑高球

正手上旋挑高球大多采用半西方式握拍。准备击球前，上步转肩向后做弧线引拍动作。向前击球的瞬间，拍头的位置低于手腕，采用手腕与前臂的旋内动作，由后下方向前上方挥拍，做弧线“鞭打”动作，以加强球拍对球的擦击。

双手反手上旋挑高球时，侧身转肩，右脚向前跨出，身体重心在右脚上。转髋转腰，球拍由后下方向前上方挥出，拍面尽量垂直于地面，拍头的位置略低于手腕。通过手腕与前臂的强力旋内动作触击球的中部或中下部，使球产生强烈上旋。

2. 下旋挑高球

正手下旋挑高球采用大陆式握拍。转肩向后引拍，球拍低于预期的击球点。膝关节微屈，非持拍手前伸维持身体平衡。上步击球时，球拍拍头向前加速并确保拍面微微打开，拍面越开，球的飞行轨迹就越高，相应地，就会影响击球的深度。击球点在身体前方腰部高度。以球拍微微向下摩擦球体的后中下部使其产生下旋，最后以向前、向上的随挥动作结束击球。

单手反手下旋挑高球，引拍类似于反手切削球。拍头始终处于低点，以便能做出从低往高的挥拍动作。保持膝关节弯曲，两脚前后开立，向前上脚时向上、向前加速挥拍。

（九）放小球

放小球就是轻轻将球放到对方网前的一种击球技术。其目的是把球打到对方场区靠近网的位置，以调动对方，争取比赛的主动权。

(1) 采用与底线正反手击球相同的握拍方式，向前挥击球的瞬间将握拍方式调整为大陆式握拍或不换握拍方式。为保证放小球动作的隐蔽性和突然性，要尽可能把换握拍方式的时间推后，以免让对手过早地察觉自己的击球意图。

(2) 击球前的准备姿势、后摆引拍与正反手击球相似，动作要尽可能地隐蔽，使对手无法判断。

(3) 击球时，侧身对网，手腕保持适度紧张，拍面稍向后仰，拍头高于设想的击球点。球拍触球瞬间，手腕放松，拍面打开，从球后部向下摩擦球，使球产生下旋，前臂和手腕前送上托将球轻柔地送过网。

(4) 击球后身体重心向击球方向跟进，自然、协调、连贯地完成随挥动作。

（十）反手切削球

反手切削球的适用范围非常广泛，在比赛中可以达到化解危机、改变球的旋转、调整击球节奏的目的。

(1) 持拍手的握拍方式为大陆式。当决定用反手切削球技术时，立即向非持拍手的一侧转体、转肩带动手臂转动，使背部基本对准对手；两脚的连线基本与端线垂直，两膝微屈；保持拍面微微打开，拍头上翘，并高于拍柄；持拍手在肩部高度弯曲肘关节。

(2) 击球时，左脚向前蹬地发力，向前大步跨出右脚；向前顶髋，转肩，保持重心向前转移；持拍手臂由后上方向前下方挥出，手腕保持紧张，拍面微微向上打开，在身体的左前方切击球的后中下部；左手随之向后摆出，以维持身体平衡；整个过程中眼睛始终紧盯来球。

(3) 击球后，身体重心随惯性前移，手臂、球拍也随惯性前移，挥击至右肩高度。在身体右前方肩部高度结束动作。

拓展阅读

网球基本战术

网球竞赛规则

思政园地

国球奥运冠军激发青年学子奋斗热情“小球”转动“大梦想”

1938 年，抗战烽火中，北大、清华、南开三校南迁昆明，联合组建了国立西南联合大学，以“刚毅坚卓”的精神赓续着中华民族复兴的火种。87 年后，在 4 月 8 日这天，在充满活力与希望的春日里，国球奥运冠军走进作为西南联大传承者的云南师范大学，共同举行“西南联大烽火志·奥运冠军拼搏魂”国球奥运冠军进校园活动。

“奥运冠军进校园，扬帆起航追梦时！”“向奥运冠军看齐，为梦想全力以赴！”的横幅悬挂在云南师范大学呈贡校区西区体育馆。奥运冠军马龙、许昕、刘诗雯、李晓霞真挚且励志的分享激发了青年学子们的奋斗热情，激励同学们以梦为马，不负韶华。

4 位冠军对于体育精神的诠释，对于坚持、顽强拼搏、团队作战的阐述，让现场的同学们十分受用，他们用不断的掌声回应着。

奥林匹克精神点燃梦想，榜样力量助力成长。奥运冠军们的励志分享与面对面的球技切磋让青年学子们感受到了体育的力量，更点燃了他们心中的梦想。

（资料来源：《中国体育报》，2025 年 4 月 9 日，有改动）

思考与练习：

1. 结合实际比赛或训练，分析小球运动各项目的技术特点和难点。
2. 讨论如何在比赛中应对不同风格和水平的对手。
3. 设计一套针对小球运动的专项体能训练计划。
4. 分析一场小球比赛的得失分情况和战术运用。

项目八　操舞类运动

导读：

操舞类运动包括体操、健美操、啦啦操、体育舞蹈、艺术体操、街舞和瑜伽等项目，这些项目以其优美的动作和强烈的艺术表现力而受到广泛欢迎。通过学习本项目，学生将深入了解操舞类运动各项目的起源与发展，掌握操舞类运动各项目的基本步伐、肢体动作和核心技术，提高身体的柔韧性和协调性。此外，操舞类运动还能够培养学生的艺术表现力和节奏感，提升个人气质和形象。

学习目标：

1. 了解操舞类运动各项目的起源与发展。
2. 学习并掌握操舞类运动各项目的基本步伐、肢体动作和核心技术。
3. 提高身体的柔韧性和协调性，培养良好的艺术表现力和节奏感。

任务一 体操

一、体操概述

竞技体操通常被称为“体操”，始于19世纪的欧洲，在1896年第1届奥运会上就被列为正式比赛项目，是较早的奥运会项目之一。体操传入我国较早，形成完整比赛项目则是在20世纪50年代初期。虽然体操不像球类比赛那样变幻莫测，不像田径比赛那样激动人心，也不像摔跤比赛那样有时让人屏息等待决出胜负，但它以惊险、独特、优美、多样的动作和强烈的艺术表现力吸引了广大观众。多年来，体操在我国得到了迅速发展。党和国家的关怀，几代教练员、运动员和广大体操工作者的奋斗，使我国体操达到了世界先进水平。

二、体操的分类

依据不同的属性和标准，体操可以有不同的分类方式。参考众多学者的研究成果，目前体操的分类方式主要有以下两种：

（1）根据练习形式的不同，体操可分为徒手体操、轻器械体操、器械体操和专门器械体操。

（2）根据体操的目的与任务，体操可分为基本体操、竞技体操和表演体操。

三、体操的基本动作

（一）单杠

1. 一脚蹬地一腿前摆翻上（以右腿蹬地为例）

从屈臂正握杠站立开始。右脚向前一步蹬地，左腿经前向后上方摆起，右脚蹬地后迅速向左脚并拢，同时倒肩，屈身引体，使腹部贴杠翻转，呈支撑状。当上体翻至杠前水平面时，控腿、腕，抬头，呈支撑状。要求翻转流畅，支撑时挺身立腰。（图8-1-1）

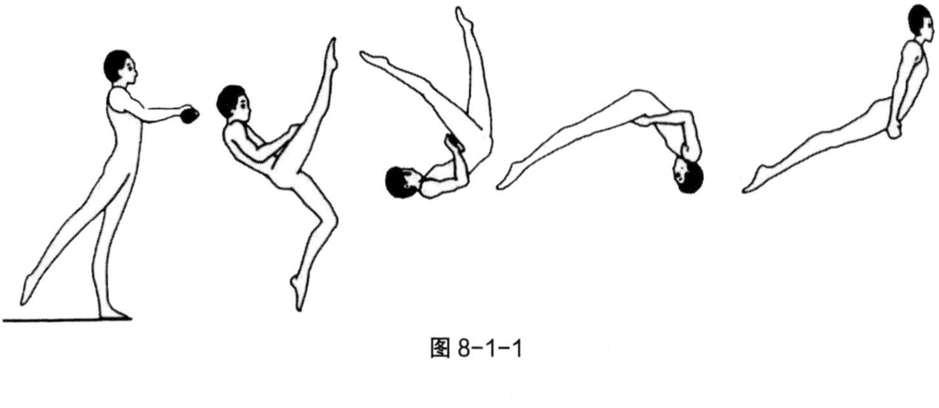

图8-1-1

动作要点：摆腿倒肩和屈臂引体应协调配合；翻至上体接近杠前水平位置时翻腕、抬头，并及时挺身。

2. 后倒挂膝上（以挂右膝为例）

从右腿前骑撑开始。左腿后摆，臀部后移，右腿屈膝挂杠，同时上体直臂后倒，经挂膝悬垂。当左腿向前上方伸腿送髋，弧形后摆至接近杠下垂直部位时，顺势用力后摆，同时直臂拉、压杠，右腿压杠前伸，挺身，呈骑撑状。要求动作连贯。（图 8–1–2）

动作要点：重心后移，直臂后倒。前摆时积极向前上方伸腿，接着弧形后摆；当左腿摆至接近垂直位置时，顺势用力后摆，同时直臂拉、压杠。

图 8–1–2

3. 支撑后回环

由支撑开始。两腿先前摆，接着后摆，直臂顶肩，稍前倾。当身体下摆、腹部贴近杠时，上体迅速后倒，两腿前摆，稍屈体，腹部靠杠回环。当回环至肩过杠下垂直位置后，两腿制动，速抬上体，挺胸、伸髋、翻腕，呈支撑状。（图 8–1–3）

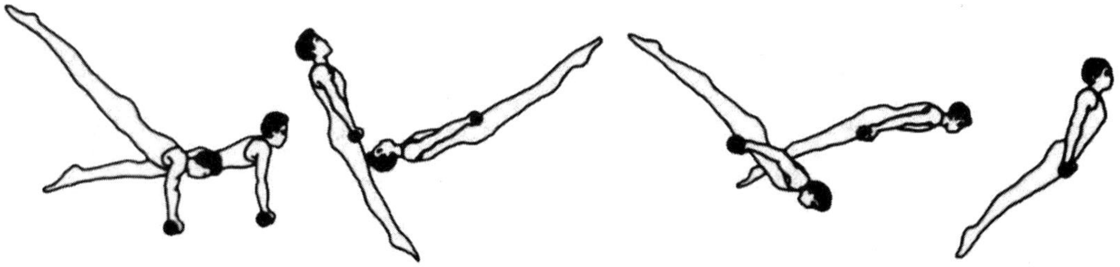

图 8–1–3

动作要点：腹部始终不远离杠面；肩过杠下垂直部位后，注意两腿制动。

（二）双杠

1. 支撑摆动

从前摆的最高点开始后摆（前摆从身体后摆的最高点开始），保持身体自然下摆，肩稍前移。当身体摆至支撑点时，两臂撑直，含胸顶肩，拉开肩角，尽量把腿和臀向后上方送

出，身体自然下摆。当身体摆过垂直面时，腿加快摆速。当后摆超过45°后，应顶肩拉开肩角，紧腰伸腿。（图 8–1–4）

动作要点：摆动时肩关节放松，两臂伸直。

2. 分腿坐行进

由分腿坐开始。向前挺髋，手撑杠，并腿前摆，上体前倒，两臂伸直在体前稍远处撑杠，同时两腿伸直用大腿内侧压杠，并腿入杠前摆，当两腿前摆刚超出杠面时，立即分腿，以大腿内侧沿杠向后滑至手前成分腿坐，连续前进。要求动作连贯，直臂、直腿，有挺髋过程。（图 8–1–5）

动作要点：行进时，重心提起，挺身前倾，两腿借压杠力量，顺势迅速向后摆。前摆刚超出杠面时，立即分腿向后滑杠。

图 8–1–4

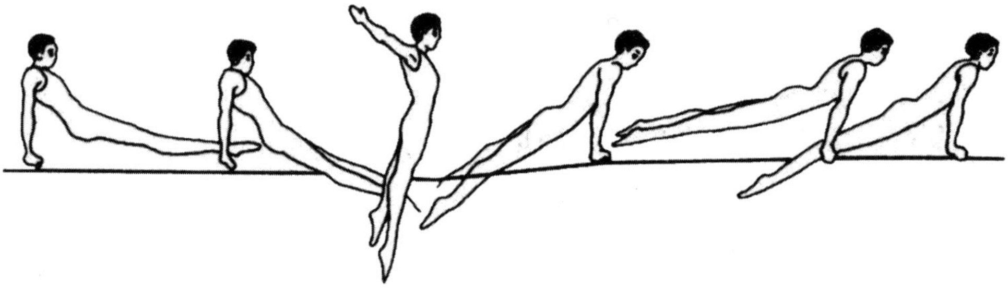

图 8–1–5

3. 分腿坐慢起肩倒立

由分腿坐开始。两手在体前靠大腿根处握杠，上体前倒，屈臂支撑，同时收腹提臀，两肘外展。两肩在手前压杠，屈体，肩撑杠，并腿，伸髋，上举，抬头挺身成肩倒立。（图 8–1–6）

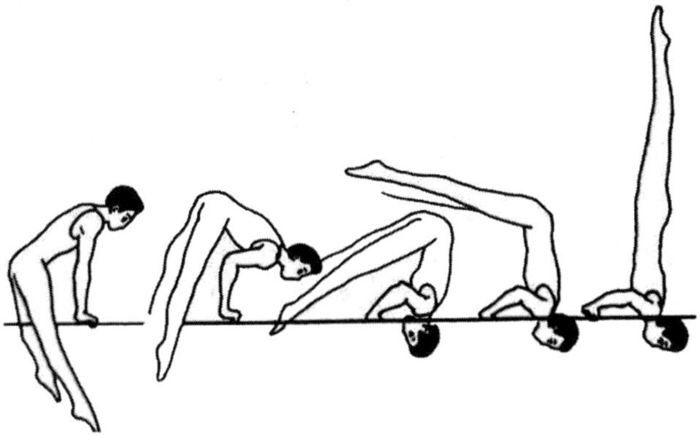

图 8-1-6

动作要点：当肩部触杠时两肘外展，倒立时抬头。

（三）跳马

1. 侧腾越（以左向为例）

两脚上板起跳，两臂撑马，含胸提臀，两腿侧摆，右臂侧撑，越马挺身下。（图8-1-7）

图 8-1-7

动作要点：起跳点靠近支撑臂一侧，含胸提臀侧摆腿，左手推马，顺势侧举，挺身背马下。

2. 横马屈腿腾越

助跑上板向前上方跃起，两臂上摆前伸，紧腰，两腿后摆。接着两手向前下推马顶肩，同时提臀、收腹、屈腿。要求手推马后，抬上体，两臂斜上举挺身落垫。（图8-1-8）

图 8-1-8

动作要点：当肩至支撑点垂直位置时完成推马动作；推马后，两腿向下后伸，抬上体、挺身。

四、队列队形的基本动作

（一）原地常用动作

1. 集合

（1）横队集合。

口令：成一（×）列横队——集合！

动作要领：听到口令后，排头学生迅速跑步到指挥员左前方适当位置成立正姿势，其他学生以排头为准，依次向左排列自行看齐。多列横队集合时，后列学生以基准（第一）列为准，依次向后重叠站成多列横队，各列学生要对正看齐。

（2）纵队集合。

口令：成一（×）路纵队——集合！

动作要领：听到口令后，排头学生迅速跑步到指挥员正前方适当位置（离指挥员 2 ~ 3 米）呈立正姿势，其他学生以排头为准，依次向后重叠，自行对正看齐。多路纵队集合时，其余各路以基准（左）路为准，依次向右排列站成多路纵队，自行对正看齐。

2. 解散

口令：解散！

动作要领：听到口令后，学生迅速离开原位（如学生呈稍息姿势，听到口令后应先立正，然后迅速离开原位）。

3. 立正

口令：立正！

动作要领：听到口令后，学生两脚脚跟靠拢并齐，两脚脚尖向外分开约 60°（一脚长）；两腿挺直，小腹微收，自然挺胸，上体正直，微向前倾，两肩要平，稍向后张；两臂自然下垂，手指并拢自然微屈，拇指指尖贴于食指第二指节，中指贴于裤缝；头要正、颈要直、口要闭，下颌微收，两眼平视前方。

4. 稍息

口令：稍息！

动作要领：听到口令后，学生左脚顺脚尖方向伸出约全脚掌的2/3；两腿自然伸直，上体保持立正姿势，身体重心大部分落在右脚上。稍息过久，可自行换脚。

5. 跨立

口令：跨立！

动作要领：听到口令后，学生左脚侧出一步，与肩同宽，体重平均落在两脚上。同时，两手背后互握于腰背间，左（右）手握右（左）手腕，上体保持立正姿势。

6. 看齐

看齐分为向右（左）看齐、向中看齐、对正看齐。

（1）向右（左）看齐。

口令：向右（左）看——齐！

动作要领：听到口令后，排头学生不动，其余学生向右（左）转头，眼睛看右（左）邻学生腮部，前4名能通视基准学生，自第5名起，以能通视到本人以右（左）第3人为度，迅速用碎步向前或向后调整位置。学生左右间隔为10厘米。如多列横队时，后列学生先对正后看齐。听到“向前——看”的口令，迅速将头转正，恢复立正姿势。

（2）向中看齐。

口令：以××为基准，向中看——齐！

动作要领：当指挥员指定“以××为基准”时，基准学生答“到”同时左手握拳高举，拳心向右。听到“向中看——齐”的口令，将手放下。其他学生按照向右（左）看齐的动作要领实施。

（3）对正看齐。

一路纵队看齐时，可下达“对正看——齐”的口令。听到口令后，排头学生不动，其余学生迅速调整位置，保持规定的距离对正成一条直线。多路纵队看齐时，除向前对正成一条直线外，小列还应向左看齐。

7. 报数

口令：报数！

动作要领：听到口令后，横队学生从右至左、纵队学生由前向后，向左转头依次用短促洪亮的声音报数，最后一名不转头。在排数列横队时，后列最后一名报“满伍”或“缺n名”。在排数路纵队时，右路最后一名报“全到”或“缺n名”。

8. 踏步

口令：

停止间口令：原地踏步（跑步）——走！

行进间口令：踏步！

动作要领：听到“原地踏步（跑步）——走”或“踏步”的口令后，按齐步或跑步行进的要领，两脚在原地上下起落（跑步行进时，应继续跑两步）。抬起时，脚尖自然下垂，离地面约15厘米。落下时，前脚掌先落地，上体保持正直，微向前倾，两臂按齐步走或跑步摆臂的要领摆动。听到“立定”的口令后，左脚踏一步，右脚向左脚并拢（如果是跑步，应继续踏两步）成立正姿势。踏步时，听到“前进”的口令后，继续踏两步再按原步速前进。踏步时，两脚不得向前、向后移动，上体不能晃动。立定时，不要向侧或向前跨步。

9. 蹲下、坐下、起立

（1）蹲下。

口令：蹲下！

动作要领：听到口令后，右脚后退半步，臀部坐在右脚脚跟上，右手扶右膝，左前臂撑在左膝上。蹲下过久可以自行换脚。

（2）坐下。

口令：坐下！

动作要领：听到口令后，左小腿在右小腿后交叉迅速坐下，两手放在两膝上。

（3）起立。

口令：起立！

动作要领：在蹲下或坐下的状态中，听到“起立！”口令后，迅速起立恢复立正姿势。

（二）原地转法

1. 向右（左）转

口令：向右（左）——转！

动作要领：听到口令后，以右（左）脚脚跟为轴，右（左）脚脚跟和左（右）脚前脚掌同时用力，使身体和脚一致向右（左）转90°，体重落在右（左）脚上，左（右）脚迅速靠拢右（左）脚，两腿挺直，上体保持立正姿势。

2. 向后转

口令：向后——转！

动作要领：听到口令后，以右脚脚跟为轴，右脚脚跟和左脚前脚掌同时用力，使身体和脚一致从右向后转180°，体重落在右脚上，左脚迅速靠拢右脚，两腿挺直，上体保持立正姿势。

3. 半面向右（左）转

口令：半面向右（左）——转！

动作要领：听到口令后，按向右（左）转的动作要领转45°。

（三）行进间步伐

1. 齐步

口令：齐步——走！

动作要领：听到口令后，左脚（脚尖向正前方）迈出约75厘米着地，重心前移，右脚照此法行进；上体正直，微向前倾；手指轻轻握拢，拇指贴于食指第二指节，两臂自然摆动，向前摆时前臂微向里合，手约与第五粒衣扣同高，并不超过衣扣线，离身体约25厘米，手心向内稍向下，向后摆臂时，手臂自然伸直，手腕前侧距裤缝约30厘米。行进速度为每分钟116～122步。

2. 正步

口令：正步——走！

动作要领：听到口令后，左脚（脚尖向正前方）踢出（腿要绷直，脚尖下压，脚掌与地面平行，离地面约25厘米），约在75厘米处适当用力使全脚掌着地，同时身体重心前移，右脚照此法行进；上体正直，微向前倾；手指轻轻握拢，拇指贴于食指第二指节；向前摆时，肘弯曲，前臂略水平，手心向内稍向下，手腕下沿摆到第三、四粒衣扣之间，离身体约10厘米处，向后摆时摆到不能自然摆动为止。行进速度为每分钟110～116步。

3. 便步

口令：便步——走！

动作要领：听到口令后，用适当的步速、步幅行进，两臂自然摆动，上体保持良好姿势。走步比较轻松，不一定要求步法整齐。便步一般用于操练后恢复体力等。

4. 跑步

口令：跑步——走！

动作要领：听到预令“跑步”时，两手迅速握拳提到腰际，拳心向内，肘部稍向里合。听到“走”的口令后，上体稍向前倾，两腿微屈，同时左脚利用右脚掌的蹬地跃出约80厘米，前脚掌着地，重心前移，右脚照此法行进；两臂自然摆动，前摆不露肘，前臂略平，稍向里合，拳不超过衣扣线，后摆不露手。行进速度为每分钟170～180步。

5. 立定

口令：立——定！（动令落在右脚上）

动作要领：听到“立——定”的口令后，齐步和正步都是左脚向前大半步，两腿挺直，右脚向左脚靠拢成立正姿势。跑步时，听到口令后，继续向前跑两步，左脚向前大半步，两臂收回腰际停止摆动，右脚向左脚靠拢，同时将手放下成立正姿势（跑步的踏步时，听到口令，继续踏两步，再按上述要领进行）。

6. 齐步向左转走

口令：向左转——走！（动令落在左脚上）

动作要领：听到口令后，右脚向前半步，脚尖稍向左，身体向左转90°，同时出左脚，向新的方向行进。

7. 齐步向右转走

口令：向右转——走！（动令落在右脚上）

动作要领：听到口令后，左脚向前半步，脚尖稍向右，身体向右转90°，同时出右脚，向新的方向行进。

8. 齐步向后转走

口令：向后转——走！（动令落在右脚上）

动作要领：听到口令后，左脚向前迈半步，脚尖稍向右，以两脚的前脚掌为轴，从右向后转体180°，出左脚向新的方向行进。转体时上体正直，两腿挺直，两臂自然摆动，不得外张。

（四）原地队列变化

1. 一列横队变二列横队

口令：成二列横队——走！

动作要领：先1~2报数，然后下达口令。听到口令后，单数学生不动，双数学生右脚向右后退一步，左脚向右脚靠拢，站到单数学生后面，成二列横队并自动对正向右看齐。

2. 二列横队变一列横队

口令：成一列横队——走！

动作要领：先间隔一步散开，然后下达口令。听到口令后，前排学生不动，后排学生左脚向左前方迈一步，右脚向左脚靠拢，进到前排学生左侧，成一列横队并自动向右看齐。

3. 一路纵队变二路纵队

口令：成二路纵队——走！

动作要领：先1~2报数。听到口令后，单数学生不动，双数学生右脚向右前方迈一步，左脚向右脚靠拢，站于单数学生右侧，成二路纵队并自动向前密集对正看齐。

4. 二路纵队变一路纵队

口令：成一路纵队——走！

动作要领：先取一步距离，然后下达口令。听到口令后，左路学生不动，右路学生左脚向左后方退后一步，右脚向左脚靠拢，进到左路学生中，成一路纵队并自动对正看齐。

（五）行进间队列变化

1. 分队走，合队走

口令：分队——走！合队——走！

动作要领：一路纵队中场行进，听到“分队——走！”的口令，第一名学生左转弯，第二名学生右转弯，后面学生依次跟进，成二路纵队沿左右边线绕场行进。即将相遇，听到“合队——走”的口令时，左路学生左转弯，右路学生右转弯，并依次插入左路学生之后，成一路纵队行进。

2. 由一（二）路纵队变二（四）路纵队

口令：成二（四）路纵队——走！

动作要领：听到口令后，基准学生以小步行进，双数学生出右脚，取捷径进到单数学生右侧，各自调整好规定间隔和距离，恢复原步伐继续前进。

3. 由二（四）路纵队变一（二）路纵队

口令：成一（二）路纵队——走！

动作要领：事先每路前后离开两步距离。听到口令后，左路学生继续前进，右路学生减速依次向左插到左路（单数）学生后面，并调整好前后距离，恢复原步伐继续前进。

4. 由一（二）列横队变二（四）列横队

口令：成二（四）列横队——走！

动作要领：听到口令后（动令落在左脚），单数学生继续前进，双数学生原地踏两步，第三步时进到单数学生后面，并随之继续前进。

5. 由二（四）列横队变一（二）列横队

口令：成一（二）列横队——走！

动作要领：事先每列左右离开一步间隔。听到口令后，单数（前列）学生原地踏两步，双数（后列）学生向左跨一步，右脚不靠拢，再向前跨一步进到单数学生左侧，随即全体继续前进。

6. 一路纵队变多路纵队

两路以上均为多路，下面以变成四路纵队为例。

口令：成四路纵队，向左转——走！

动作要领：听到口令后，前四名学生同时向左转以小步前进，后面学生到达前四名学生转体位置时，自动向左转，并与前四名学生对正前进，依此类推。

（六）原地队形变化

1. 散开

口令：以右翼（××）为基准一臂（两臂）间隔散开。

动作要领：听到口令后，基准学生不动，队伍中的其他学生，按照一臂间隔、一步距离（两臂间隔、两大步距离）散开，然后对正看齐。

2. 靠拢

口令：以××为基准向×（前、右、左、中）看齐或以××为基准靠拢。

动作要领：听到口令后，全体学生按照口令提示的要求（前后一步距离，左右10厘米间隔或体操队形等），向基准学生靠拢、看齐。

（七）行进间队形变化

1. 绕场行进

口令：左后转弯（左转弯）绕场行进齐步（跑步）——走！

如果由两路纵队变为一路纵队绕场行进，口令为：右路依次插入左路成一路纵队，左后转弯（左转弯）绕场行进齐步（跑步）——走！

动作要领：排头带领围绕场地边线按逆时针方向行进，每到一个角自动左转弯，转弯时尽量保持沿直角行进。

2. 并队走，裂队走

口令：并队——走！裂队——走！

动作要领：两路纵队，各自沿场地相对行进。当两路学生将相遇时，听到“并队——走！”的口令，左路学生左转弯，右路学生右转弯，成二路纵队并列前进；二路纵队中场行进，听到“裂队——走！”的口令，左路学生左转弯，右路学生右转弯，各自沿左右边线绕场行进。

3. 错肩行进

口令：错肩行进——走！（纵队迎面相遇的对走）

动作要领：左右两路队伍快相遇时，听到口令后，左右两路各自靠左行进（相隔一步），错右肩继续绕场地行进（也可靠右行，错左肩）。

任务二　健美操

一、健美操概述

现代健美操起源于20世纪60年代末的美国。20世纪70年代末，健美操发展成为一项独立的体育运动项目，风靡世界。20世纪80年代初，健美操传入我国伊始就受到了青年学生的喜爱，并在高校和社会上普及开来，各地相继举办了各种健身健美操活动。结合我国的实际情况创编出来的徒手健美操和持轻器械健美操，极大地推动了我国健美操的发展。

二、健美操的分类

根据练习的不同目的和任务，健美操可分为竞技健美操和健身健美操两大类。（表8-2-1）

表 8-2-1　健美操的分类

分类		内容
竞技健美操	自选竞技健美操	男子、女子单人操 混合双人操 集体三人操、集体六人操
	规定动作健美操	国家规定的成套动作
健身健美操	徒手健美操	有氧健身操、拉丁健身操、搏击操、有氧舞蹈、健身街舞
	轻器械健美操	踏板操、哑铃操、健身球操、橡皮筋操
	特殊场地健美操	水中健美操、固定器械健美操

三、健美操的基本动作

（一）基本手型

健美操基本手型如下。

（1）并掌：五指伸直，相互并拢，拇指末关节收回，指关节贴于食指旁。（图 8-2-1）

（2）开掌：五指伸直，充分张开。（图 8-2-2）

（3）实心拳：四指卷握，拇指末关节压住食指、中指的第二关节。（图 8-2-3）

（4）空心拳：四指卷曲，拇指末关节压住食指、中指的末关节，拳呈空心状。

（5）屈指掌：手掌用力上翘，成立掌式，五指屈指并拢。

（6）芭蕾舞手势：五指微屈，后三指并拢，稍内收，拇指内扣。

（7）西班牙舞手势：五指用力，小指、无名指、中指自掌指关节处依次屈，拇指稍内扣。

图 8-2-1

图 8-2-2

图 8-2-3

（二）头颈动作

屈：指头颈关节角度的弯曲，包括前屈、后屈、左屈、右屈。

转：指头颈部绕身体垂直轴的转动，包括左转、右转。

绕：指头以颈为轴心的弧形运动，包括左绕、右绕。

绕环：指头以颈为轴心的圆形运动，包括左、右绕环。

（三）肩部动作

提肩：指肩胛骨做向上的运动，包括单肩提、双肩同时提和依次提。

沉肩：指肩胛骨做向下的运动，包括单肩沉、双肩同时沉和依次沉。

绕肩：指以肩关节为轴做小于360°的弧形运动，包括单肩向前、向后绕，双肩同时和依次向前、向后绕。

肩绕环：指以肩关节为轴做360°及360°以上的圆形运动，包括单肩向前、向后绕环，双肩同时和依次向前、向后绕环。

（四）臂部动作

举：指以肩为轴，臂的活动范围不超过180°而停止在某一部位的动作，包括单臂和双臂的前、后、侧、侧上、侧下举等。

屈：指肘关节产生一定的弯曲角度，包括胸前平屈、肩侧屈、肩上侧屈、肩下侧屈、肩上前屈、腰间屈、头后屈。

绕：指双臂或单臂向内、外、前、后做180°以上、360°以下的弧形运动。

绕环：指以肩关节为轴，双臂或单臂向前、后、内、外做圆形运动。

振：指以肩为轴，臂用力摆至最大幅度，包括上举后振、下举后振、侧举后振。

旋：以肩或肘为轴做臂旋内或旋外动作。

（五）胸部动作

屈：指下肢不动，上体沿矢状轴和水平轴的运动，包括前屈、后屈、左侧屈、右侧屈。

转：指下肢不动，上体沿垂直轴的扭转，包括左转、右转。

绕和绕环：指下肢不动，上体沿垂直轴做弧形、圆形运动，包括左、右绕和绕环。

（六）髋部动作

顶髋：指髋关节做急速的水平运动，包括左顶髋、右顶髋、前顶髋、后顶髋。

提髋：指髋关节急速向一侧上提的动作，包括左提髋、右提髋。

绕髋和髋绕环：指髋关节做弧形、圆形运动，包括向左、右的绕髋和髋绕环。

（七）基本步法

健美操基本步法是体现健美操练习者下肢动作基本姿态的主要手段，基本步法的练习能培养练习者的协调性和节奏感。健美操基本步法如下。

（1）踏步：两腿交替，不间断地做屈膝上提然后踏地的动作。踏步动作包括脚尖不离地的踏步、脚离地的踏步、高抬腿的大幅度踏步。

（2）滚动步：从脚尖至全脚掌依次落地，两脚交替进行。

（3）交叉步：一只脚向另一只脚前或后交叉行进。

（4）点弓步：一只脚向侧成弓步，另一只脚跟进并拢，交替进行。

（5）吸腿跳：单腿跳起，同时另一条腿屈膝向前、向侧上提。

（6）踢腿跳：单腿跳起，同时另一条腿直腿向前、向侧踢出，包括小幅度和大幅度的踢腿。

（7）后踢腿跳：两脚交替跳，有短暂腾空过程（类似跑步），小腿向后屈。

（8）弹踢腿跳：单腿跳起，同时另一条腿屈膝向前、向侧弹踢。

（9）开合跳：并腿跳起，分腿落地，然后分腿跳起，并腿落地。

（10）弓步跳：并腿跳起，落地时成前（侧、后）弓步。

要求：在练习基本步法时，跳跃要轻松自如，有弹性，注意呼吸的配合。

任务三　啦啦操

一、啦啦操概述

啦啦操是一种充满活力和动感的体育运动，它结合了舞蹈、体操和团队协作的元素。啦啦操通常由一群穿着统一服装的队员进行表演，他们通过各种高难度的技巧、整齐划一的动作和富有感染力的口号来展示团队精神和竞技水平。

啦啦操的起源可以追溯到19世纪末的美国。最初，啦啦操主要是由一些热情的观众在体育比赛中为自己的队伍加油助威而自发进行的活动。这些早期的啦啦操形式比较简单，通常包括一些基本的手势和口号。随着时间的推移，啦啦操逐渐演变成一种更加规范和系统的运动形式。

在20世纪初，啦啦操开始在学校中普及。许多学校成立了专门的啦啦操队，并开始设计更加复杂和精彩的表演。这些表演不仅包括传统的手势和口号，还融入了舞蹈、翻滚和跳跃等元素。啦啦操的表演形式逐渐多样化，成为校园文化中不可或缺的一部分。

到了20世纪中叶，啦啦操在美国已经非常流行，并开始向其他国家传播。国际啦啦操比赛和锦标赛的举办进一步推动了啦啦操的发展。啦啦操队不仅要在技术上不断创新，还要在编排和表演上追求更高的艺术水准。许多专业的啦啦操队和教练员应运而生，为啦啦操的普及和提高做出了重要贡献。

进入21世纪，啦啦操已经发展成为一种全球性的运动。各种国际比赛和交流活动使得啦啦操的影响力不断扩大。啦啦操不仅在体育比赛中发挥着重要作用，还在娱乐、健身和教育等领域展现出巨大的活力。如今，啦啦操已经成为一种深受年轻人喜爱的运动形式，吸引了无数热爱挑战和表现自我的人参与其中。

二、啦啦操基本技术

（一）啦啦操基本手位

啦啦操基本手位是指在表演中所采用的各种手势和手臂位置，这些手位是构成啦啦操动作的基础。（图 8-3-1）

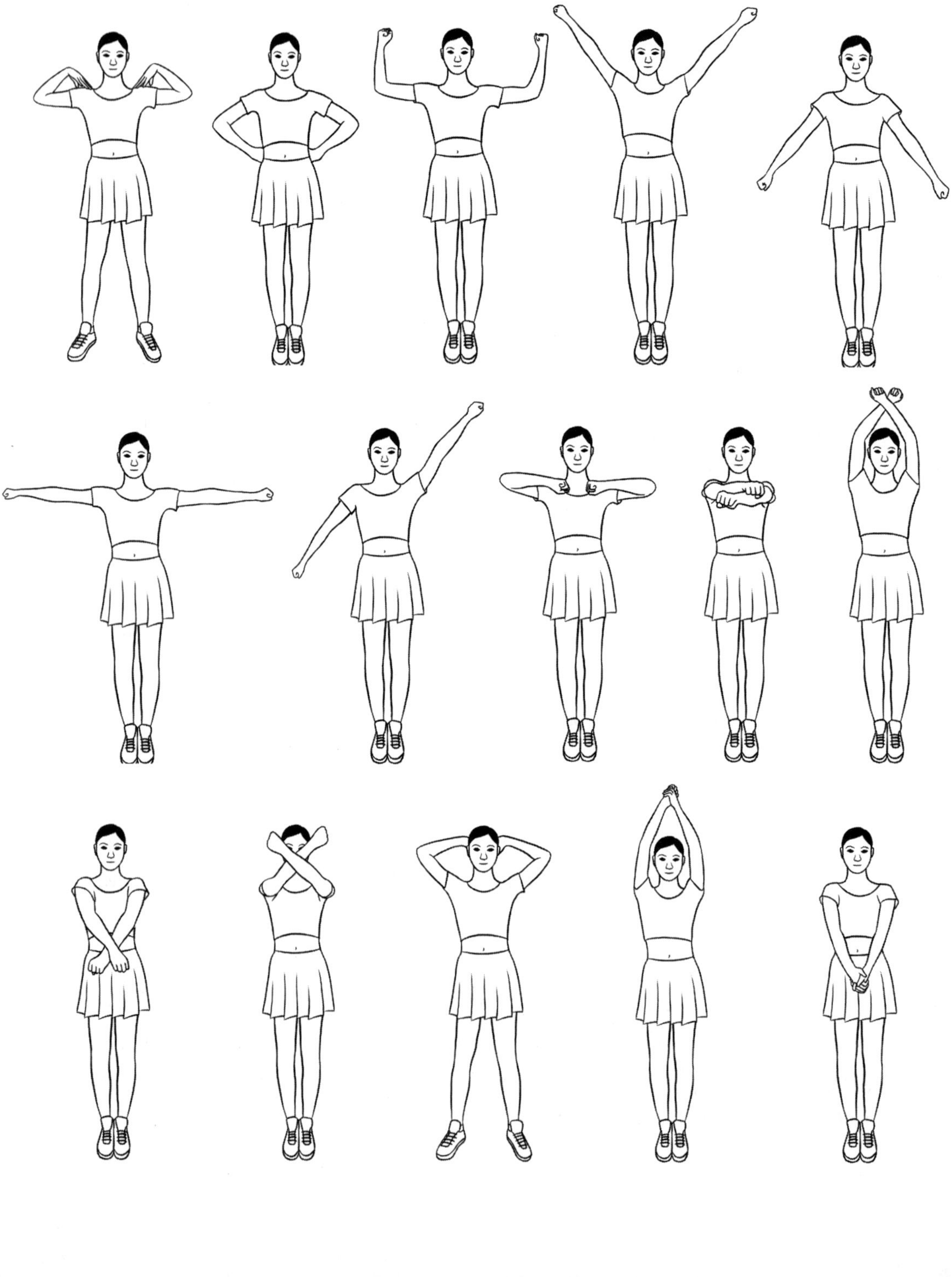

图8-3-1

（二）啦啦操基本站位

啦啦操基本站位则是指在表演过程中，队员们所采用的站立姿势和位置安排，这些站位对于保持队形的整齐和协调至关重要。（图 8-3-2）

图8-3-2

（三）啦啦操基本手型

啦啦操基本手型则是指在表演中所展示的各种手势样式，这些手型能够增强视觉效果，使表演更加生动和吸引人。（图8-3-3）

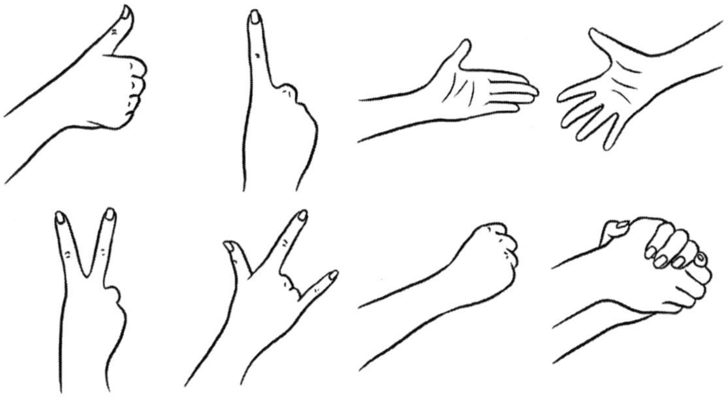

图8-3-3

任务四　体育舞蹈

一、体育舞蹈概述

体育舞蹈也称国际标准交谊舞，起源于西方，数百年间经历了原始舞蹈—公众舞—民间舞—宫廷舞—社交舞—新旧国际标准舞等发展阶段。

体育舞蹈按风格和技术结构分，可分为标准舞和拉丁舞两大类；按竞赛项目分，可分为标准舞、拉丁舞和团体舞三大类。标准舞：又称摩登舞，起源于欧洲，具有端庄、含蓄、稳重、典雅的风格和绅士风度，包括华尔兹、探戈舞、狐步舞、快步舞和维也纳华尔兹。拉丁舞：起源于非洲和拉丁美洲，具有热情、奔放、浪漫的风格特点，包括桑巴舞、伦巴舞、恰恰舞、斗牛舞和牛仔舞。团体舞：标准舞或拉丁舞的混合舞，由8对舞者组成，借助音乐的引导，用5种舞蹈在变化莫测的队形变动中编织出丰富多样的图案。它将音乐、舞姿、队形、图案和舞者间的和谐配合融为一体，实现完美的统一，使体育舞蹈的风格特点得到了更为鲜明的表现。

二、体育舞蹈基本术语

（一）舞程向

在同一舞池中，为避免相互碰撞，规定舞者必须按逆时针方向行进，这一行进方向叫作舞程向。

（二）舞程线

沿舞程向方向行进的路线叫作舞程线。（图8–4–1）

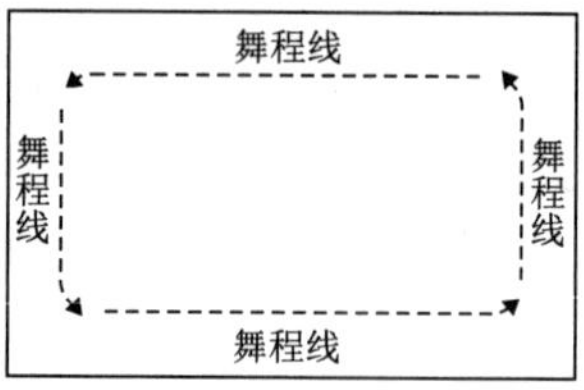

图8–4–1

三、角度、方位、场地

（一）角度

交谊舞中，舞者旋转的方向有左转和右转，旋转的角度一般分为45°、90°、135°、180°、225°、270°、315°、360°。（图8–4–2）

（二）方位

以场地正前方（多为乐队演奏台）为规定方位的基点，定为“1点”，每顺时针方向转动45°则变动一个方位，依次类推，一共有8个点。因此，一个场地中的4个面为1、3、5、7点，4个角为2、4、6、8点。（图8–4–3）

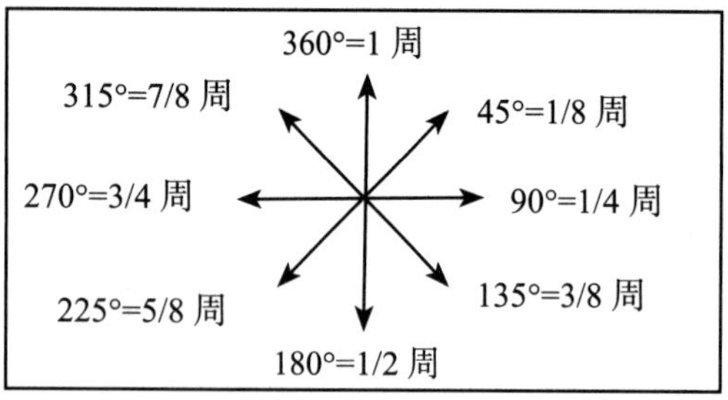

图8–4–2

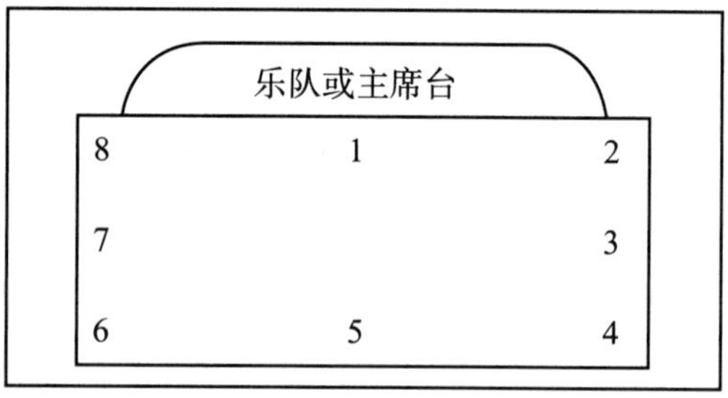

图8–4–3

（三）场地

体育舞蹈比赛的场地表面应平整光滑，场地面积为15米×23米。场地长的两条边线叫作A线，短的两条边线叫作B线（图8–4–4）。舞者应按两条线的长短不同，安排适当的动作，不断按舞程线方向循序而进。

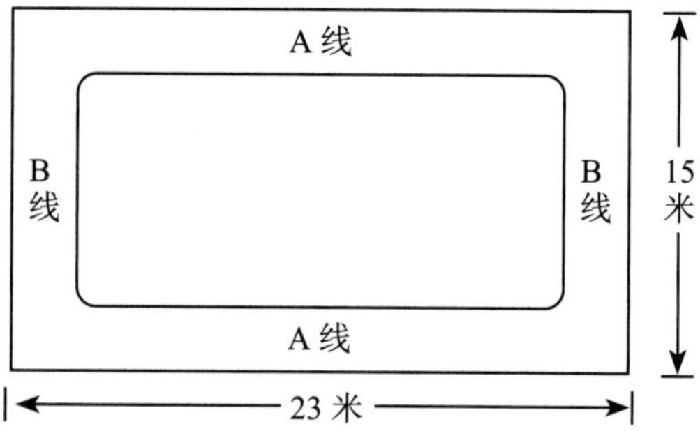

图8–4–4

四、体育舞蹈基本技术

下面以常见的舞种华尔兹为例进行介绍。

（一）华尔兹的基本知识

（1）风格特点：庄重典雅，华丽大方，动作流畅起伏，婉转多变，舞姿飘逸洒脱，男士气宇轩昂，女士雍容大方。

（2）音乐节奏：3/4拍，一般情况下30～32小节/分钟，音乐华丽，节奏明显。

（3）基本步伐：左脚并换步、右转步、右脚并换步、左转步、叉形步、侧行追步、后退锁步、后叉形步、纺织步、右旋转步。

（二）华尔兹的握抱舞姿

1. 闭式舞姿

男女平行相对站立，身体正直，两脚并拢，脚尖向前；男士右手扶在女士左肩胛骨下方，手掌向里，右臂向上平抬，支撑女伴左臂；女士左臂轻放在男伴右臂上，头朝左侧，身体微后仰，头略向左偏；男士左手握女伴右手向旁边伸出，手与肩平或略高于肩，臂成弧形，肘弯处成略大于90°。（图8–4–5至图8–4–7）

2. 散式舞姿

在闭式舞姿的基础上，男士向左略打开上身和头，女士向右略打开上身和头，两者看向同一方向。（图8–4–8）

图8–4–5

图8–4–6

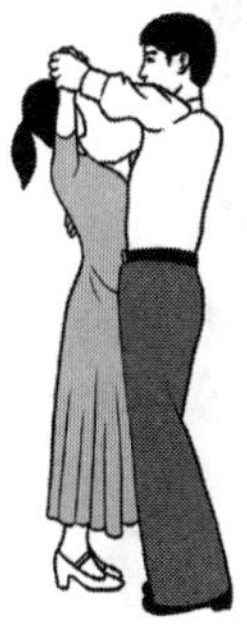

图8–4–7

图8–4–8

（三）华尔兹的基本步伐

（1）左脚并换步：开始姿势采用闭式舞姿，结束姿势采用闭式舞姿。1～3步动作及脚迹图示如图8–4–9至图8–4–13所示。

图 8-4-9

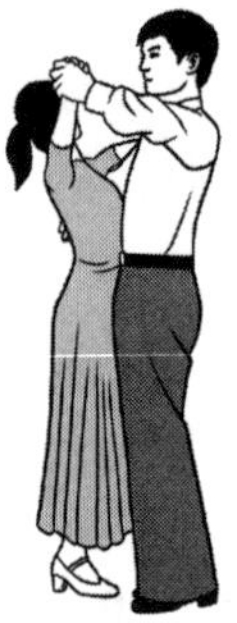

图 8-4-10

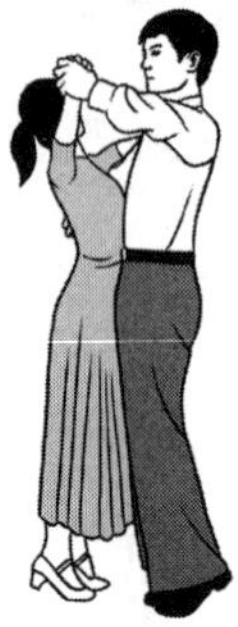

图 8-4-11

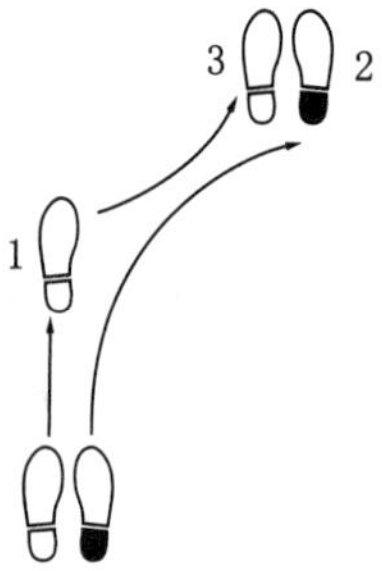

图 8-4-12

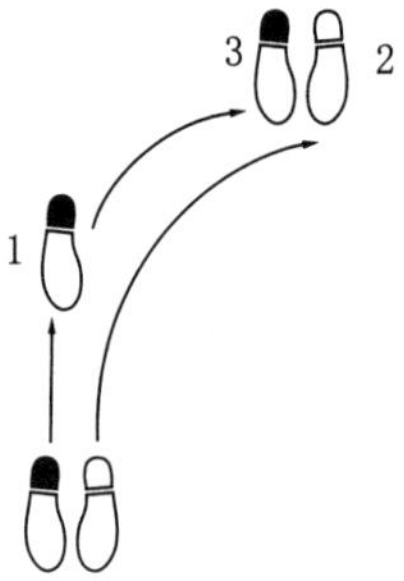

图 8-4-13

（2）右转步：开始姿势采用闭式舞姿，结束姿势采用闭式舞姿。1 ~ 6步动作及脚迹图示如图8-4-14至图8-4-21所示。

图 8-4-14

图 8-4-15

图 8-4-16

图 8-4-17

图 8-4-18

图 8-4-19

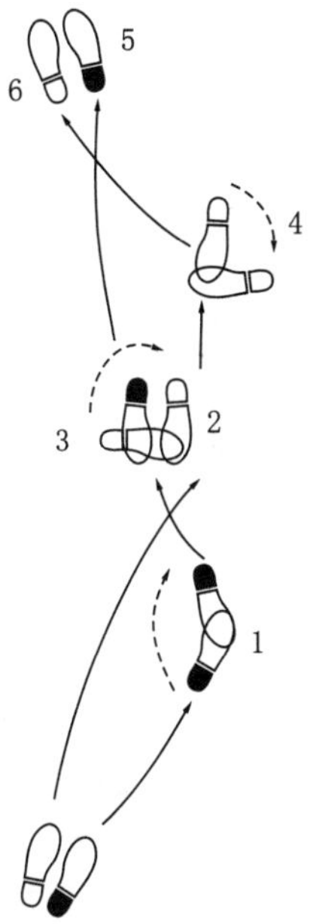

图 8-4-20

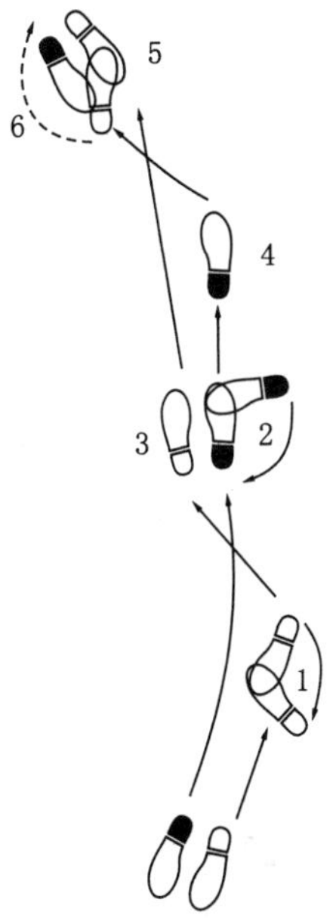

图 8-4-21

（3）右脚并换步：开始姿势采用闭式舞姿，结束姿势采用闭式舞姿。1 ~ 3步动作及脚迹图示如图8-4-22至图8-4-26所示。

图 8-4-22

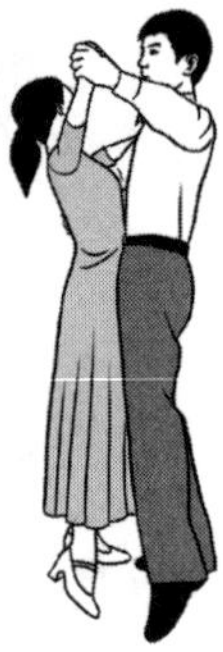

图 8-4-23

图 8-4-24

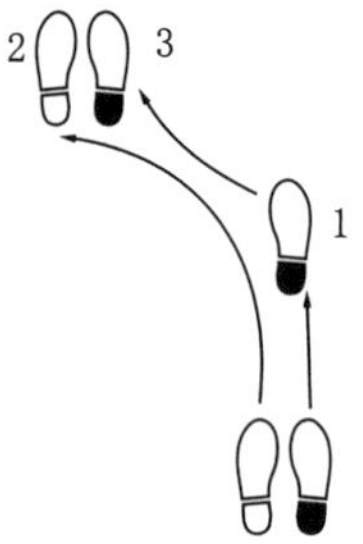

图 8-4-25

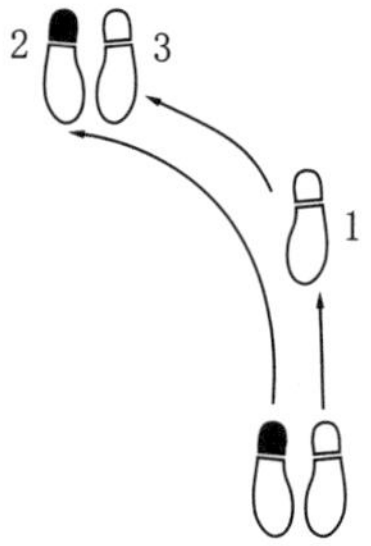

图 8-4-26

（4）左转步：开始姿势采用闭式舞姿，结束姿势采用闭式舞姿。1 ~ 6步动作及脚迹图示如图8-4-27至图8-4-34所示。

图 8-4-27

图 8-4-28

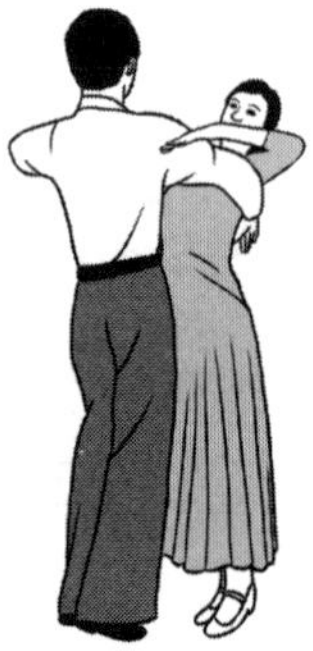

图 8-4-29

图 8-4-30

图 8-4-31

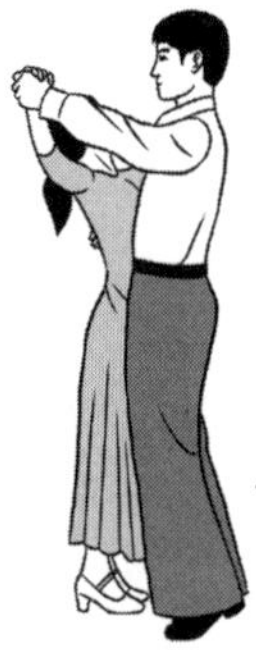

图 8-4-32

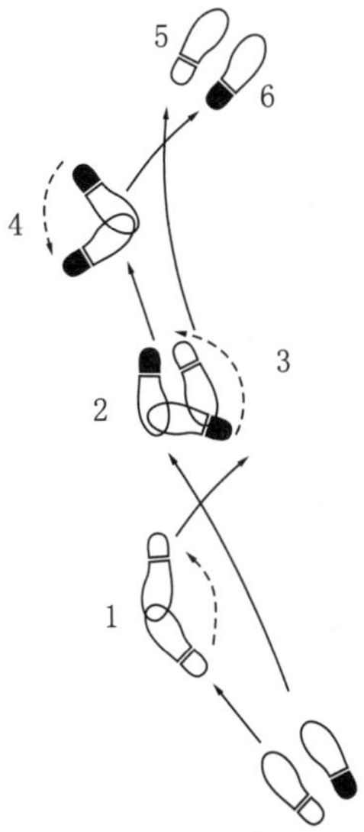

图 8-4-33

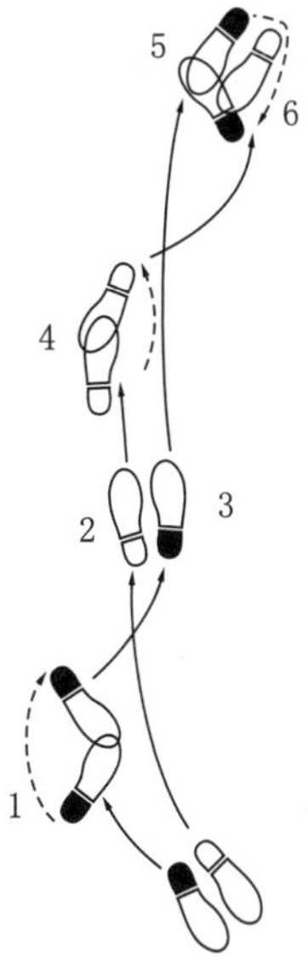

图 8-4-34

（5）叉形步：开始姿势采用闭式舞姿，结束姿势采用侧行位舞姿。1～3步动作及脚迹图示如图 8-4-35 至图 8-4-39 所示。

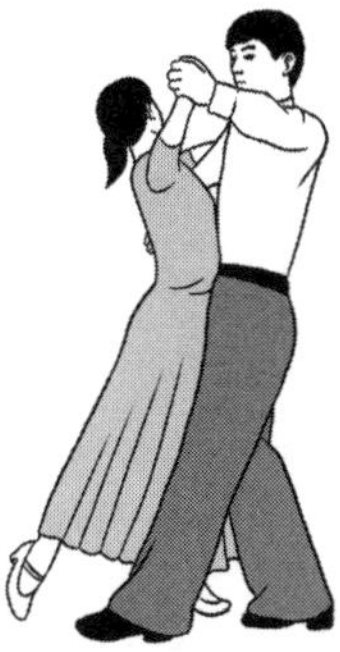

图 8-4-35

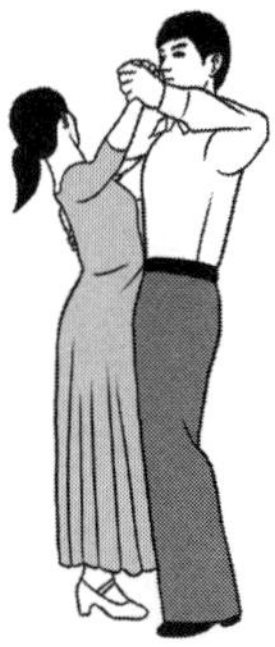

图 8-4-36

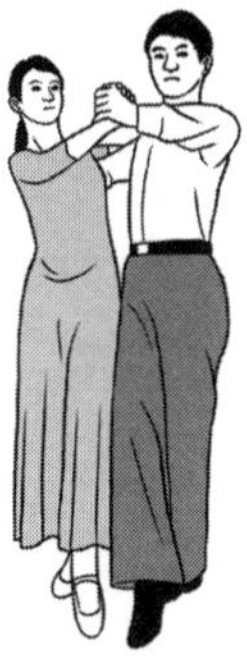

图 8-4-37

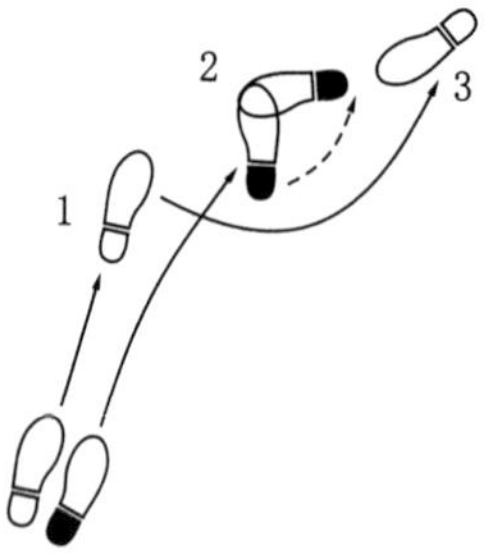

图 8-4-38

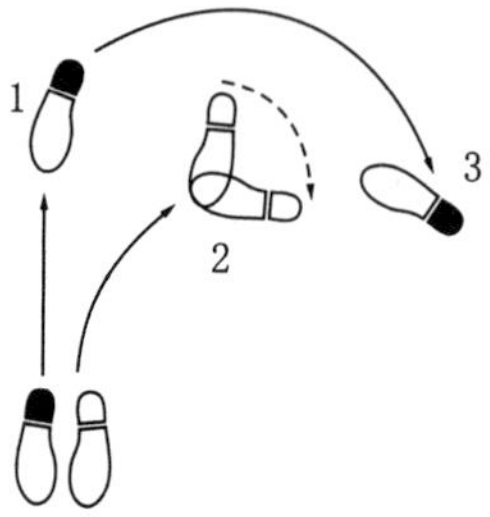

图 8-4-39

（6）侧行追步：开始姿势采用侧行位舞姿，结束姿势采用闭式舞姿。1～4步动作及脚迹图示如图8-4-40至图8-4-45所示。

图 8-4-40

图 8-4-41

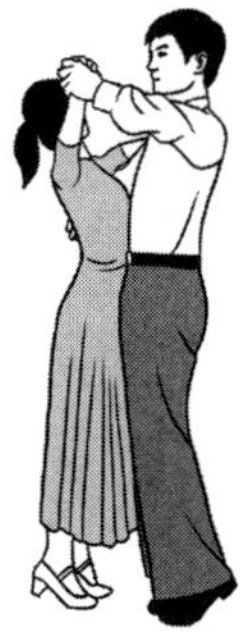

图 8-4-42

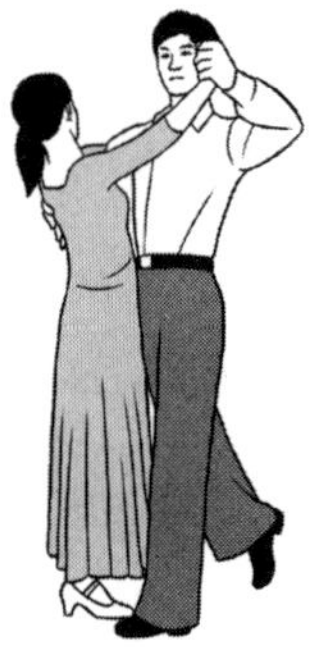

图 8-4-43

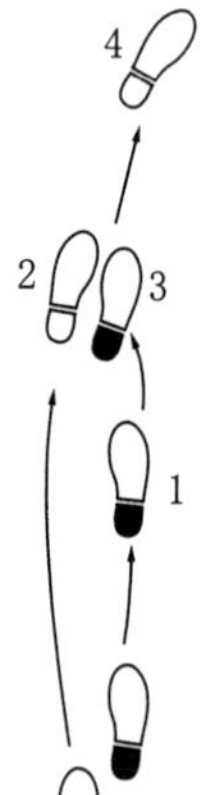

图 8-4-44

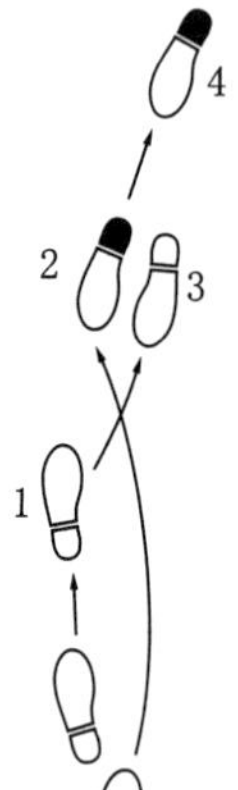

图 8-4-45

（7）后退锁步：开始姿势采用闭式舞姿，结束姿势采用闭式舞姿。1 ~ 4 步动作及脚迹图示如图 8-4-46 至图 8-4-51 所示。

图 8-4-46

图 8-4-47

图 8-4-48

图 8-4-49

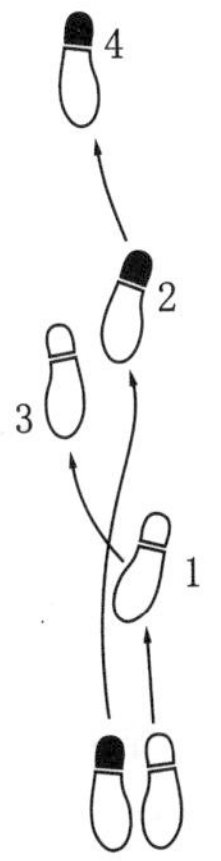

图 8-4-50

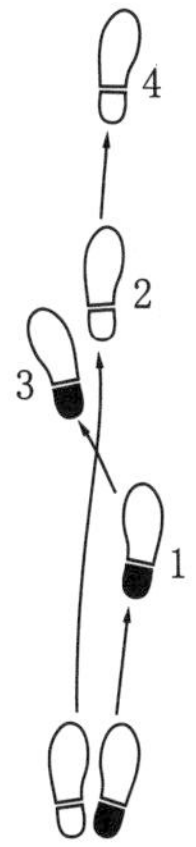

图 8-4-51

（8）后叉形步：开始姿势采用闭式舞姿，结束姿势采用侧行位舞姿。1 ~ 3 步动作及脚迹图示如图 8-4-52 至图 8-4-56 所示。

图 8-4-52

图 8-4-53

图 8-4-54

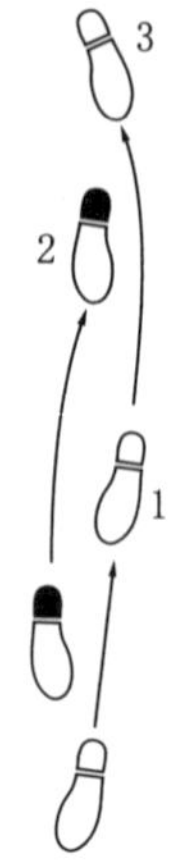

图 8-4-55

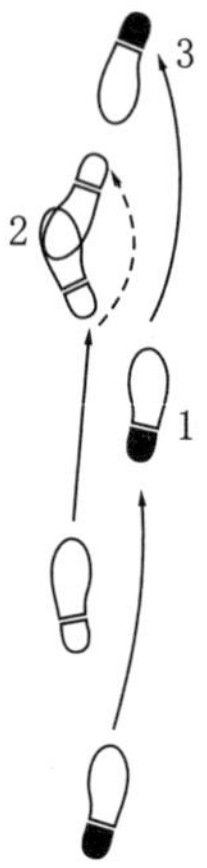

图 8-4-56

（9）纺织步：开始姿势采用侧行位舞姿，结束姿势采用闭式舞姿。1 ~ 6 步动作及脚迹图示如图 8-4-57 至图 8-4-64 所示。

图 8-4-57

图 8-4-58

图 8-4-59

图 8-4-60

图 8-4-61

图 8-4-62

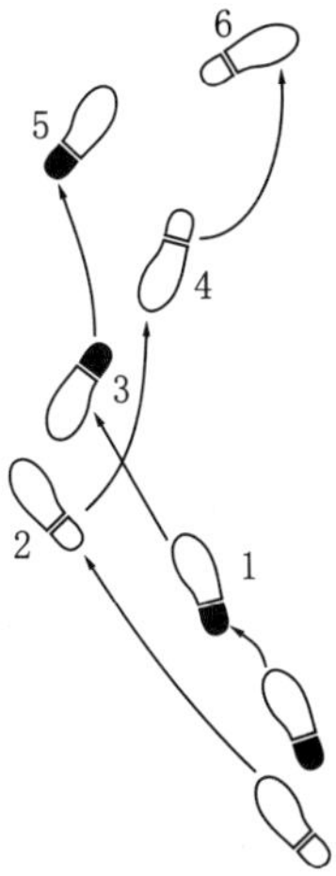

图 8-4-63

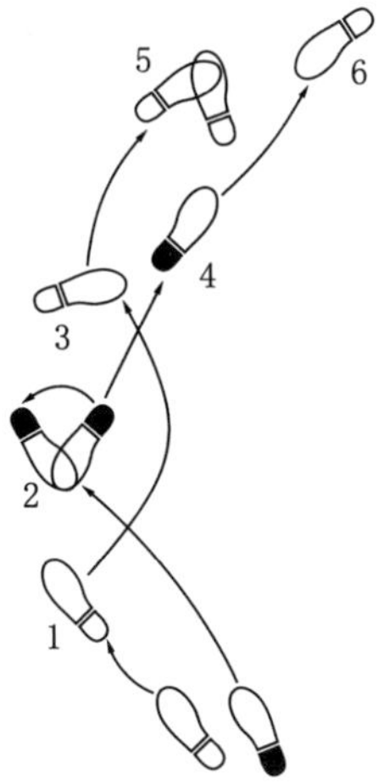

图 8-4-64

（10）右旋转步：开始姿势采用闭式舞姿，结束姿势采用闭式舞姿。1～3步动作及脚迹图示如图8-4-65至图8-4-69所示。

图 8-4-65

图 8-4-66

图 8-4-67

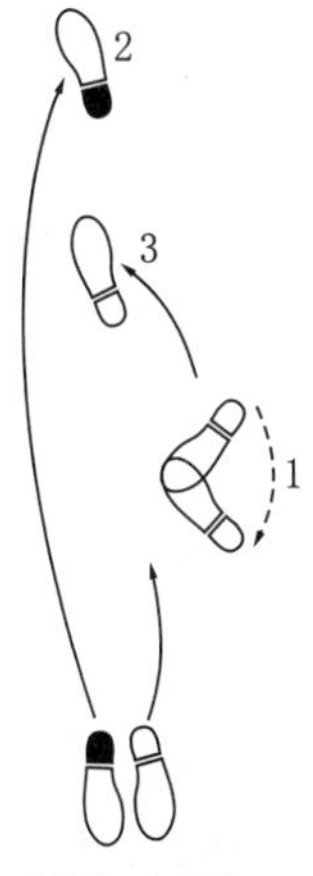

图 8-4-68

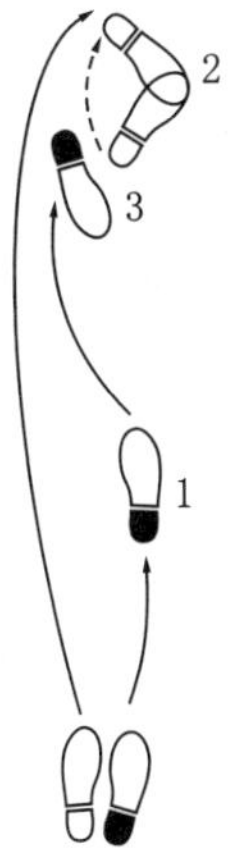

图 8-4-69

任务五 艺术体操

一、艺术体操概述

艺术体操是一项结合了体操、舞蹈和音乐的综合性体育项目。它不仅要求运动员具备高超的技巧和做出优美的动作，还要求运动员在表演中展现出独特的艺术表现力和感染力。

艺术体操的雏形可以追溯到古代文明中的舞蹈和体操活动。古希腊和古罗马时期，人们通过各种形式的身体锻炼来展示力量与美感，这些活动逐渐演变成后来的艺术体操。

进入19世纪，随着现代体操的兴起，艺术体操开始逐渐形成独立的项目。随后，艺术体操在欧洲各国逐渐普及，并在20世纪初形成了较为系统的训练和比赛体系。

20世纪中叶，艺术体操得到了进一步的发展和完善。1963年，国际体操联合会将艺术体操列为正式比赛项目，这标志着艺术体操在国际体坛上的地位得到了确认。此后，艺术体操不断吸收各种舞蹈元素和技巧，形成了今天丰富多彩的项目形式。

艺术体操不仅在技术上不断进步，其在国际比赛中的影响力也在不断扩大。1984年第23届奥运会将艺术体操列为女子正式比赛项目，进一步推动了这项运动的普及和发展。各国运动员在奥运会上的精彩表现，使艺术体操成为全球观众瞩目的焦点。

如今，艺术体操已经成为一项集力量、柔韧、协调和美感于一体的综合性体育项目。运动员通过各种器械（如绳、圈、球、棒、带等）展示高难度的动作和优美的舞姿，赢得了观众的广泛赞誉。艺术体操不仅在竞技体育领域占有重要地位，还在推广全民健身和提高国民素质方面发挥了积极作用。

二、艺术体操基本技术

（一）徒手动作

徒手动作是艺术体操中最基础的部分，主要包括以下几种类型。

（1）摆动：以肩关节为轴做小于或等于180°的钟摆式运动。

（2）绕和绕环：以肩、肘、腕为轴，向各个方向做360°或以内的圆周运动。它可单、双臂同时绕和绕环，也可以依次绕和绕环。

（3）波浪：身体各关节按顺序依次、连贯地做屈伸动作。

（4）转体：以前脚掌为轴左、右转体180°、270°或360°。可以单脚转，也可以双脚转。

（5）跨跳：一脚蹬地起跳，另一腿向前上方跨出，空中两腿前后分开。左臂前平举，右臂侧平举，然后缓冲落地。跨跳包括向前大跨跳、横跨跳、节环跳等。

（6）平衡：一腿支撑，另一腿后举90°以上，上体稍前屈。

（二）器械（彩带）动作

器械动作是艺术体操中的一大亮点，彩带作为其中一种常见的器械，其动作主要包括以下几种类型。

1. 持带方法

持带方法有单手握和双手握。单手握是一手中指直贴于棍上，其余四指握住棍端。双手握是一手握带棍，一手握带尾。

2. 摆动

摆动动作要求运动员通过彩带的摆动来展示力量和美感，常见的摆动动作包括彩带的上下摆动、左右摆动等。

练习方法：右手持带棍，手臂自然伸直，以肩为轴，通过弧形摆臂带动彩带摆动。

特别提示：摆动时肩要放松，手臂用力摆动将整个彩带摆起，当接近摆动的最高点或最远端时，手腕要稍用力将带尾挑起，并即刻制动手臂的摆动。

3. 绕环（以大绕环为例）

绕环动作是彩带动作的重要组成部分，它要求运动员通过彩带在身体各部位的旋转来完成，如绕环手臂、绕环腿部等。

练习方法：右手持带棍，以肩为轴，手臂自然伸直，沿顺时针或逆时针方向做圆周运动，彩带成环状。

特别提示：绕环时要以肩为轴，臂要伸直，绕环过垂直部位后，棍与臂成直线。

4. 蛇形

蛇形动作需要运动员通过彩带的波浪形摆动来展示身体的柔韧性和协调性。

练习方法：以手腕为轴，手连续、快速、均匀地做上下或左右小摆动，使带形成一串大小、距离相等的波浪图形。

特别提示：手臂要自然伸直，肘、腕要放松，以手腕为轴连续、快速、均匀地做小摆动。

5. 螺形

螺形动作要求运动员通过彩带的螺旋形摆动来展示力量和美感。

练习方法：以手腕为轴，手沿顺时针或逆时针方向快速、均匀地做小绕环，带成一串大小相等的环状图形。

特别提示：手臂要自然伸直，肘、腕放松，以腕为轴，手快速、均匀地做环状运动。

任务六　街舞

一、街舞概述

街舞是嘻哈文化的重要部分，起源于20世纪60年代美国街头舞者的即兴舞蹈动作。纽约和洛杉矶是街舞的两个重要发源地。随着嘻哈文化在世界的普及，街舞也迅速传遍世界。街舞有多种风格，如霹雳舞、机械舞、嘻哈舞等，每种风格都有其独特的动作技巧和表现形式。街舞不仅是一种舞蹈，更是一种文化现象，它传递着自由、个性、反叛的精神，深受全球年轻人的喜爱和追捧。通过街舞，人们不仅可以锻炼身体、提升协调性，还能表达自我、增进社交。街舞的普及和发展，也对音乐、时尚、影视等领域产生了深远的影响。

二、街舞动作简介

（一）霹雳舞

霹雳舞是以旋转为主、翻身为辅，以手部为主要支撑点，以肢体在空中的翻腾、旋转为特色的技巧性街舞。尽管霹雳舞看起来包含许多复杂的动作，但是它们都是由基础的摇摆步、地板步衔接而成的，再加入复杂的技巧性的动作或定招，使整个舞蹈向更广、更高的方向发展。

1. K踢

K踢（K-kick），又叫作L踢（L-kick），来自坎波舞。单手撑地，双腿踢向头部上方，向两侧尽量分开，呈“V”字形。因非支撑臂的位置和双腿的弯曲形态不同，K踢有多种变形。

2. 侧手转

侧手转，肘部支撑于体侧，双腿并拢，上下叠放，身体侧立，做圆周旋转。

3. 蛙跳

蛙跳，即像青蛙一样身体下蹲后向前跳，然后双手撑住地面，再接双腿的蛙跳，重复。

4. 蟋蟀跳

蟋蟀跳，又叫作跳飞机。双手撑于体下，双肘抵住腹部，双脚离地，身体平行伏于地面，双手推动身体上下跳动着旋转。注意：只能用手接触地面。这个动作可以连接地板步、托马斯，以及其他飘浮动作。

5. 头转

头转，即以头支撑地的旋转动作。先以头顶地倒立，双手扶地，然后两腿分开，做圆周摆动，带动身体旋转，双手离地。在旋转中，朝上的双腿可以摆出各种造型或做出各种动作。

6. 分腿全旋

分腿全旋，又叫作托马斯，来自体操的旋转动作。在动力平衡中，双腿保持在空中，围绕身体前后旋转。

（二）机械舞

机械舞起源于机械人的动作及形态，利用肌肉的紧绷与放松来产生身体的振动与定格。其动作规格要求有突然停顿但不能太重，有将力量释放出来的“划过骤停”的感觉。动作要配合音乐的节拍点“卡住”。卡拍时肌肉瞬间收紧，不卡拍时肌肉相对放松，在肌肉紧张和放松之间把握好度。机械舞动作要求细腻，对基本功要求较高。

1. 弗雷斯诺

弗雷斯诺是机械舞的基本动作。身体斜向一侧，抬起该侧手臂振动，然后身体斜向另一侧，抬起该侧手臂振动；做手臂弗雷斯诺的同时，加入同侧腿部动作：猛烈向后抽动该侧腿部的膝关节，感觉像是在极力扩张肢体。这样平滑地交替做下去。

2. 眼镜蛇

眼镜蛇，即舞者用一只手做波浪的动作传到另一只手，然后再传回来，但是只动肩膀。

3. 玩具人

玩具人，即模仿玩偶形态的动作。

（三）嘻哈舞

嘻哈舞是极其自由的舞蹈，没有固定的舞蹈体系，可以采用任何舞蹈元素。

1. 律动

律动，是嘻哈舞的基本动作形式，也是这种舞蹈风格的主要体现方面。律动表现为身体随音乐起伏和摇摆，分为重拍向上和重拍向下两种。

2. 波浪

波浪，即身体做波浪式传动，令人感觉就像一股看不见的力量穿过舞者的整个身体，可以是两臂之间水平的波浪，也可以是从头到脚垂直的波浪，还有双腿之间、肩臂之间等众多身体部位的波浪，不同的波浪可以相互组合、自由发挥。波浪动作要流畅连贯、充满律动。

3. 哈林抖动

哈林抖动，是来自摇摆舞的动作。通过胯和肩的配合形成双肩抖动，肩部随音乐每一拍抖动一下，然后猛然停顿一下，动作干净利落。

4. 性感抖动

性感抖动，即以胯部抖动为特色，胸部和肩部配合振动的动作。每一拍中抖动多次，速度快，视觉效果强烈。

三、街舞基础组合教学

第一个八拍

步法：1拍“哒”分腿，2～4拍分腿屈膝，5拍直腿抬右腿，6拍直腿抬左腿，7～8拍分腿屈膝向前跳。

手臂：1拍右手拍右大腿，“哒”拍左手拍左大腿，2～4拍两臂屈扶大腿，5拍左臂直臂后绕，6拍右臂直臂后绕，7～8拍自然下垂。

手型：五指分开。

面向：1点钟方向。

第二个八拍

步法：1～2拍右踝内收2次，3～4拍左膝放、抬、放，5拍上右腿，6拍“哒”左膝外展内收，7～8拍屈膝弹动。

手臂：1～2拍两臂下垂，3～4拍屈臂伸、屈、伸，5～6拍自然下垂，7～8拍两臂放于头后。

手型：五指分开。

面向：1～5拍1点钟方向，6拍8点钟方向，7～8拍5点钟方向。

第三个八拍

步法：1拍出右腿，2拍收右腿，3～4拍左转90°同1～2拍，5拍上左腿，6拍上右腿，7拍跳步双腿后撤，8拍分腿左转。

手臂：1、3拍两臂侧下压，2、4拍放于体侧，5拍自然摆动，6拍两臂前伸，7拍两臂后伸，8拍屈臂。

手型：五指分开。

面向：1拍7点钟方向，2拍5点钟方向，3～7拍3点钟方向，8拍7点钟方向。

第四个八拍

步法：1～2拍侧恰步，3～4拍收右腿并左腿，5～6拍并腿左转髋，7拍右弓步，8拍左弓步。

手臂：1拍右前臂绕环，2拍右肩绕环，3拍屈臂向上，4拍屈臂后提，5～6拍两臂屈臂，7拍两臂左侧伸，8拍两臂右侧伸。

手型：五指分开。

面向：1～4拍8点钟方向，5～6拍5点钟方向，7拍6点钟方向，8拍4点钟方向。

任务七　瑜伽

一、瑜伽概述

“瑜伽”一词来自印度古代梵文，是“yoga”的译音。瑜伽，作为一种古老的身心修炼体系，起源于印度，至今已有数千年的历史。瑜伽通过一系列体式、呼吸控制和冥想等练习，旨在达到身心的和谐统一。瑜伽的核心理念在于平衡与和谐，强调身体、心灵和精神的整体健康。通过系统的瑜伽练习，不仅可以增强身体的柔韧性、力量和耐力，还能有效缓解压力、提升专注力、改善情绪状态。在中国，目前越来越多的人开始了解瑜伽、喜爱瑜伽、参与瑜伽锻炼。同时，瑜伽正走进课堂，逐渐成为大学生喜爱的体育锻炼项目之一。

二、瑜伽的呼吸

（一）胸式呼吸

吸气时，肋骨慢慢向外扩张，胸廓张开，将新鲜空气通过呼吸道吸入肺部。当吸气量增加时，腹部向内收紧，将吸入的气集中在胸腔。呼气时，肋骨收紧，胸廓还原，慢慢将肺内的浊气呼出体外。

（二）腹式呼吸

吸气时，胸廓保持不变，腹部肌肉放松向外扩张，随着吸气的加深，膈肌下降，腹内脏器下移，小腹慢慢鼓起。呼气时，腹部收紧，膈肌升起，把肺内的浊气完全排出，内脏器官恢复原位。仰卧姿势、俯卧姿势的练习，多采用腹式呼吸。

（三）混合式呼吸

混合式呼吸是胸式呼吸和腹式呼吸结合在一起的自然呼吸。吸气时，由腹式呼吸过渡到胸式呼吸。呼气时，按相反的顺序，先放松胸廓，再放松腹部慢慢呼出浊气。大部分瑜伽练习都使用混合式呼吸。

三、瑜伽组合练习

组合一　伸展身体

预备姿势：身体直立，抬头挺胸，两肩下沉，收腹提臀，两脚左右开立。（图8-7-1）

（1）向右转体90°，手臂经身体两侧上伸，手掌合十，抬头看手指的方向，两腿成弓步。

（图 8–7–2）

（2）在动作（1）的基础上，手臂打开向斜上方伸展，目视斜上方。（图 8–7–3）

（3）重心后移至后腿，后腿微屈，前腿伸直，同时，身体前屈至胸部靠近大腿，两手侧后伸。（图 8–7–4）

（4）上体左转 90°，右手触右脚，左臂向上伸，目视左手方向。（图 8–7–5）

（5）重心前移至右腿，站立，左手抓左脚向上拉起，右臂前伸。起立落腿，向左转体 90° 还原至预备姿势。（图 8–7–6）

（6）相反方向练习，结束。

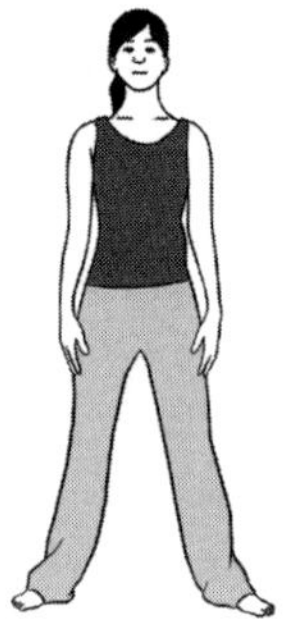
图 8–7–1

图 8–7–2

图 8–7–3

图 8–7–4

图 8–7–5

图 8–7–6

组合二　身体侧伸展

预备姿势：身体直立，抬头挺胸，两肩下沉，收腹提臀，两脚左右开立。（图 8–7–7）

（1）左脚右前点地立，右手下按，左手上伸托掌，身体侧屈。（图 8–7–8）

（2）重心前移至左腿，左腿成弓步，身体前屈。（图 8–7–9）

（3）重心后移至两腿之间，身体向左侧屈，两臂经体侧交换位置。（图 8–7–10）

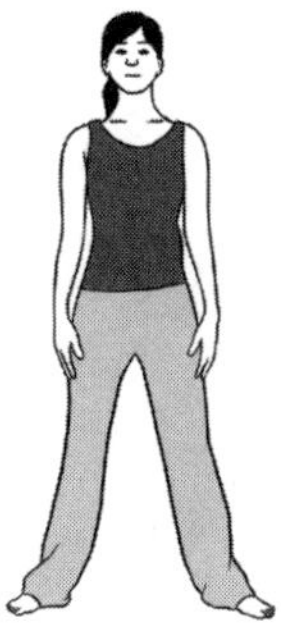

图 8-7-7

图 8-7-8

图 8-7-9

图 8-7-10

（4）右脚向右前方跨一步成右弓步，右手背至体后，左手经上与右手会合。（图 8-7-11）

（5）向右转体 90°，右腿成侧弓步，身体侧屈靠近右腿大腿，两手松开，右手环右腿在体后与左手会合。起立，还原至预备姿势。（图 8-7-12）

（6）相反方向练习，结束。

图 8-7-11

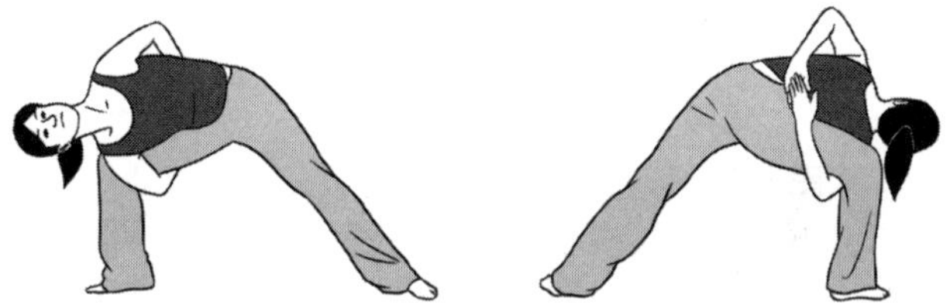

图 8-7-12

组合三　身体平衡

预备姿势：身体直立，抬头挺胸，两肩下沉，收腹提臀，两脚左右开立。（图 8-7-13）

（1）右腿直立，左腿抬起，左脚底贴紧右腿内侧，两臂经体侧上伸，手掌合十。（图 8-7-14）

（2）左腿移至右腿前，身体前屈靠近左腿，两臂侧后伸展。（图 8-7-15）

（3）左腿放下，后点地站立，右手触头部。（图 8-7-16）

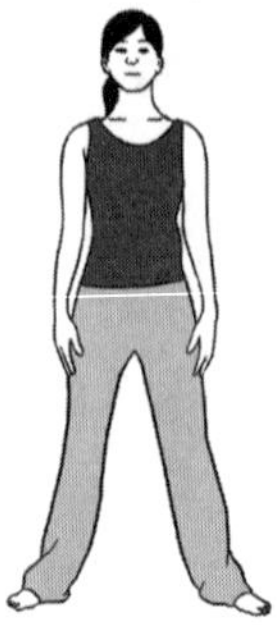

图 8-7-13

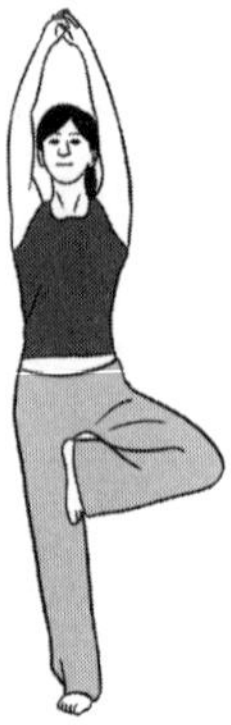

图 8-7-14

图 8-7-15

图 8-7-16

（4）身体恢复直立，右臂前伸，左手扶腿，左腿后举至平衡。（图 8-7-17）

（5）左腿落地，两腿左右开立，两臂侧伸，身体前屈，向右转体 90°，两手撑地，左腿向后上伸。（图 8-7-18）

图 8-7-17

图 8-7-18

（6）以右手右脚为轴，转体 180°，左脚落地，左手在胸前屈曲，成单手蹲撑姿势。然后，挺髋伸手臂，呈单手支撑姿势，重复一次向反方向练习。（图 8-7-19）

（7）起立，还原成预备姿势，结束。

图 8-7-19

组合四　身体后屈

预备姿势：身体直立，抬头挺胸，两肩下沉，收腹提臀，两脚左右开立。（图 8-7-20）

（1）身体前屈90°，两臂侧伸。（图8–7–21）

（2）向右转体90°，右腿屈，左腿后伸，身体后屈，两臂经体侧向上伸。（图8–7–22）

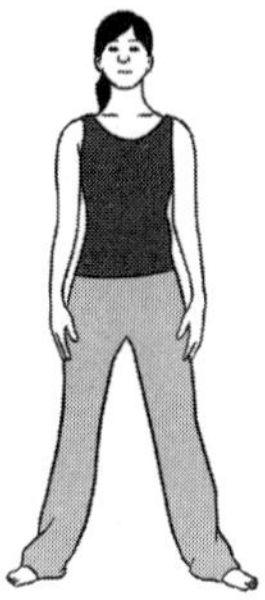

图 8–7–20

图 8–7–21

图 8–7–22

（3）重心后移至左腿，右腿伸直，身体向左转90°，侧屈，右手触右脚，左臂上伸。（图8–7–23）

（4）左手在左前方撑地，右臂向上伸，右脚移到左后侧点地，身体后屈。（图8–7–24）

图 8–7–23

图 8–7–24

（5）身体翻转至正面朝下，右腿后伸，右手前伸。然后身体和腿放松，收腹含胸，膝关节接触肘关节，再伸展一次。（图8–7–25）

（6）分腿蹲，两手经内侧扶脚的外侧，低头，伸腿直，呈分腿屈体立撑姿势，重复一次。（图8–7–26）

（7）起立，还原成预备姿势，结束。

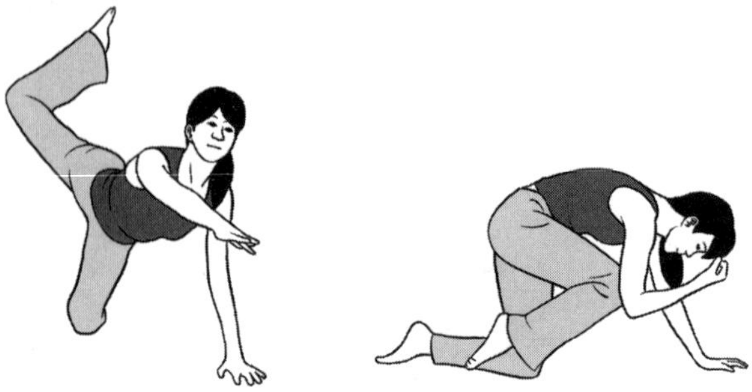

图 8-7-25

图 8-7-26

组合五　身体扭转

预备姿势：屈腿盘坐，两手分别放在两膝上，后背挺直。（图8-7-27）

（1）左臂经体侧举至左手背后，右手放在左膝上，身体扭转，右肩接触右膝。（图8-7-28）

图 8-7-27

图 8-7-28

（2）转体45°，右腿伸直，左脚掌贴住右腿内侧，两臂经体侧向上伸，身体前屈，两手抓握右脚。（图8-7-29）

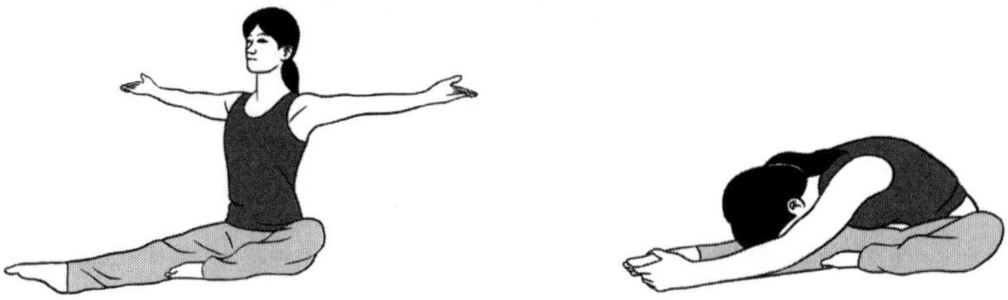

图 8-7-29

（3）上体立直，向右扭转，右脚至左腿外侧，左肘至右腿外侧，两手掌相对。（图8-7-30）

（4）左腿屈膝至左侧，身体右侧屈，右手触右脚，左手背后。（图8-7-31）

（5）右腿收回，右脚掌与左脚掌相对，两臂经体侧落下，身体前屈。（图8-7-32）

（6）恢复身体姿势到预备姿势，结束。

图 8-7-30

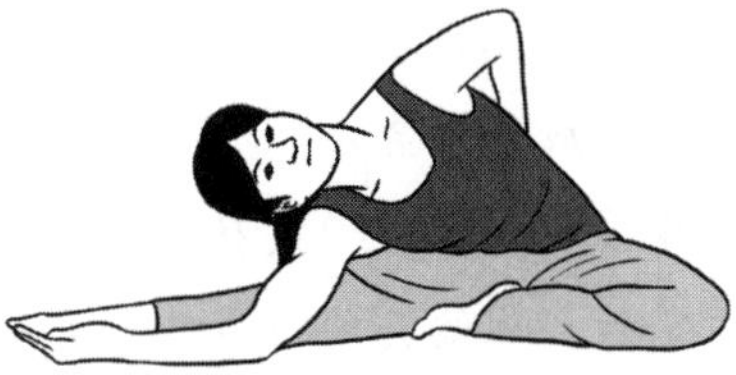

图 8-7-31

图 8-7-32

思政园地

深耕健美操教育　传承健美操的力量与美

健美操作为一项集有氧运动、力量训练、协调性训练于一体的全身性运动，对身体健康和心理健康都益处颇多。近年来，世界各国愈发重视健美操在国民健康和体育发展中的重要作用，努力提升健美操竞技水平。我国健美操竞技水平的显著提升和大众普及方面取得的长足进步，离不开健美操教育专家的指引。深圳市福田实验教育集团侨香学校的健美操高级教师喻德霞，深耕健美操教育二十多年，为我国健美操项目的发展积极贡献自己的一份力量。

喻德霞毕业于北京舞蹈学院舞蹈创编与素质教育专业，自1997年开始从事健美操教育，如今已在健美操教育领域积累了二十多年经验。她凭借精湛的健美操技术和对健美操教育的全方位实践，尤其是对青少年健美操教育的深刻见解，培养出一批又一批优秀运动员，她的学生们多次在全国健美操赛事和国际健美操赛事中获奖。

谈起喻德霞教练，学生们都表示敬佩和喜爱。因为喻德霞会根据每位运动员的特点，制定个性化训练方案，发掘他们的潜力。正是她精益求精的态度，为运动员赢来奖牌与喝彩。

喻德霞因在健美操教育领域积淀了丰富的经验，多次担任健美操国家级赛事的裁判工作。为提高自己的执裁水平，她又考取了国际体操联合会（FIG）三级裁判资格。

从技术动作到艺术创意，喻德霞从全方位、多角度审视比赛，确保评判的公正性。此外，喻德霞还会根据每个选手的表现和创意，给予鼓励与指引，为参赛运动员提供宝贵的成长机会。

二十多年来，喻德霞在健美操教育工作中恪尽职守，发光发热，引导健美操运动员阔步前行，让健美操的力量与美绽放于更广阔的赛场。

（资料来源：《中国体育报》，2024年12月27日，有改动）

思考与练习：

1. 你认为操舞类运动对身心健康有哪些益处？请结合个人经历或研究进行阐述。

2. 在学习体操、健美操、啦啦操等操舞类运动时，你遇到了哪些挑战？你是如何克服这些挑战的？

3. 请尝试编排一段融合多种操舞元素的舞蹈，展示你的创意和技巧。

项目九　武术与民间传统体育类运动

导读：

武术与民间传统体育类运动包括太极拳、八段锦、五禽戏、跳绳、舞龙、舞狮、抖空竹和龙舟等项目，这些项目具有浓厚的民族特色和文化底蕴。通过学习本项目，学生将深入了解武术与民间传统体育类运动各项目的起源与发展，掌握这些项目的基本功和基本技术，提高身体素质和竞技水平。此外，武术与民间传统体育类运动还能够培养学生的民族自豪感和文化认同感，传承和弘扬中华优秀传统文化。

学习目标：

1. 了解武术与民间传统体育类运动各项目的起源与发展。
2. 学习并掌握武术与民间传统体育类运动各项目的基本功和基本技术。
3. 培养对传统体育文化的兴趣和热爱，传承和弘扬中华优秀传统文化。

任务一　太极拳

一、太极拳概述

太极拳是一种武术项目，是我国民族传统体育文化的重要组成部分。太极拳这一源远流长的中国武术瑰宝，不仅是一种强身健体的运动方式，更是一种蕴含着深厚哲学思想的修炼艺术。它起源于中国古代，深受道家哲学的影响，强调阴阳平衡、动静结合，追求身心合一的至高境界。太极拳的动作缓慢而柔和，每一个招式都如行云流水般流畅，却又蕴含着无穷的力量。它不同于其他武术的刚猛激烈，而是以柔克刚，以静制动，通过内在的气息调节和意念引导，达到强身健体、防身自卫的目的。

太极拳的发展经历了多个阶段，从最初的民间传播到逐渐形成不同的流派。随着时间的推移，太极拳不仅在技术上不断丰富和完善，还逐渐融入了更多的文化内涵和哲学思想。清朝末年，太极拳开始走出河南温县陈家沟，传播到全国各地，形成了陈式、杨式、吴式、武式、孙式等五大主要流派，各流派在技法、风格上各有千秋，但都秉承了太极拳的基本原则。进入近现代，太极拳的影响力进一步扩大，不仅在中国国内广受欢迎，还传播到世界各地，成为国际武术界的重要组成部分。太极拳以其独特的健身效果和深厚的文化底蕴，吸引了众多爱好者的关注和学习。24式简化太极拳是中华人民共和国成立后推行的简易太极拳套路。

二、动作名称和动作说明

（一）动作名称

24式简化太极拳动作名称如下：①起势；②左右野马分鬃；③白鹤亮翅；④左右搂膝拗步；⑤手挥琵琶；⑥左右倒卷肱；⑦左揽雀尾；⑧右揽雀尾；⑨单鞭；⑩云手；⑪单鞭；⑫高探马；⑬右蹬脚；⑭双峰贯耳；⑮转身左蹬脚；⑯左下势独立；⑰右下势独立；⑱左右穿梭；⑲海底针；⑳闪通臂；㉑转身搬拦捶；㉒如封似闭；㉓十字手；㉔收势。

（二）动作说明

预备势

身体直立，两脚并拢，两臂下垂，手指微屈，虚领顶劲，下颌微收；目视前方，呼吸自然。（图9-1-1）

第一组

1. 起势

（1）提左腿开步，与肩同宽。（图9–1–2）

（2）两臂向前慢慢平举，与肩同高、同宽，掌心向下。（图9–1–3）

（3）上体保持正直，两腿屈膝下蹲；同时两掌轻轻下按，两肘下垂与两膝相对；目视前方。（图9–1–4）

图9–1–1

图9–1–2

图9–1–3

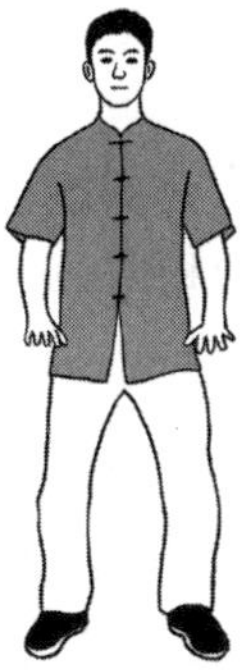

图9–1–4

2. 左右野马分鬃

（1）上体微向右转，重心移至右腿；同时右臂收在胸前平屈，掌心向下，左手经体前向右下画弧至右手下，掌心向上，两掌心相对，呈抱球状；左脚收到右脚内侧，脚尖点地；目视右手。

（2）上体微向左转，左脚向左前方迈出，右脚后蹬，右腿自然伸直，成左弓步；同时上体向左转，两手随转体慢慢分别向左上、右下分开，左手高度与眼平（掌心斜向上），肘微屈；右手落在右胯旁，肘微屈，掌心向下，指尖向前；目视左手。（图9–1–5）

（3）上体慢慢后坐，身体重心移至右腿，左脚脚尖翘起，微向外撇，随后脚掌慢慢踏实，左腿慢慢前弓，身体左转，重心移至左腿；同时左手翻转向下，左臂收在胸前平屈，右手向左上画弧至左手下，两掌心相对呈抱球状；右脚随即收到左脚内侧，脚尖点地；目视左手。

（4）右腿向右前方迈出，左腿自然伸直，成右弓步；同时上体右转，两手随转体分别慢慢向左下、右上分开，右手高度与眼平（掌心斜向上），肘微屈；左手落在左胯旁，肘微屈，掌心向下，指尖向前；目视右手。（图9–1–6）

（5）动作同（3），左右相反。

（6）动作同（4），左右相反。（图9–1–7）

图 9-1-5

图 9-1-6

图 9-1-7

3. 白鹤亮翅

（1）上体微向左转，左手翻掌向下，左臂平屈于胸前，右手向左上画弧，掌心转向上，与左手呈抱球状；目视左手。

（2）右脚跟进半步，上体后坐，身体重心移至右腿，上体先向右转，面向右前方，目视右手；然后左脚稍向前移，脚尖点地，成左虚步，同时上体微向左转，面向前方，两手随转体慢慢向右上、左下分开，右手上提停于右额前，掌心向左后方，左手落于左胯前，掌心向下，指尖向前；目视前方。（图 9-1-8）

第二组

4. 左右搂膝拗步

（1）右手从体前下落，由下向后上方画弧举至右肩外侧，肘微屈，手与耳同高，掌心斜向上；左手由左下向上、向右下方画弧至右胸前，掌心斜向下，同时上体先微向左转再向右转；左脚收至右脚内侧，脚尖点地；目视右手。

（2）上体左转，左脚向前迈出成左弓步；同时右手屈回，由耳侧向前推出至与鼻尖平，左手向下由左膝前搂过落于左胯旁，指尖向前；目视右手手指。（图 9-1-9）

（3）右腿慢慢屈膝，上体后坐，重心移至右腿，左脚脚尖翘起微向外撇，随后脚掌慢慢踏实，左腿前弓，身体左转，重心移至左腿，右脚收到左脚内侧，脚尖点地；同时左手向外翻掌由左后向上画弧至左肩外侧，肘微屈，手与耳同高，掌心斜向上；右手随转体向上、向左下画弧落于左脚前，掌心斜向下；目视左手。

（4）动作同（2），左右相反。（图 9-1-10）

（5）动作同（3），左右相反。

（6）动作同（2）。

图 9-1-8

图 9-1-9

图 9-1-10

5. 手挥琵琶

右脚跟进半步，上体后坐，身体重心转至右腿，上体半面向右转，左脚略提起稍向前移，成左虚步，脚跟着地，脚尖翘起，膝部微屈；同时左手由左下向上挑举至与鼻尖平，掌心向右，臂微屈；右手收回放在左肘里侧，掌心向左；目视左手食指。（图9–1–11）

图 9-1-11

6. 左右倒卷肱

（1）上体右转，右手翻掌，掌心向上经腹前由下向后上方画弧平举，臂微屈，左手随即翻掌向上；眼睛随着转体先右视，再转向前方视右手。（图9–1–12）

（2）右臂屈肘折向前，右手由耳侧向前推出，掌心向前，左臂屈肘后撤，掌心向上，撤至左肋外侧；同时左腿轻轻提起向后偏左退一步，脚掌先着地，然后全脚慢慢踏实，身体重心移至左腿，成右虚步，右脚随转体以脚掌为轴扭正；目视右手。（图9–1–13）

（3）上体微向左转，同时左手随转体向后上方画弧平举，掌心向上，右手随即翻掌，掌心向上；眼睛随转体先向左视，再转向前方视右手。

（4）动作同（2），左右相反。（图9–1–14）

（5）动作同（3），左右相反。

（6）动作同（2）。

（7）动作同（3）。

（8）动作同（2），左右相反。

图 9-1-12

图 9-1-13

图 9-1-14

第三组

7. 左揽雀尾

（1）上体微向右转，同时右手随转体向后上方画弧平举，掌心向上；左手掌心向下；目视左手。

（2）身体继续右转，左手下落逐渐翻掌经腹前画弧至右肋前，掌心向上；右臂屈肘，掌心转向下，收至右胸前，两手相对，成抱球状；同时左脚收到右脚内侧，脚尖点地；目视右手。

（3）左脚向左前方迈出，上体继续向左转，右腿自然蹬直，左腿屈膝成左弓步；同时左臂向左前方推出，右手向右下落于右胯旁，掌心向下。（图 9-1-15）

（4）身体微向左转，左手随即前伸翻掌向下，右手翻掌向上，再经腹前向上、向前伸至左前臂下方；然后两手下捋，即上体向右转，两手经腹前向右后上方画弧，直至右掌心向上，高与肩平，左臂平屈于胸前，掌心向后；同时身体重心移至右腿；目视右手。（图 9-1-16）

图 9-1-15

图 9-1-16

（5）上体微向左转，右臂屈肘折回，右手附于左手腕里侧，上体继续向左转，双手同时向前慢慢推出，左掌心向后，右掌心向前，左前臂保持半圆；同时身体重心逐渐前移，成左弓步；目视左手腕部。（图 9-1-17）

（6）左手翻掌，掌心向下，右手经左腕上方向前、向右伸出，高与左手齐，掌心向下，两手左右分开，与肩同宽；然后右腿屈膝，上体慢慢后坐，身体重心移至右腿，左脚脚尖翘起；同时两手屈肘回收至腹前，掌心均向前下方；目视前方。

（7）上式不停，身体重心慢慢前移，同时两手向前、向上按出，掌心向前；成左弓步；目视前方。（图9–1–18）

图 9–1–17

图 9–1–18

8. 右揽雀尾

（1）上体后坐并向右转，身体重心移至右腿，左脚脚尖里扣；右手向右平行画弧至右侧，然后由右下经腹前向左上画弧至左肋前，掌心向上；左臂平屈于胸前，左手掌心向下与右手呈抱球状；同时身体重心移至左腿，右脚收到左脚内侧，脚尖点地；目视左手。（图9–1–19、图9–1–20）

（2）动作同“左揽雀尾”（3），左右相反。（图9–1–21）

图 9–1–19

图 9–1–20

图 9–1–21

（3）动作同“左揽雀尾”（4），左右相反。（图9–1–22）

（4）动作同“左揽雀尾”（5），左右相反。（图9–1–23）

（5）动作同“左揽雀尾”（6），左右相反。

（6）动作同“左揽雀尾”（7），左右相反。（图9–1–24）

图 9-1-22

图 9-1-23

图 9-1-24

第四组

9. 单鞭

（1）上体后坐，身体重心逐渐移至左腿，右脚脚尖内扣，同时上体左转，两手（左高右低）向左画弧，直至左臂平举，伸于身体左侧，掌心向左，右手经腹前至左肋前，掌心向后上方；目视左手。

（2）身体重心逐渐移至右腿，上体左转，左脚向右脚靠拢，脚尖点地；同时右手向右上画弧（掌心由里转向外），至右侧时变勾手，臂与肩平，左手向下经腹前向右上画弧停于右肩前，掌心向上；目视右手。

图 9-1-25

（3）上体微向左转，左脚向左前侧迈出，右脚跟后蹬，成左弓步；在身体重心移向左腿的同时，左掌随上体的继续左转慢慢翻转向前推出，掌心向前，手指与眼睛齐平，臂微屈；目视左手。（图 9-1-25）

10. 云手

（1）重心移至右腿，身体逐渐向右转，左脚脚尖内扣；左手向下画弧至右腹前，掌心斜向后，同时右手松勾变掌，掌心向右前；目视右手。（图 9-1-26）

（2）上体慢慢左转，重心随之逐渐左移；左手由腹前向上向左画弧至左肩前，掌心翻转向左；右手向下画弧至左腹前，掌心斜向后；同时右脚靠近左脚，成小开立步；目视左手。（图 9-1-27、图 9-1-28）

（3）上体再向右转，右手向上向右画弧至右肩前，掌心翻转向右；左手向下画弧至右腹前动，掌心斜向后；随之左腿向左横跨一步，脚尖先着地，重心左移；目视右手。（图 9-1-29、图 9-1-30）

（4）动作同（2）。

（5）动作同（3）。

（6）动作同（2）。

图 9-1-26

图 9-1-27

图 9-1-28

图 9-1-29

图 9-1-30

11. 单鞭

(1) 上体向右转，右手随之向右移动，至右侧变成勾手；左手经腹前向右上画弧至右肩前，掌心向上，身体重心落在右腿上，左脚脚尖点地；目视左手。

(2) 上体微向左转，左脚向左前侧迈出，右脚跟后蹬，成左弓步；在身体重心移向左腿的同时，上体继续左转，左掌慢慢翻转向前推出，成“单鞭”式。(图 9-1-31)

第五组

12. 高探马

右脚跟进半步，右勾手变成掌，两掌心翻转向上，两肘微屈；同时身体微向右转，左脚跟渐渐离地；目视左前方；上体微向左转，面向左前方，右掌经右耳旁向前推出，掌心向前，手指与眼同高；左手收至左侧腰前，掌心向上；同时左脚微向前移，脚尖点地，成左虚步；目视右手。(图 9-1-32)

13. 右蹬脚

(1) 左手掌心向上，前伸至右手腕背面，两手相互交叉，随即向两侧分开并向下画弧，掌心斜向下，同时左脚提起向左前方迈步（脚尖稍外撇）；身体重心前移；右腿自然蹬直，成左弓步；目视前方。

(2) 两手由外圈向里圈画弧，交叉合抱于胸前，右手在外，两掌心均向后；同时右脚向左脚靠拢，脚尖点地；目视右前方。

图 9-1-31

图 9-1-32

（3）两臂左右画弧分开平举，肘部微屈，两手掌心均向外；同时右腿屈膝提起，右脚向右前方慢慢蹬出；目视右手。（图 9-1-33）

14. 双峰贯耳

（1）右腿收回，屈膝平举；左手由后向上、向前下落至体前，两掌心均翻转向上，两手同时向下画弧，分别落于右膝两侧；目视前方。

（2）右脚向右前方落下，重心渐渐前移，成右弓步，面向右前方，同时两手下落慢慢变拳，分别从两侧向上、向前画弧贯拳至面部前方，成钳形，两拳相对。（图 9-1-34）

第六组

15. 转身左蹬脚

（1）左腿屈膝后坐，身体重心移至左腿，上体左转，右脚脚尖内扣；同时两拳变掌，由上向左右画弧分开平举，掌心向前；目视左手。

（2）身体重心移至右腿，左脚收到右脚内侧，脚尖点地；同时两手由外圈向里圈画弧合抱于胸前，左手在外，两手掌心均向后；目视左侧。

（3）两臂左右画弧分开平举，肘部微屈，两手掌心均向外；同时左腿屈膝提起，左脚向左前方慢慢蹬出；目视左手。（图 9-1-35）

图 9-1-33

图 9-1-34

图 9-1-35

16. 左下势独立

（1）左腿收回平屈，上体右转；右掌变成勾手，左掌向上、向右画弧下落，立于右肩前，掌心斜向后；目视右手。

（2）右腿慢慢屈膝下蹲，左腿由内向左侧偏后伸出，成左仆步；左掌下落掌心向外，向左下顺左腿内侧向前穿出；目视左手。（图9–1–36）

（3）身体重心前移，以左脚跟为轴，脚尖尽量向外撇，左腿前弓，右腿后蹬，右脚脚尖内扣，上体微向左转并向前起身；同时左臂继续向前伸出，立掌，掌心向右，右勾手下落，勾尖向后；目视左手。（图9–1–37）

（4）右腿慢慢提起平屈，呈左独立式；同时右勾手变掌，并由后下方顺右腿外侧向前弧形上挑，屈臂立于右腿上方，肘与膝相对，掌心向左；左手落于左胯旁，掌心向下，指尖向前；目视右手。（图9–1–38）

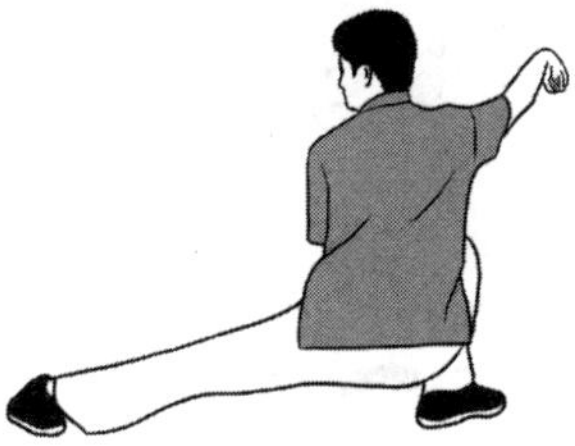
图9-1-36

图9-1-37

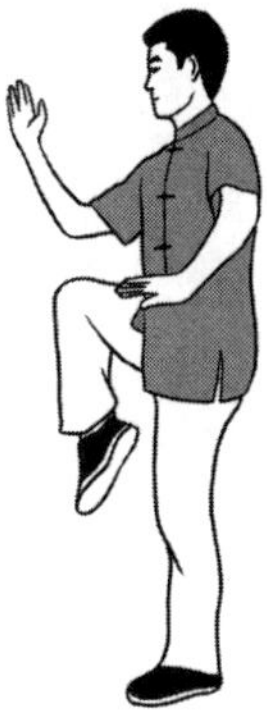
图9-1-38

17. 右下势独立

（1）右脚下落于左脚前，脚尖着地；左脚以前脚掌为轴，脚跟转动，身体随之左转，同时左手向后平举变成勾手，右掌随着转体向左侧画弧，立于左肩前，掌心斜向后；目视左手。（图9–1–39）

（2）动作同“左下势独立”（2），左右相反。（图9–1–40）

图9-1-39

图9-1-40

（3）动作同“左下势独立”（3），左右相反。（图9-1-41）

（4）动作同“左下势独立”（4），左右相反。（图9-1-42）

图9-1-41

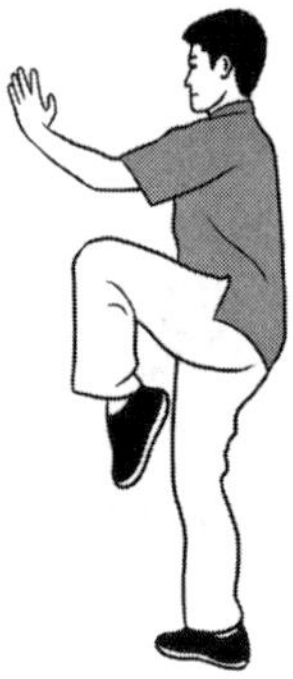

图9-1-42

第七组

18. 左右穿梭

（1）身体微向左转，左脚向前落地，脚尖外撇，右脚跟离地，两腿屈膝成半坐盘式；同时两手在左胸前成抱球状（左上右下）；然后右脚收到左脚内侧，脚尖点地；目视左前臂。

（2）身体右转，右脚向右前方迈出，屈膝弓腿，成右弓步；同时右手由脸前向上举并翻掌停于右额前，掌心斜向上；左手先向左下再经体前向前推出，高与鼻尖平，掌心向前；目视左手。（图9-1-43）

（3）身体重心略向后移，右脚脚尖稍向外撇，随即身体重心移至右腿，左脚跟进，停于右脚内侧，脚尖点地；同时两手在右胸前成抱球状（右上左下）；目视右前臂。

（4）动作同（2），左右相反。（图9-1-44）

图 9-1-43

图 9-1-44

19. 海底针

（1）右脚向前跟进半步，身体重心移至右腿，左脚稍向前移举步；右手下落经体前向后、向上提抽至肩上耳旁，左手下落至体前侧。

（2）左脚脚尖点地成左虚步；同时身体稍向右转；右手再随身体左转，由右耳旁斜向前下方插出，掌心向左，指尖斜向下；与此同时，左手向前、向下画弧落于左胯旁，掌心向下，指尖向前；目视前下方。（图9–1–45）

20. 闪通臂

（1）上体稍向右转，左脚微回收举步；同时两手上提；目视前方。

（2）左脚向前迈出，脚跟着地；两手分别向左前、向右后分开；左手掌心向前，右手掌心向外；目视前方。

（3）重心前移，左腿屈膝成左弓步；同时右手屈臂上举，停于右额前上方，掌心翻转斜向上，拇指朝下；左手由胸前随重心前移慢慢向前推出，高与鼻尖平，掌心向前；目视左手。（图9–1–46）

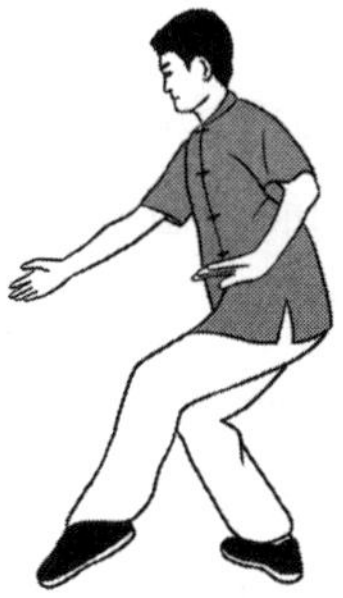

图 9-1-45

图 9-1-46

第八组

21. 转身搬拦捶

（1）上体后坐，身体重心移至右腿，左脚脚尖内扣；身体向右后转，然后身体重心移至左腿；与此同时，右手随转体向右、向下变拳，经腹前画弧至左肋旁，拳心向下；左掌上举于头前，掌心斜向上；目视前方。

（2）向右转体，右拳经胸前向前翻转撇出，拳心向上；左手落于左胯旁，掌心向下，指尖向前；同时右脚收回后不要停顿或脚尖点地即向前迈出，脚尖外撇；目视右拳。（图 9–1–47）

（3）身体重心移至右腿，左脚向前迈出一步；左手上起经左侧向前上方画弧拦出，掌心向前下方；同时右拳向右画弧收到右腰旁，掌心向上；目视左手。（图 9–1–48）

（4）左腿前弓成左弓步，同时右拳向前打出，拳眼向上，高与胸平，左手附于右前臂里侧；目视右拳。（图 9–1–49）

图 9–1–47

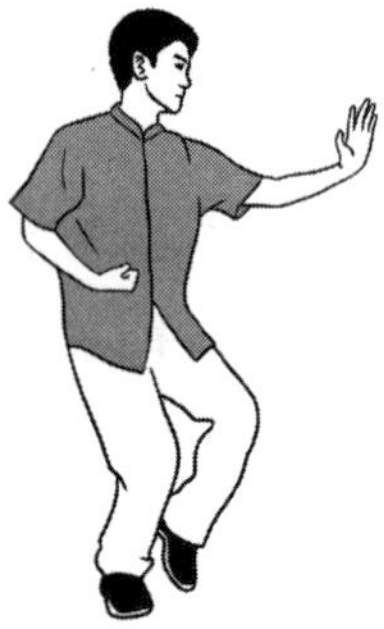

图 9–1–48

图 9–1–49

22. 如封似闭

（1）左手由右腕下方向前伸出，右拳变掌，两手掌心逐渐翻转向上并慢慢分开回收；同时身体后坐，左脚脚尖翘起，身体重心移至右腿；目视前方。

（2）两手在胸前翻掌，向下经腹前再向上、向前推出，腕部与肩平，掌心向前；同时左腿前弓成左弓步；目视前方。（图 9–1–50）

23. 十字手

（1）屈膝后坐，身体重心移向右腿，左脚脚尖内扣，向右转体；右手随转体动作向右平摆画弧，与左手成两臂侧平举，掌心向前，肘部微屈；同时右脚脚尖随转体稍向外撇，成右侧弓步；目视右手。

（2）身体重心慢慢移至左腿，右脚脚尖内扣，随即向左收回，两脚距离与肩同宽，两腿逐渐蹬直，成开立步；同时两手向下经腹前向上画弧交叉合抱于胸前，两臂撑圆，腕高与肩平，右手在外，成十字手，掌心均向后；目视前方。（图 9–1–51）

图 6-1-50

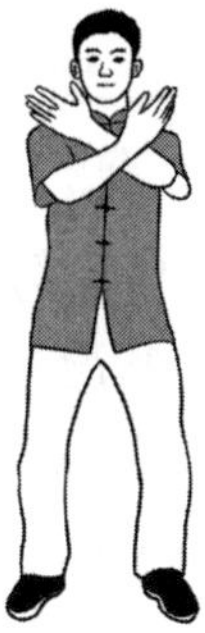

图 6-1-51

24. 收势

（1）两手向外翻掌，掌心向下，两臂慢慢下落，停于腹前；目视前方。（图 9-1-52）

（2）两腿缓缓蹬直，同时两掌慢慢下落至大腿两侧；然后左脚收回成并步直立；目视前方。（图 9-1-53）

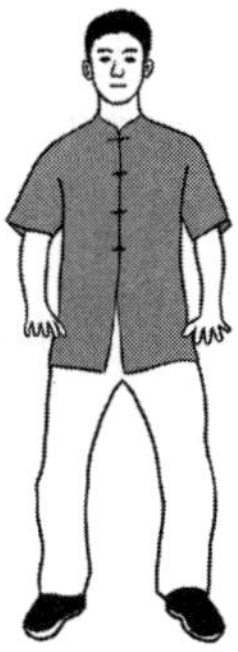

图 9-1-52

图 9-1-53

任务二　八段锦

一、八段锦概述

八段锦是将自身形体活动、呼吸吐纳、心理调节相结合的民族传统体育项目。其功法分为八段，每段一个动作，练习无须器械、不受场地局限，简单易学、节省时间，健身效果极其显著。

据史料记载，八段锦最早起源于中国古代，具体时间可追溯至北宋时期，距今已有近千年的历史。这一时期，八段锦作为一种新兴的健身方法，逐渐在民间流传开来，受到了广泛的关注和推崇。最初，八段锦只是一套简单的体操运动，主要目的是强身健体。随着时间的推移，人们开始在其中融入更多的元素，如呼吸调节、意念控制等，使其逐渐发展成为一种完整的健身气功。到了明清时期，八段锦已经发展得非常成熟，成为了一种广泛流传的健身方法。这一时期的八段锦更加注重内在的修炼，如调整呼吸、静心养神等，体现了人们对身心健康全面追求的理念。现代的八段锦则在传统的基础上进行了一些改进，使其更适合现代人的身体状况和生活节奏。

二、动作名称和动作说明

（一）动作名称

八段锦的动作名称如下：两手托天理三焦；左右开弓似射雕；调理脾胃须单举；五劳七伤往后瞧；摇头摆尾去心火；两手攀足固肾腰；攒拳怒目增气力；背后七颠百病消。

（二）动作说明

预备姿势

（1）两脚并步站立；两臂自然垂于体侧；身体中正，目视前方。（图9–2–1）

（2）随着松腰沉髋，身体重心移至右腿；左脚向左侧开步，脚尖朝前，约与肩同宽；目视前方。（图9–2–2）

（3）两臂内旋，两掌分别向两侧摆起，约与髋同高，掌心向后；目视前方。（图9–2–3）

（4）上动不停，两腿膝关节稍屈；同时，两臂外旋，向前合抱于腹前呈圆弧形，与脐同高，掌心向内，两掌指间距约10厘米；目视前方。（图9–2–4）

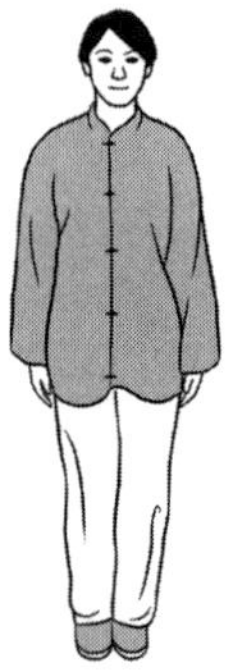

图9–2–1

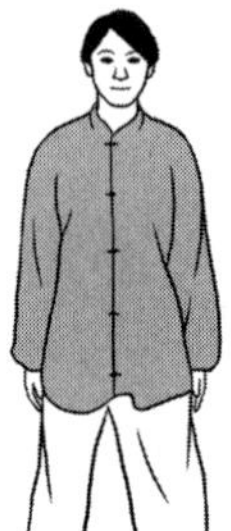

图9–2–2

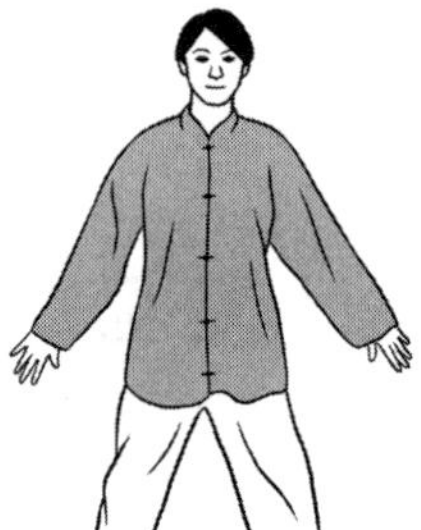

图9–2–3

图9–2–4

第一式　两手托天理三焦

（1）预备姿势。两臂外旋微下落，两掌五指分开在腹前交叉，掌心向上；目视前方。（图9–2–5）

（2）上动不停，两腿缓缓挺膝伸直；同时，两掌上托至胸前，随之两臂内旋向上托起，

掌心向上；抬头，目视两掌。（图9–2–6）

（3）上动不停，两臂继续上托，肘关节伸直；同时，下颌内收，动作略停；目视前方。（图9–2–7）

（4）身体重心缓缓下降；两腿膝关节微屈；同时，十指慢慢分开，两臂分别向身体两侧下落，两掌捧于腹前，掌心向上；目视前方。（图9–2–8）

本式上托下落为1遍，共做6遍。

图 9–2–5

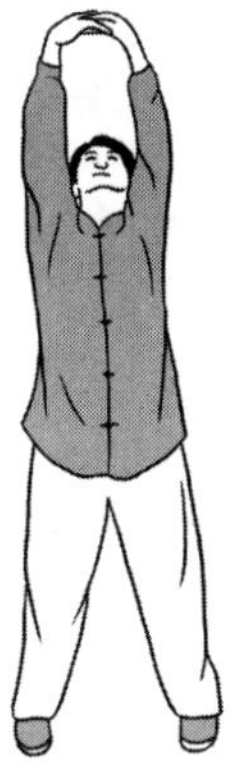
图 9–2–6

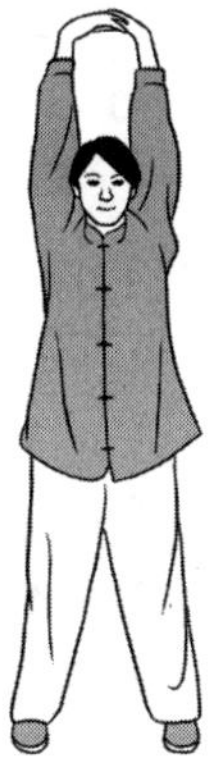
图 9–2–7

图 9–2–8

第二式　左右开弓似射雕

（1）接上式。身体重心右移；左脚向左侧开步站立，两腿膝关节自然伸直；同时，两掌向上交叉于胸前，左掌在外，右掌在内，两掌心向内；目视前方。（图9–2–9）

（2）两腿慢慢屈膝半蹲成马步；同时，右手呈“爪”形，向右拉至肩前；左手成“八”字掌，左臂内旋向左侧推出，与肩同高，坐腕，掌心向左，食指指尖向上，如拉弓射箭之势；动作略停；目视左掌方向。（图9–2–10）

（3）身体重心右移；同时，右手五指伸开成掌，向上、向右画弧，与肩同高，指尖向上，掌心斜向前；左手伸开成掌，掌心斜向后；目视右掌。（图9–2–11）

（4）上动不停，重心继续右移；左脚回收成并步站立；同时，两掌向两侧下落，捧于腹前，指尖相对，掌心向上；目视前方。（图9–2–12）

（5）动作同（1）。（图9–2–13）

（6）动作同（2），左右相反。（图9–2–14）

（7）动作同（3），左右相反。（图9–2–15）

（8）动作同（4），左右相反。（图9–2–16）

本式一左一右为1遍，共做3遍。第3遍最后一步时，身体重心继续左移；右脚向右侧开步站立，与肩同宽，屈膝下蹲，两掌不变；目视前方。（图9–2–17）

图 9-2-9

图 9-2-10

图 9-2-11

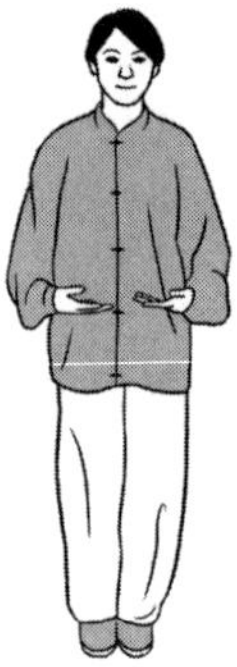
图 9-2-12

图 9-2-13

图 9-2-14

图 9-2-15

图 9-2-16

图 9-2-17

第三式　调理脾胃须单举

（1）接上式。两腿慢慢伸直；同时，左掌上托，左臂外旋上穿经面前，手臂内旋上举至头左上方，肘关节微屈，力达掌根，掌心向上，手指向右；同时，右掌微上托，手臂内旋下按至右髋旁，肘关节微屈，力达掌根，掌心向下，手指向前，动作略停；目视前方。（图 9-2-18）

（2）松腰沉髋，身体重心慢慢下降，两腿膝关节微屈；同时，左臂屈肘外旋，左掌经面前下落于腹前，掌心向上；右臂外旋向上捧于腹前，两掌指尖相对，相距约 10 厘米，掌心

向上；目视前方。(图9–2–19)

(3) 动作同 (1)，左右相反。(图9–2–20)

(4) 动作同 (2)。(图9–2–21)

本式一左一右为1遍，共做3遍。第3遍最后一步时，两腿膝关节微屈；同时，两臂屈肘，两掌下按于两髋旁，掌心向下，指尖向前；目视前方。(图9–2–22)

图 9–2–18

图 9–2–19

图 9–2–20

图 9–2–21

图 9–2–22

第四式　五劳七伤往后瞧

(1) 接上式。两腿慢慢伸直；同时两臂伸直，掌心向后，手指向下，目视前方；上动不停，两臂充分外旋，掌心向外；头向左后转，动作略停；目视左斜后方。(图9–2–23、图9–2–24)

(2) 松腰沉髋，身体重心慢慢下降；两腿膝关节微屈；同时，两臂内旋按于两髋旁，掌心向下，指尖向前；目视前方。(图9–2–25)

(3) 动作同 (1)，左右相反。(图9–2–26、图9–2–27)

(4) 动作同 (2)。(图9–2–28)

本式一左一右为1遍，共做3遍。第3遍最后一步时，两腿膝关节微屈；同时，两掌捧于腹前，指尖相对，掌心向上；目视前方。(图9–2–29)

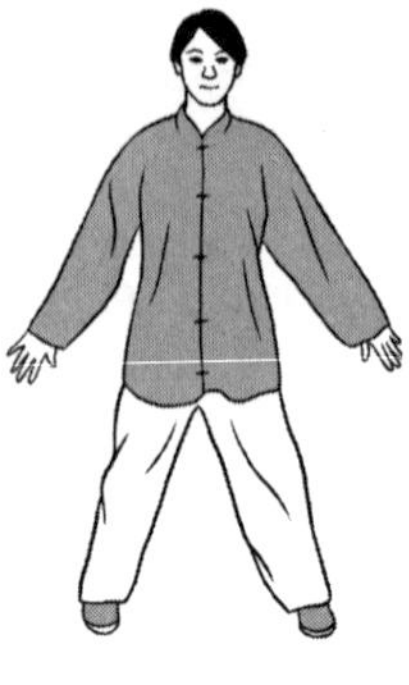

图9-2-23

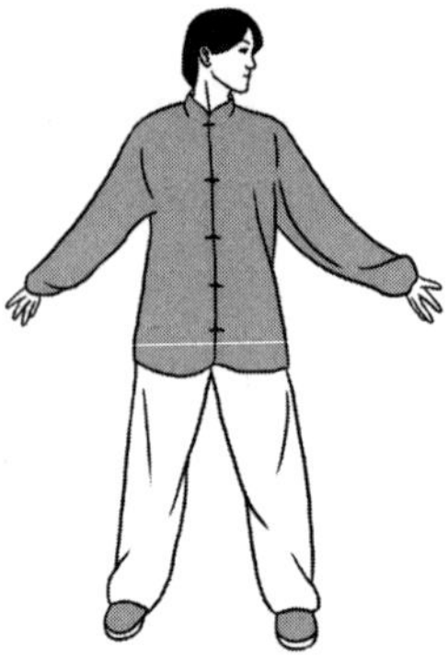

图9-2-24

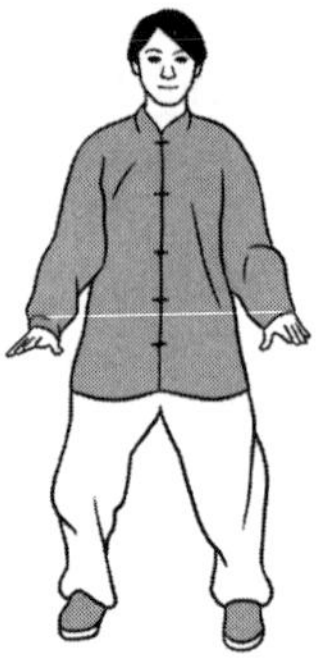

图9-2-25

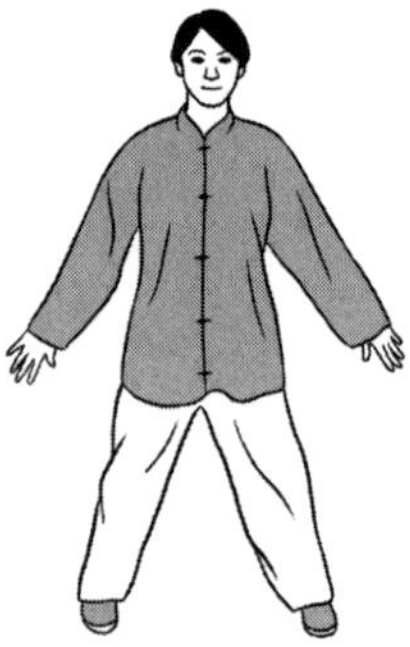

图9-2-26

图9-2-27

图9-2-28

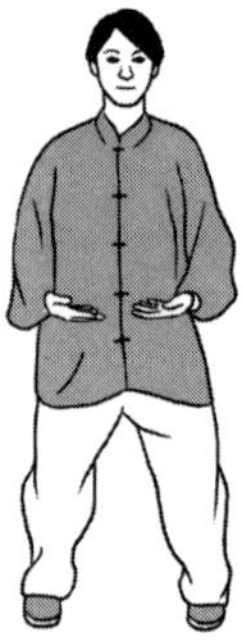

图9-2-29

第五式　摇头摆尾去心火

（1）接上式。身体重心左移；右脚向右开大步站立，两腿膝关节自然伸直；同时，两掌上托与胸同高，两臂内旋，两掌继续上托至头上方，肘关节微屈，掌心向上，指尖相对；目视前方。（图9–2–30）

（2）上动不停，两腿慢慢屈膝下蹲成马步；同时，两臂由两侧下落，两掌扶于膝关节上方，肘关节微屈，小指侧向前；目视前方。（图9–2–31）

（3）身体重心向上稍提高，然后向右移；上体向右倾，目视左斜前方，随之俯身，低头看右脚内侧。（图9–2–32）

（4）上动不停，身体重心左移；同时上体由右向前、向左旋转；目视左脚。（图9–2–33）

（5）身体重心右移，摆尾成马步；同时，头向后摇（由右向左约270°），上体立起，随之下颌微收；目视前方。（图9–2–34）

（6）动作同（3），左右相反。（图9–2–35）

（7）动作同（4），左右相反。（图9–2–36）

（8）动作同（5），左右相反。（图9–2–37）

本式一左一右为1遍，共做3遍。做完3遍后，身体重心左移，右脚回收，成开立步，与肩同宽；同时，两掌向外经两侧向上举，掌心相对；目视前方（图9-2-38）。随后松腰沉髋，身体重心慢慢下降，两腿膝关节微屈；同时屈肘，两掌经面前下按至腹前，掌心向下，指尖相对；目视前方。（图9-2-39）

图 9-2-30

图 9-2-31

图 9-2-32

图 9-2-33

图 9-2-34

图 9-2-35

图 9-2-36

图 9-2-37

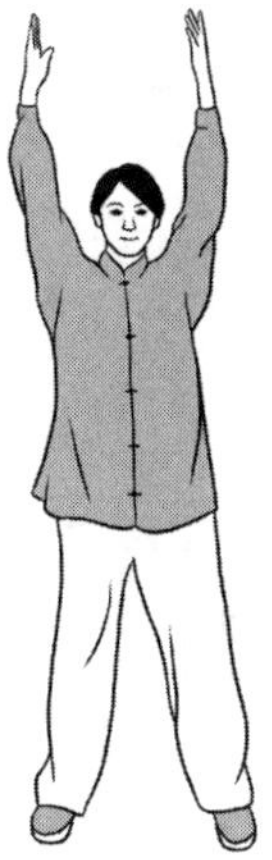

图 9-2-38

图 9-2-39

第六式　两手攀足固肾腰

（1）接上式。两腿慢慢伸直站立；同时两掌指尖向前，两臂向前、向上举起，肘关节伸直，掌心向前；目视前方。（图9–2–40）

（2）两臂内旋至掌心相对，屈肘下按于胸前，掌心向下，指尖相对；目视前方。（图9–2–41）

（3）上动不停，两臂外旋至两掌掌心向上，随后两手手指顺腋下向后插；目视前方。（图9–2–42）

（4）随后两掌掌心向内沿脊柱两侧向下摩运至臀部；随之上体前俯，两掌继续沿腿后方向下摩运，经脚两侧置于脚面；抬头，动作略停；目视前下方。（图9–2–43）

（5）两掌沿着地面前伸，随之手臂带动上体起立，两臂伸直上举，掌心向前；目视前方。（图9–2–44）

本式一上一下为1遍，共做6遍。做完6遍后，松腰沉髋，重心慢慢下降；两腿膝关节微屈，两掌向前下按至腰侧，掌心向下，指尖向前；目视前方。（图9–2–45）

图9-2-40

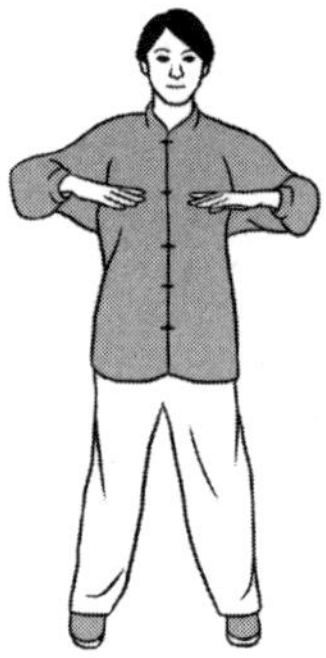
图9-2-41

图9-2-42

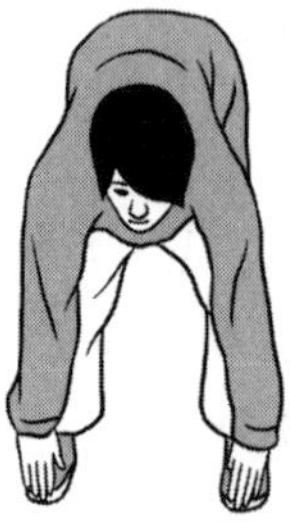
图9-2-43

图9-2-44

图9-2-45

第七式　攒拳怒目增气力

（1）接上式。身体重心右移，左脚向左开步，然后两腿慢慢屈膝半蹲成马步；同时，两掌握固，抱于腰侧，拳眼朝上；目视前方。（图9–2–46）

（2）左拳慢慢用力向前冲出，与肩同高，拳眼朝上；瞪目，看左拳冲出方向。（图9–2–47）

（3）左臂内旋，左拳变掌，虎口朝下；目视左掌（图9–2–48）。左臂外旋，肘关节微屈，左臂向左缠绕，变掌心向上后握固；目视左拳（图9–2–49）。

（4）屈肘，回收左拳至腰侧，拳眼朝上；目视前方。（图9–2–50）

（5）动作同（2），左右相反。（图9–2–51）

（6）动作同（3），左右相反。（图9–2–52）

（7）动作同（4），左右相反。（图9–2–53、图9–2–54）

本式一左一右为1遍，共做3遍。做完3遍后，身体重心右移，左脚回收成并步站立；同时，两拳变掌，自然垂于体侧；目视前方。（图9–2–55）

第八式　背后七颠百病消

（1）接上式。两脚脚跟提起；头上顶，动作略停；目视前方。（图9–2–56、图9–2–57）

（2）两脚脚跟下落时先下落到脚掌中间，然后两脚脚跟下落轻震地面；目视前方。（图9–2–58）

本式一起一落为1遍，共做7遍。

图9–2–46

图9–2–47

图9–2–48

图 9-2-49

图 9-2-50

图 9-2-51

图 9-2-52

图 9-2-53

图 9-2-54

图 9-2-55

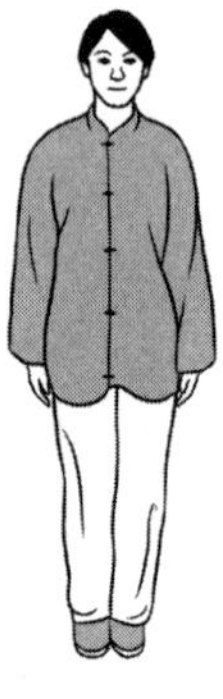

图 9-2-56

图 9-2-57

图 9-2-58

收势

（1）接上式。两臂内旋，向两侧摆起，与髋同高，掌心向后；目视前方。（图 9-2-59）

（2）两臂屈肘，两掌相叠置于丹田处（男性左手在内，女性右手在内）；目视前方。（图 9-2-60）

（3）两臂自然下落，两掌轻贴于腿外侧；目视前方。（图 9-2-61）

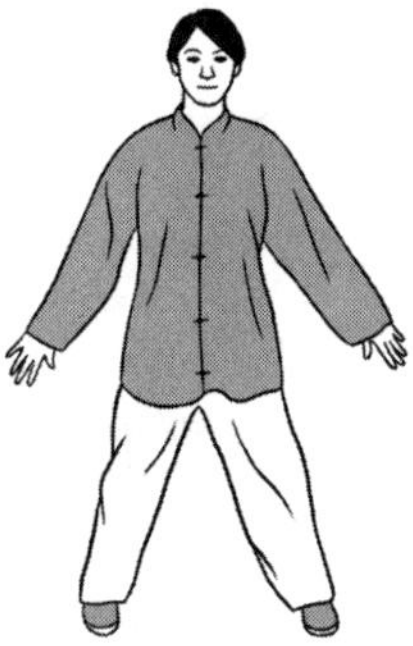

图 9-2-59

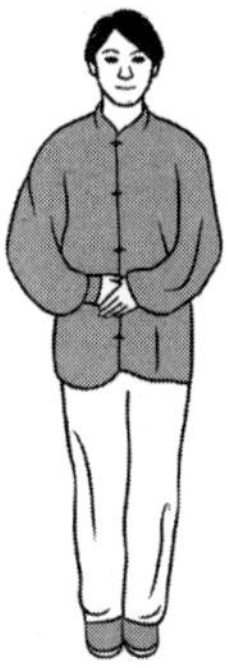

图 9-2-60

图 9-2-61

任务三　五禽戏

一、五禽戏概述

五禽戏是一种源远流长的我国传统保健气功。它以模仿五种动物的动作和神态为基础，通过特定的肢体运动和呼吸调节来达到强身健体、延年益寿的效果。这五种动物分别是虎、鹿、熊、猿和鸟，每种动物的动作都有其独特的养生功效和文化内涵。

五禽戏起源于东汉时期，由名医华佗所创。华佗认为，模仿动物的动作能够调和人体的气血，增强脏腑功能，从而达到预防疾病、延缓衰老的目的。五禽戏的动作设计科学合理，既注重外在形体的舒展，又强调内在气息的调和，能使身心得到全面的锻炼。

二、五禽戏手型介绍

（1）虎爪：五指张开，虎口撑圆，第一、第二指节弯曲下扣。（图 9–3–1）

（2）鹿指：拇指向外撑开、伸直，食指、小指伸直，中指、无名指弯曲内扣。（图 9–3–2）

图9-3-1

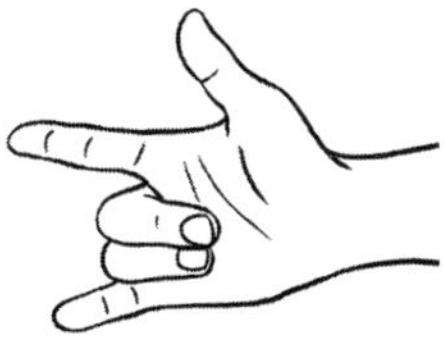

图9-3-2

（3）熊掌：五指弯曲，拇指扣压食指第一指节，其他四指并拢弯曲，虎口撑圆。（图 9–3–3）

（4）猿勾：五指指腹捏拢，屈腕。（图 9–3–4）

图9-3-3

图9-3-4

（5）鸟翅：五指伸直，拇指、食指、小指向上翘起，中指、无名指并拢向下。(图9-3-5)

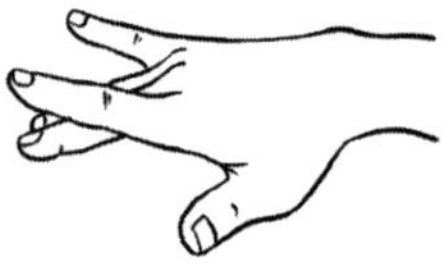
图9-3-5

三、五禽戏动作方法

（一）预备姿势

（1）并步直立，两手自然垂于体侧。(图 9-3-6)

（2）左脚向左平开一步，稍宽于肩，两膝微屈；两臂上抬，与胸同高，掌心向上。(图9-3-7)

（3）屈肘内收，掌心向内。(图 9-3-8)

（4）两掌下按至腹前。(图 9-3-9)

注意：重复动作（2）、动作（3）3遍后，两手自然垂于体侧；目视前方。(图 9-3-10)

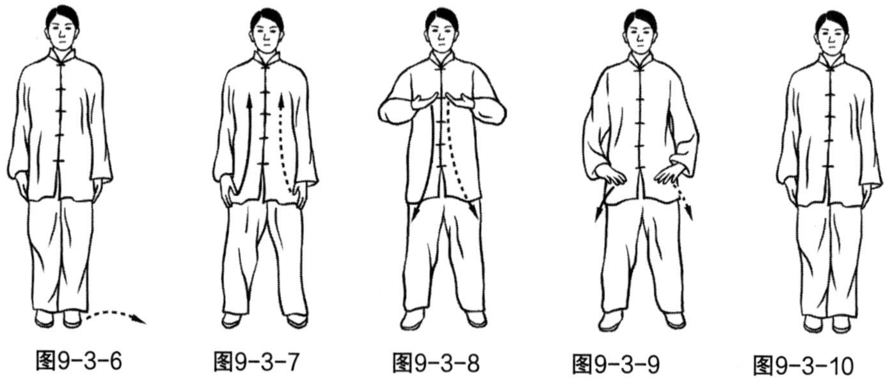
图9-3-6 图9-3-7 图9-3-8 图9-3-9 图9-3-10

（二）第一戏 虎戏

第一式 虎举

（1）手心向下，十指张开，再弯曲成虎爪；目视两掌。(图 9-3-11)

（2）两臂外旋，小指先弯曲，其余四指依次弯曲握拳。

（3）两拳上提至肩前； 目视前方。(图 9-3-12)

（4）十指张开，举至头上方再成虎爪。（图9–3–13）

（5）两手外旋握拳，拳心相对；目视两拳。

（6）两拳下拉至肩前，变掌下按于腹前。（图9–3–14、图9–3–15）

注意：重复动作（1）至动作（6）3遍后，两手自然垂于体侧；目视前方。（图9–3–16）

图9–3–11

图9–3–12

图9–3–13

图9–3–14

图9–3–15

图9–3–16

第二式　虎扑

（1）两手握空拳，沿身体两侧上提至肩前上方。（图9–3–17）

（2）两手向上、向前画弧至头上方成虎爪，上身稍后仰。

（3）上体前俯，虎爪向前、向下扑出至水平；目视前方。（图9–3–18）

（4）屈膝下蹲，两手画弧至膝两侧；目视前下方。（图9–3–19）

（5）伸膝、送髋、挺腹、后仰，同时，两手握空拳、沿体侧上提至胸侧；目视前上方。（图9–3–20）

（6）左腿提膝，两手上举。（图9–3–21）

图9–3–17

图9–3–18

图9–3–19

图9–3–20

图9–3–21

（7）左脚向前迈步，脚跟着地，右腿屈膝；两拳变虎爪向前、向下扑至膝两侧。（图9–3–22）

（8）上体抬起，左脚收回，开步站立，两手自然垂于体侧；目视前方。（图9–3–23）

注意：右势动作同左势，但方向相反；一左一右为1遍，共3遍。完成后，两手侧起调息1次。（图9–3–24、图9–3–25）

图9–3–22

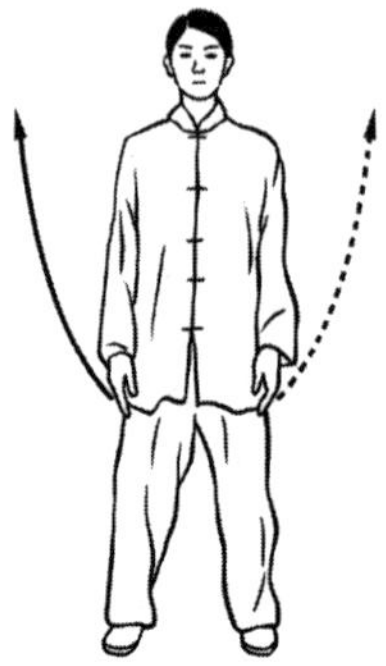

图9–3–23

图9–3–24

图9–3–25

（三）第二戏 鹿戏

第一式 鹿抵

（1）右腿屈膝，重心右移，左脚向左前方迈出，脚跟着地；两手握空拳，朝右侧上拍至与肩同高。（图9–3–26）

（2）重心前移，左脚脚尖外展成左弓步，身体左转，两手变鹿指向上、向左、向后摆；目视右脚。（图9–3–27）

（3）身体右转，收左脚成开立步，两手向上、向右、向下摆，还原空拳下落于体前（图9–3–28）。

注意：右势动作同左势，但方向相反；一左一右为1遍，共3遍。

图9–3–26

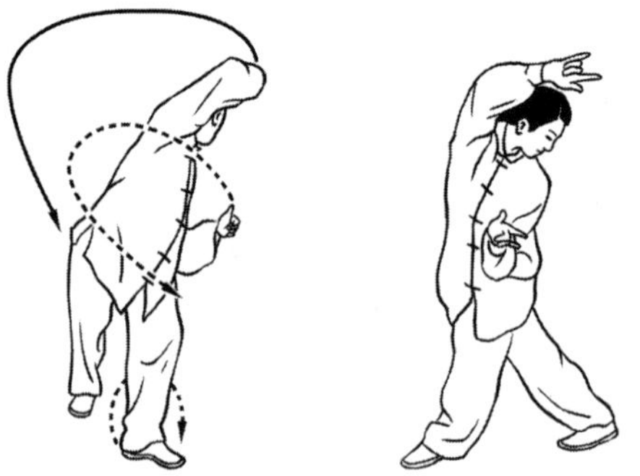

图9–3–27

图9–3–28

第二式 鹿奔

（1）左腿屈膝提起，两手上提至腰间，握空拳。

（2）左脚向前蹬出，两手继续上提至胸侧。

（3）左脚下落成左弓步，两拳前伸至与肩同高，屈腕。（图9–3–29）

（4）重心后移，左腿伸直，两臂内旋，变鹿指，手背相对，低头，弓背，收腹。（图9–3–30）

（5）上体抬起，重心前移成左弓步，臂外旋，还原成空拳。（图9–3–31）

图9–3–29　图9–3–30　图9–3–31

（6）收左脚成开立步，拳变掌回落至体侧。（图9–3–32）

注意：右势动作同左势，但方向相反；一左一右为1遍，共3遍。完成后，两手侧起调息1次。（图9–3–33、图9–3–34）

图9–3–32　图9–3–33　图9–3–34

（四）第三戏 熊戏

第一式 熊运

（1）两掌握空拳成熊掌，置于下腹部；目视前方。（图9–3–35）

（2）以腰、腹为轴，上体做顺时针摇晃；两拳随上体顺时针沿右肋部、上腹部、左肋部、下腹部画圆；两眼随上体摇晃环视。（图9–3–36至图9–3–38）

（3）沿顺时针方向画圆，左右各做3遍。

（4）两拳变掌垂放于体侧。

图9-3-35

图9-3-36

图9-3-37

图9-3-38

第二式 熊晃

（1）重心右移，左髋上提，左腿屈膝提起，两掌握空拳成熊掌。（图9–3–39）

（2）左脚向左前方落地成左弓步；左臂内旋前靠至左膝前上方，右臂摆至体后。（图9–3–40）

（3）身体左转，重心后移，拧腰晃肩，右臂前摆，左臂后摆。（图9–3–41）

（4）身体右转，重心前移，左腿屈膝，左臂前摆，右臂后摆。（图9–3–42）

注意：右势动作同左势，但方向相反。一左一右为1遍，共3遍。完成后，左脚上步成开立步，两臂自然下垂，两手侧起调息1次。

图9-3-39

图9-3-40

图9-3-41

图9-3-42

（五）第四戏 猿戏

第一式 猿提

（1）两掌摆至体前，手背相对。（图9–3–43）

（2）两掌同时外旋，抓拢成猿勾。（图9–3–44）

（3）两勾上提，耸肩缩颈，脚跟提起；目视右侧。（图9–3–45）

（4）头转正，勾手变掌，下按至体侧。

注意：右势动作同左势，但方向相反。一左一右为1遍，共3遍。

图9-3-43

图9-3-44

图9-3-45

第二式　猿摘

（1）左脚向左后方撤步，右掌向右前方摆出，左掌变猿勾，收于左腰侧。（图9-3-46）

（2）重心后移，右脚收回，同时脚尖点地成丁步，右掌向下画弧至头左侧。（图9-3-47）

（3）右掌翻掌下按于左髋侧；目视右掌。（图9-3-48）

（4）右脚向右前方迈出，重心上移；右掌画弧至右上侧变猿勾，左掌向上伸出，屈腕成猿勾。（图9-3-49）

图9-3-46

图9-3-47

图9-3-48

图9-3-49

（5）重心后移，左勾握牢屈肘下收，右勾变掌向下画弧。（图9-3-50）

（6）右脚收回成丁步，左拳收至左耳侧变掌，呈托桃状，右掌画弧至左肘下捧托。（图9-3-51）

注意：右势动作同左势，但方向相反。一左一右为1遍，共3遍。完成后，左脚还原成开立步，两掌下按放于体侧，两手侧起调息1次。（图9-3-52）

图9-3-50

图9-3-51

图9-3-52

（六）第五戏 鸟戏

第一式 鸟伸

（1）两腿屈膝下蹲，两掌叠于腹前。（图9–3–53）

（2）两掌上举至头前上方，身体微微前倾。（图9–3–54）

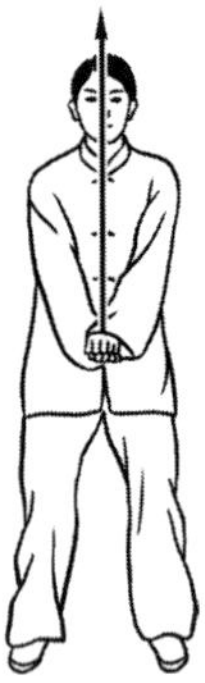
图9-3-53

图9-3-54

（3）两腿屈膝下蹲，两掌相叠下按至腹前。（图9–3–55）

（4）重心右移，右腿蹬直，左腿伸直朝后抬起；两掌变鸟翅状向两侧分开。（图9–3–56）

注意：右势动作同左势，但方向相反。一左一右为1遍，共3遍。

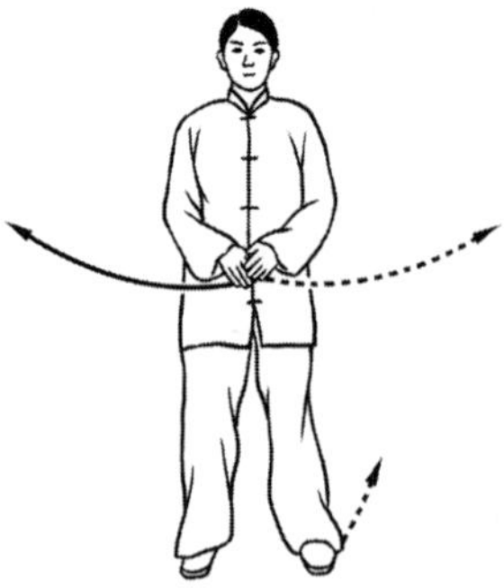
图9-3-55

图9-3-56

第二式 鸟飞

（1）右脚下落成开立步，屈膝半蹲，两掌以鸟翅状合于腹前。（图9–3–57）

（2）右腿直立，左腿提膝独立，两掌上摆至侧平举。（图9–3–58）

（3）右腿屈膝，左脚脚尖点地，两掌以鸟翅状合于腹前。（图9–3–59）

（4）右腿直立，左腿提膝独立，两掌上摆至头上方，手背相对。（图9–3–60）

（5）左脚下落成开立步，两腿微屈，两掌合于腹前。（图9–3–61）

注意：右势动作同左势，但方向相反。一左一右为1遍，共3遍。完成后两腿直立，两掌自然放于体侧，两手侧起调息1次。

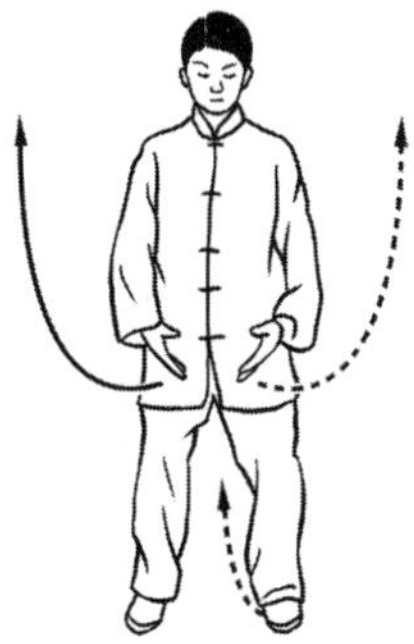

图9-3-57

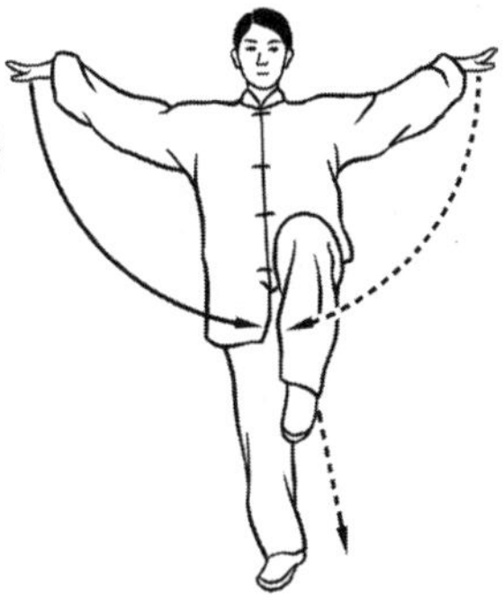

图9-3-58

图9-3-59

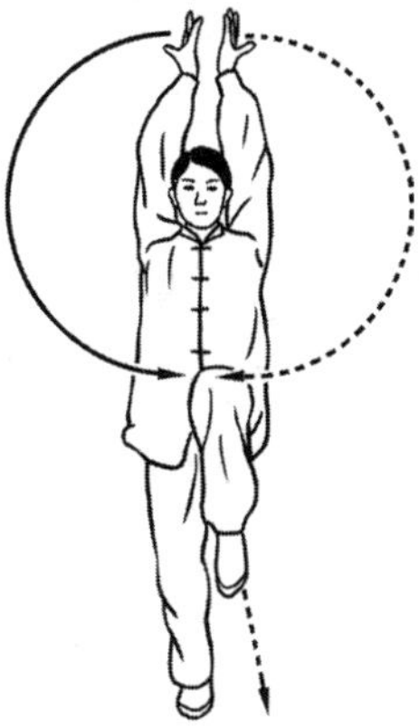

图9-3-60

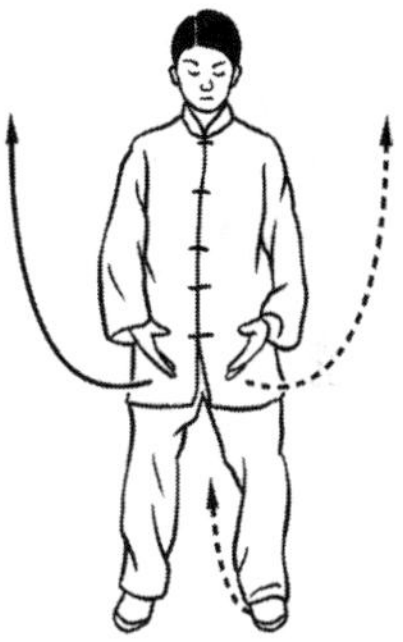

图9-3-61

（七）收势

（1）两掌从体侧上摆至头顶上方，掌心向下。（图9–3–62、图9–3–63）

（2）屈肘下按至腹前，目视前方。（图9–3–64）

（3）两掌从斜下侧起，内旋，掌心朝后。

（4）两臂外旋，向前合抱。（图9–3–65）

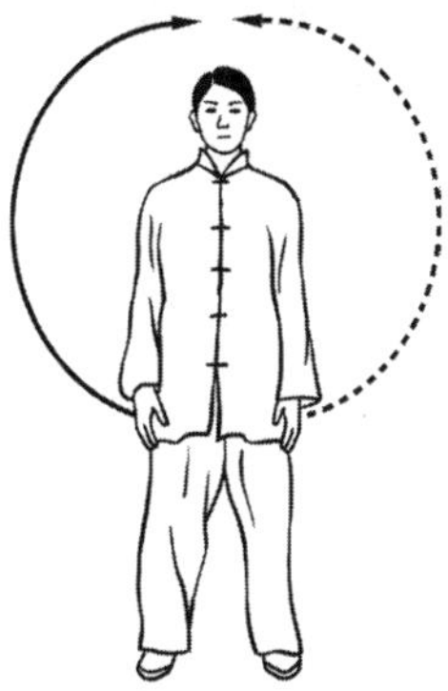

图9-3-62

图9-3-63

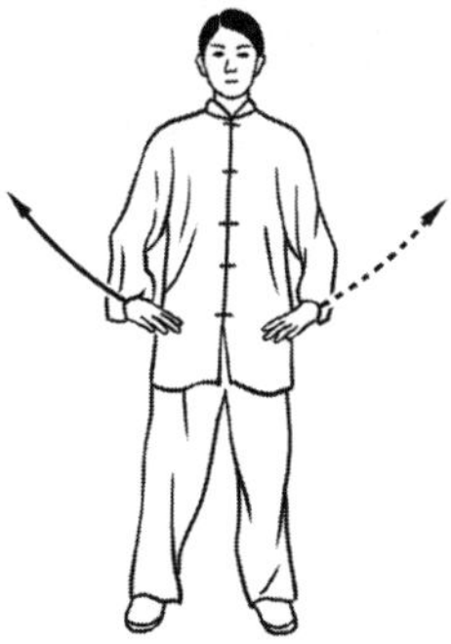

图9-3-64

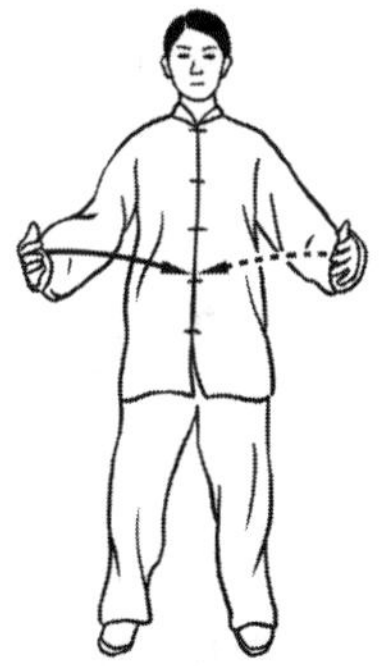

图9-3-65

（5）两掌相叠，放于下腹部；两眼微闭。（图9–3–66）

（6）数分钟后，睁眼，两手合掌，在胸前搓热。（图9–3–67）

（7）掌贴面部，由下至上浴面3次。（图9–3–68）

（8）两掌向后沿头顶、耳后、胸前下落于体侧，目视前方。（图9–3–69）

（9）收左脚，并步直立。（图9–3–70）

图9–3–66

图9–3–67

图9–3–68

图9–3–69

图9–3–70

任务四 跳绳

一、跳绳概述

跳绳作为一种简单易行且效果显著的全身性运动，深受各年龄段人群的喜爱。它不仅能够有效提升心肺功能、增强肌肉力量和协调性，还能促进新陈代谢，帮助减肥塑形。跳绳运动不受场地限制，只需一根跳绳即可随时随地进行，具有极高的便捷性和实用性。

跳绳作为一种古老而普遍的体育活动，其起源可以追溯到数千年前。在古代中国，跳绳常用于节日庆典和民间游戏中。随着时间的推移，跳绳逐渐从宗教和仪式的范畴中脱离出来，发展成为一项独立的体育活动。进入现代社会后，跳绳的普及程度进一步增加。20世纪初期，跳绳开始被广泛应用于学校体育教学中，成为培养学生身体素质和团队协作能力的重要项目。与此同时，跳绳也逐渐发展出多种形式和技巧，如单人跳、双人跳、多人跳以及花样跳绳等，极大地丰富了跳绳的趣味性和竞技性。

二、跳绳基本动作

（一）单人单绳

1. 单脚交换跳

在基本摇绳姿势的基础上，当绳子过脚时，一只脚先抬起跳过，放下，另一只脚再抬

起跳过。两脚交替落地的动作称为单脚交换跳。(图9–4–1)

动作要领：

(1) 手臂保持基本摇绳姿势，控制摇绳节奏。

(2) 抬脚时脚尖下压，且脚尖与地面的距离不得超过10厘米，着地时前脚掌着地。

(3) 绳子过脚再抬脚交替跳。

2. 开合跳

在基本摇绳姿势的基础上，当绳子过脚位于空中时，两脚分开与肩同宽；当绳子打地快过脚时，两脚并拢跳过绳，一拍一动，完成开合跳。(图9–4–2)

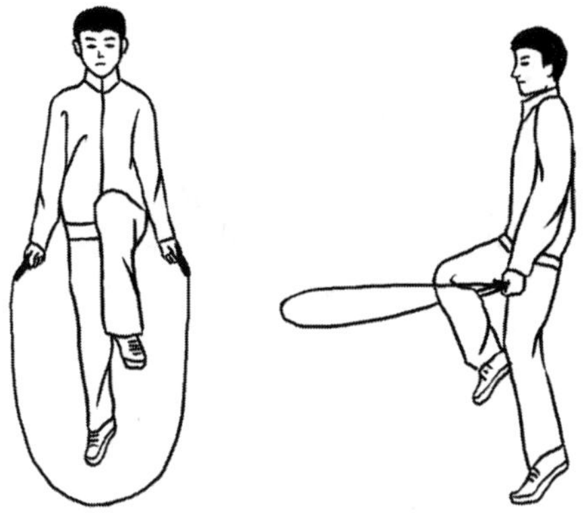

图 9–4–1

图 9–4–2

动作要领：

(1) 手臂保持基本摇绳姿势，控制摇绳节奏。

(2) 脚步打开时两脚分开，与肩同宽。

(3) 脚步成开合步时，先合两脚再过绳，过绳后再打开双脚。

3. 弓步跳

在基本摇绳姿势的基础上，当绳子过脚位于空中时，两脚分开，成前后弓步；当绳子打地快过脚时，两脚并拢跳过绳，一拍一动，完成弓步跳。(图9–4–3)

动作要领：

(1) 手臂保持基本摇绳姿势，控制摇绳节奏。

(2) 脚步打开时前脚落地，膝关节弯曲角度为30°~60°，后脚必须伸直且脚跟不能着地；两脚的间距为20厘米左右。

(3) 脚步成弓步时，先合两脚再过绳，过绳后再打开双脚。

4. 并脚左右跳

在基本摇绳姿势的基础上，当绳子过脚位于空中时，两脚并拢向左右两边跳。一拍一动，左右两边各跳4次的动作称为并脚左右跳。(图9–4–4)

动作要领：

（1）手臂保持基本摇绳姿势，控制步法节奏。

（2）脚步左右跳时间间隔不宜过长，间距保持与肩同宽最好，左右跳时一直保持并脚。

（3）左右并脚跳时绳子先过脚再落地。

图 9-4-3

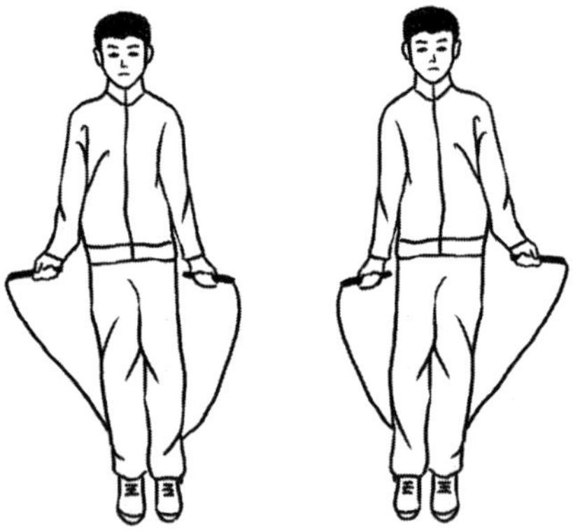

图 9-4-4

5. 左右钟摆跳

在基本摇绳姿势的基础上，当绳子过脚置于空中时，一只脚向同一侧摆动，另一只脚直立跳跃过绳；反之，另一只脚动作。一拍一动，左右两边各跳4次的动作称为左右钟摆跳。（图9-4-5）

图 9-4-5

动作要领：

（1）手臂保持基本摇绳姿势，控制手臂摇绳节奏。

（2）脚步打开时一只脚位于空中，另一只脚直立跳跃过绳。

（3）脚步成钟摆时，先合两脚再过绳，过绳后再打开双脚。

（二）双人单绳

1. 带人跳

带人者持绳，两人可面对面站立，也可同向站立，协调配合，绳子同时过两人身体为完成一次动作。跳绳者可位于带人者体前或体后，可延伸出跳绳者原地转身等花样。（图9-4-6）

图 9-4-6

动作要领：两人节奏一致，相互配合。

2. 双人和谐跳

两名跳绳者各握绳子一端，并排站立，右侧的人右手握绳，左侧的人左手握绳。将绳子置于两人身后，两人同时摇绳，同时过绳。

动作要领：两人摇绳节奏一致，相互配合，起跳一致。

3. 一人内转360°

两名跳绳者各握绳子一端，并排站立，右侧跳绳者进绳跳一次，然后原地向内（左）转体一周，回到进绳之前的位置跳过绳，接着左侧的跳绳者重复此动作。两人轮流练习。

动作要领：转身者在向下“送绳”给同伴跳时开始转身，转到180°时手臂上举，回到原位后摇绳给自己跳，转体时保持摇绳节奏不变。

4. 两人内转360°

两名跳绳者各握绳子一端，并排站立，两人把绳子由后向前摇动，同时两人向内转体一周，回到初始位置，转身时绳子在中间打空。

动作要领：两人动作要同步，特别是转身和摇绳动作；转体后双手随绳子转动的惯性打开，回到初始位置；转体与摇绳节奏一致，不要因为转体而忘记摇绳。

（三）双人双绳

1. 直摇

两人双手持绳并排站立，假设左边的人为A，右边的人为B，A、B将内侧手（A的右手与B的左手）持的手柄相互交换，听到指令后两人同时用同侧手（A、B同时出左手或者右手）将置于最后面的绳子向上摇起；当绳子到达最高点时，再将另外一只同侧手的绳子向上摇起，并且两人依次跳过各自一方的绳子。（图9–4–7）

动作要领：

（1）两前臂在体侧依次做圆周运动，并且贴近身体。

（2）两人在跳的过程中同侧手的动作要一致。

2. 交叉

在直摇的基础上，当绳子摇过头顶后，两人同时将左手（右手）手柄向右（左）在体前交叉贴于腹部；当绳子过脚后再同时将右手（左手）手柄向左（右）在体前交叉贴于左手（右手）前臂上；当绳子过脚后，先将左手（右手）手柄翻腕向下跳过向左（右）打开，再将右手（左手）手稍翻转向下跳过向右（左）打开，还原成直摇。（图9–4–8）

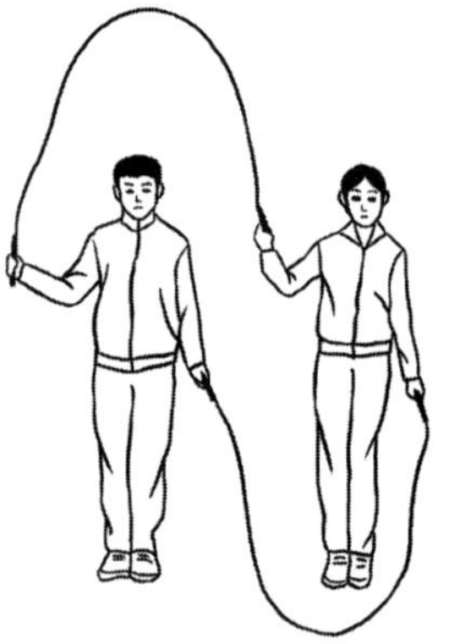

图9–4–7

图9–4–8

动作要领：

（1）两前臂在体前做交叉时要贴近身体。

（2）交叉时要充分活动手腕。

（3）在跳的过程中始终保持好节奏。

（4）跳的时候要连续跳两次。

任务五　舞龙

一、舞龙概述

舞龙（图9–5–1）是我国传统体育项目，是我国各民族在共同的生产、生活中所创造的劳动成果和智慧结晶。舞龙源自古人对龙的崇拜，每逢喜庆节日，人们都会舞龙。在几千

图9-5-1

年前，人们就已通过舞龙来祭祀求雨、消灾祈福，祈祷风调雨顺、国泰民安。西汉时期，舞龙才作为一项体育运动出现在人们的生活中。到隋朝时期，舞龙运动开始盛行。现如今，每逢重大节庆日，人们都会通过舞龙的方式来庆祝，特别是在春节、元宵节、端午节，舞龙运动尤为盛行。舞龙时，在龙珠的引导下，龙头带领龙身、龙尾完成"8"字舞龙、游龙、穿腾、翻滚等技术动作，锣鼓喧天，热闹非凡。

近年来，在国家高度重视及全国各地舞龙爱好者的共同努力下，舞龙运动在全国范围内得到了广泛开展；且随着华人在世界各地广泛分布，舞龙也已在全球范围内开展起来。在国内、国际舞龙赛事的推动下，舞龙运动已开始走向科学化、系统化、规范化的发展轨道。

二、舞龙基本动作

（一）"8"字舞龙类动作

"8"字舞龙类动作是指队员将龙体在人体左右两侧交替做"8"字形环绕的动作。其可快可慢，可原地，可行进，也可利用人体组成多种姿态以多种方法做"8"字形舞动。"8"字舞龙类动作是舞龙学习中的重点和难点。

要求：龙体运动轨迹要圆顺，人体造型姿态要优美，舞龙要突出速度、力量。每个舞龙动作左右各不少于4次。

1. 原地"8"字舞龙

全体队员大"八"字步成一直排站立，龙体在队员两侧做"8"字环绕舞龙动作4次以上。

2. 跪步舞龙

全体队员大"八"字步成一直排站立，龙体在队员两侧做"8"字环绕舞龙动作1次后，降低重心，单膝着地成跪步，龙体不停地在队员两侧做"8"字环绕舞龙动作4次以上。

3. "8"字舞磨转

全体队员成一直排站立，龙头面对龙体做"8"字舞龙。以第5节为中心，顺（逆）时针磨转一周，同时完成6~8次"8"字舞龙动作。

4. 靠背舞龙

全体队员大"八"字步成一直排站立，3号、5号、7号、9号队员向后转身，分别与2号、4号、6号、8号队员背对背呈"人"字形斜靠状，龙体在队员两侧快速做"8"字舞龙动作6次以上。

（二）游龙类动作

游龙类动作是指队员较大幅度地奔跑游走，通过龙体快慢、高低、左右的起伏行进，展现龙的婉转回旋、左右盘翻、屈伸绵延等动态特征。

要求：龙体循着圆、曲、弧线规律运动，队员协调地随龙体起伏行进。

1. 单侧起伏小圆场

龙珠引龙体逆时针方向走小圆场，同时龙体在队员右侧快速大幅度上下起伏。

2. 快速矮步跑小圆场越障碍

龙珠引龙体沿逆时针方向快速矮步跑小圆场，同时龙体做小幅度起伏；龙珠右侧平端，珠杆做反方向运动，龙头带领各节跳越龙珠障碍。

3. 快速跑斜圆场

龙头起伏一次后正向跑斜圆场。动作可分两步进行：

（1）龙头内扣咬住龙尾，为保持龙形饱满，各节要尽量将龙杆向外撑开。

（2）成一斜圆：要达到此目的，首先要把握好一个最低点和最高点。在最低点，每把龙杆都要放到最低，身体重心也要降到最低；在最高点，每把龙杆都要上举，双手持龙杆举至最高点，同时脚尖踮起，身体重心升至最高点。其次要做到在最高点和最低点之间的转化匀速均衡，每把龙杆在两点之间的转化是始终处在上升和下降的运动过程中的，不可出现“拖龙”现象。

（三）穿腾类动作

穿腾类动作是指龙体运动路线为纵横交叉形式。龙珠、龙头、龙节依次在龙身下穿过，称为“穿越”；龙珠、龙头、龙节依次在龙身上越过，称为“腾越”。

要求：穿越和腾越时，龙形保持饱满，速度均匀，运动轨迹流畅，穿腾动作轻松利索，不碰踩龙体、不拖地、不停顿。

1. 穿龙尾

龙珠引龙体沿逆时针方向跑圆场成圆后，带领龙体穿越第8节龙身行进。

2. 穿龙尾跳龙头

正向起伏小圆场，龙头在最低点内扣，起伏一次后穿过龙尾（有个小停顿），同时全体队员向内靠拢依次穿过龙尾、龙头。在穿过龙尾后换把转向，矮步端龙，第3节、第5节、第7节和第9节依次跳过龙珠和龙头。

3. 龙穿身

在龙头到达第6节之前，第6节引龙体左右跑动，保持龙形活跃。在龙头穿越之后，第6节顺龙势下滑龙杆，第7节、第8节和第9节换把，矮步依次从第6节前穿过。

（四）翻滚类动作

翻滚类动作是指龙体做立圆或斜圆状运动，展现龙的腾越、缠绞的动势。龙体做立圆或斜圆状连续运动，当龙身运动到队员脚下时，队员迅速向上腾起依次跳过龙身，称为“跳龙”；龙体同时或依次做360°翻转，队员利用滚翻、手翻等方法越过龙身，称为“翻滚”。

要求：翻滚动作必须在不影响龙体速度、幅度、美感的前提下完成，难度较大，技术要求也高。龙体运动轨迹要流畅，龙形要圆顺，翻滚动作要准确规范。

1. 快速逆向跳龙行进

龙头带领龙节，在龙珠的引导下，举龙在快速行进中逆时针方向连续舞两次立圆行进。各龙节迅速依次跳跃龙身随龙头行进。

2. 大立圆螺旋行进

龙头在内侧，龙体重心随龙体起伏，顺时针方向舞大立圆3次，使龙体连续螺旋翻转行进。

3. 360°斜圆盘跳龙

全体队员成一直排站立，做“8”字舞龙动作2次后，龙头面对龙节逆时针方向舞斜圆；当龙身舞到脚下时，各节队员迅速从龙身上依次跳过。如此反复3次以上，使龙体连续斜盘翻转。

4. 360°螺旋跳龙

龙头面对龙节顺时针方向舞立圆。当龙身舞到队员脚下时，各节队员迅速从龙身上依次跳过。如此反复4次以上，使龙体连续螺旋翻转。

任务六　舞狮

一、舞狮概述

图9-6-1

舞狮（图9-6-1），古时称为“太平乐”，是我国传统体育项目。舞狮运动有着悠久的历史，深受中华民族广大人民群众的喜爱。舞狮运动不仅在国内广为流传，而且早已风靡世界。舞狮在我国有南北之分，南狮又称醒狮，北狮又称圣狮。现代舞狮运动是利用人体多种姿态和狮头、狮尾双人配合，在行进动态和静态造型变化中将力度、幅度、速度、耐力等糅于舞狮技巧中，完成各种高难度动作，或动或静，组成优美的狮子形象，表现狮子的勇猛彪悍、顽皮活泼。

二、舞狮基本技术

（一）握法

1. 狮头握法

狮头握法包括狮棒握法和狮舌握法，是握狮棒动作与握狮舌动作的协调与配合。

（1）狮棒握法。

右手掌摊开，手心朝里，虎口朝上，拇指同其余四指蜷握在横木中间。狮子的神态除通过身法、步法表达之外，还依靠眼法的变化来表达。狮子眼睛的睁与闭以及眨眼所表现的眼法，都是通过主握横木的右手手指拉动连接狮子眼睑的绳子杠杆装置得以实现的。

（2）狮舌握法。

① 单手正握法。以右手为主握（狮棒握法），左前臂托横木，五指张开，掌心向下。以拇指托狮舌，其余四指在狮舌上方，手背朝上，握狮舌中间或一侧部位。

② 单手反握法。以右手为主握，左手握法与单手正握法相反，即左手五指张开，手心朝上，拇指与其余四指分握狮舌上下面。

③ 双手正握法。两手从横木下穿过，以前臂托住两侧横木，握法与单手正握法相同，握于狮舌两侧头角处。

④ 双手反握法。双手反握法与单手反握法相反（两手心向上），握的部位相同，以肩为主要着力点托住狮头。

⑤ 动作。开口与合口：狮子口的开合主要通过狮舌的上下摆动完成。开口式多用在舞中架狮和下架狮时，可根据狮的神态来确定张开口的大小、角度及狮舌动的程度；合口式一般用于舞高架狮时或狮神态的洗、擦、提动作。

2. 狮尾握法

腰带的抓握是完成狮尾握法的前提和基础。狮尾握法主要包括单手握法和双手握法两种。其相应的狮尾动作有摆尾和掀被两种。

（1）单手握法。狮尾用一只手（通常为右手）抓握狮头同侧胯处的腰带。单手握通常是在狮头不起跳的时候使用，另一只手可结合抖臀做摆尾的动作。

（2）双手握法。狮尾用两只手分别抓握狮头同侧胯处的腰带。双手握既可在狮头起跳，如在做上单腿、上双腿、高举等有腾起动作的时候使用，也可在狮头不起头时使用，如配合膝关节的屈伸，两手肘关节做外展掀狮被动作来体现狮子气息的变化。

（二）步形与步法

步形是指舞狮运动中根据不同的狮子形态，下肢按一定要求所展示出的一种静止姿势，即脚呈现的姿势；步法是指舞狮运动中脚步移动的方式、方法，即展示脚步移动的方向、角度大小、速度快慢等时空过程。

按照两腿与两脚的空间不同，步形可分为左右开步式、前后错步式、交叉式、并立式和独立式5种。

1. 左右开步式

（1）两移步：从基本步站立姿势开始，上体不动，左右脚交替前移约一脚掌距离。

（2）大四平步：两脚左右开立，与肩同宽。两腿弯曲，两大腿呈水平状态。上体正直，收腹挺胸。

（3）铲步（仆步）：以左铲步为例，右腿大小腿弯曲，全蹲，重心在右腿上，左腿向右侧前伸，大小腿成一条直线，脚掌向里扣。右铲步与左铲步动作相同，方向相反。

（4）跃步：从基本步站立姿势开始，下蹲后用力蹬地，向左/右上方跃起，落地后还原。

2. 前后错步式

（1）弓步：前腿大小腿弯曲，大腿呈水平状态，后腿伸直，上体正对前方，呈前弓后箭形。

（2）跪步：以左跪步为例，从基本步站立姿势开始，右腿大小腿弯曲成90°角，左大腿弯曲小于90°，左膝关节和左脚指向地面，上体稍前倾，重心在左脚上。右跪步与左跪步动作相同，方向相反。

（3）虚步：以左虚步为例，右腿弯曲，重心在右腿上，左腿大小腿微屈，脚尖前点。右虚步与左虚步动作相同，方向相反。

（4）小跑步：从基本步站立姿势开始，一只脚脚跟提起，一只脚前脚掌着地，左右脚交替小跑前移。

（5）跳步（小跳步）：两腿用力蹬地，向前方跳起，腾空的同时稍向左转，两脚落地成侧向马步。

3. 交叉式

插步：以左插步为例，从基本步站立姿势开始，重心移至左脚，右脚提起经左腿后方向左腿的左后方插步，左右腿呈交叉状。右插步与左插步动作相同，方向相反。

4. 并立式

开合步：从基本步站立姿势开始，两脚蹬地，两脚左右分开，与肩同宽，上体始终保持基本姿势。

5. 独立式

（1）吊步：以左吊步为例，在左虚步的基础上，左腿提起，支撑腿微屈，左腿大腿在体前呈水平姿势，膝关节放松，小腿自然下垂，脚尖绷直。右吊步与左吊步动作相同，方向相反。

（2）探步：以左探步为例，在左虚步的基础上，左腿提起，大腿呈水平姿势，以左膝关节为轴，小腿前伸，脚尖前点。右探步与左探步动作相同，方向相反。

（3）独立步：以左独立步为例，左腿支撑，右腿提起，大腿呈水平姿势，大小腿弯曲小于90°角，脚尖绷直，上体稍前倾。右独立步与左独立步动作相同，方向相反。

（三）身形与身法

身形即体形，身法是身形的各种展示方法。抛弃了绚丽狮具的掩饰，狮子的外部形态展示和神态表现通过扮演狮子的运动员的身形及其变化即身法来实现。单一的身形身法构成了舞狮动作中的基础动作和简单的技巧动作。

1. 腾起

狮头下蹲后用力蹬桩面，向上跃起。在狮头跃起的同时，狮尾把狮头举起，然后落下还原。

2. 高举

狮头下蹲后用力蹬桩面，向上跃起。在狮头跃起的同时，狮尾把狮头举起，狮头在狮尾上方，保持提膝收腹、身体微后仰的稳定姿态数秒或更长时间。

3. 坐头

狮头下蹲后用力蹬桩面，向上跃起。在狮头跃起的同时，狮尾把狮头举起，并轻放于头上，狮头右膝高抬，大小腿弯曲，脚尖绷直，左膝下垂，大小腿弯曲，脚尖绷直。

4. 单桩坐头

单桩坐头动作同坐头，只是狮头、狮尾各站一根桩柱。

5. 钳腰

狮头下蹲后用力蹬桩面，向上跃起。在狮头跃起的同时，狮尾两手把狮头后移至体前，狮尾呈半蹲姿势，狮头大腿夹紧狮尾腰部，左右脚相扣。

6. 上单腿

狮头下蹲后后用力蹬桩面，向上跃起。在狮头跃起的同时，狮尾右脚移至狮头右脚桩面，成弓步，狮头下落，右脚（脚尖外展）站于狮尾右腿大腿上，左腿大腿呈水平姿势，小腿自然下垂。

7. 上双腿

狮头下蹲后用力蹬桩面，向上跃起。在狮头跃起的同时，狮尾两手把狮头稍后移。狮头下落，两脚（脚尖内扣）站在狮尾的左右大腿上。

任务七　抖空竹

一、抖空竹概述

抖空竹是一项古老而有趣的我国传统民间体育活动，它不仅具有很强的娱乐性，还具有一定的健身价值。这项活动是通过双手抖动一根带有细绳的棍子，使空竹在空中旋转并发出悦耳的声音。抖空竹不仅能够锻炼人的协调性和反应能力，还能增强手臂和腰部的力量。这项古老的娱乐活动的起源可以追溯到中国古代。随着时间的推移，抖空竹的技艺也在不断进步和发展。现代的抖空竹不仅保留了传统的玩法，还融入了许多新的技巧和花样。例如，现代抖空竹表演中常见的“双人空竹”“高空抛接”等高难度动作，极大地丰富了这项活动的表现形式。此外，随着国际交流的增多，抖空竹也逐渐走向世界，成为一种具有中国特色的体育项目，受到了越来越多外国朋友的关注和喜爱。

二、抖空竹基本技术

（一）握绳技巧

抖空竹时，双手握住绳子的两端，通常情况下，右手在上，左手在下。握绳的松紧程度需要根据空竹的旋转速度和高度进行适当的调整。

（二）抖动方法

抖动时，双手要保持一定的节奏和力度，通过手腕的灵活摆动来控制空竹的旋转。初学者可以先从慢速抖动开始，逐渐增加速度。

（三）空竹的控制

抖动过程中，要时刻注意空竹的位置和高度，通过调整绳子的松紧和抖动的力度来控制空竹的飞行轨迹。熟练后，可以尝试做出各种花样动作，如抛接、绕绳等。

三、抖空竹注意事项

在抖空竹时，要选择宽敞平坦的场地，避免在人多的地方抖空竹，以防空竹飞出伤人。同时，初学者应佩戴适当的防护装备，如护腕、护肘等，以防止意外受伤。

任务八 龙舟

一、龙舟概述

龙舟，俗称龙舟竞渡、赛龙舟、划龙船，是我国传统体育项目，有着相当广泛的群众基础，深受我国各族人民喜爱。

提起龙舟的起源，人们自然会想起屈原。其实，龙舟的出现比屈原所处的年代要早。战国中期的《穆天子传》是最早提及“龙舟”的文献之一。

龙舟运动于1983年被列为全国正式体育竞赛项目，同年，第一届“屈原杯”全国龙舟赛开始举办。1985年，中国龙舟协会成立，开启了中国龙舟运动发展的新纪元。2007年，国际龙舟联合会成为国际单项体育联合会总会的正式成员。中国龙舟运动由我国长江以南地区不断向北方地区扩展，“南舟北移”使龙舟运动得到了长足发展。

二、龙舟基本技术

（一）坐姿

右排坐姿：左脚在前，全脚掌踏实在母船板上；右脚在后，位于自己臂部下方，前脚掌踏在母船板上，稍提脚跟，大腿和臀部的外侧紧贴在船舷的内沿。

左排坐姿：技术要求同右排坐姿，方向相反。

（二）握桨

龙舟的握桨方法根据划桨操作的位置而定。

右舷握桨：左手握在手柄上，四指从外向内并拢，拇指从内向外包住桨把；右手握在桨把的下端（桨叶与桨把的交界处），四指从外向内并拢，拇指从内向外包住桨把。划行时要自然放松，不能握得太紧，以免手心起泡破皮。

左舷握桨：技术要求同右舷握桨，方向相反。

（三）划桨

1. 插桨

插桨是从桨叶尖端接触水面到桨叶全部浸入水中的阶段。插桨是力量传递的重要阶段。运动员在前一个恢复阶段有力摆动的基础上，再加速将桨叶靠近船体向前与船体平行地推出，使桨叶入水角度为80°~90°。此时，运动员的身体前倾，转体，扭紧躯干，使背部面向划桨一侧，两臂伸直，抬高推桨的肘部，使拉桨肩向前，推桨肩稍后移，肘弯曲，手在头部的上方。

2. 拉桨

桨叶入水后，推桨手迅速前推并撑住，使桨叶抓住水。拉桨手的肩后移，利用抬体和转体的力量直臂向后拉桨。从入水后到拉桨，运动员应将身体重量压在桨上。拉桨时腰背用力，臂部肌肉紧张。拉桨手拉过臀部后开始屈臂。拉桨手的手腕先向内转，同时肘部向外翻，到上体抬至接近垂直时拉桨结束。拉桨动作是由一连串连续的、同时向两个相反方向运动的动作组成的，要尽可能长地保持用力的距离。

3. 出桨

在拨桨时，两臂向上提桨，使桨叶立即从水中提出。起桨向前时，桨的下叶不能碰水面，以免产生阻力，也不能提得太高，以免影响向前伸展的手臂和入水时间以及配合划行的速度。

4. 回桨

从桨叶出水到下一次桨叶入水，属回桨阶段，桨叶不在水中划行。桨叶出水后，运动员上身挺直，开始转动上体，将桨继续向前上方推出。回桨阶段是使划桨动作连贯、协调的重要阶段，应强调肌肉的放松和呼吸。

三、龙舟注意事项

（一）完美的协调

完美的协调是指在一条船上的20多名运动员，每个人的体质、生物特性、技术和心理特点可以互相弥补，共同构成一个完美的整体。在生物特性方面，运动员对规定的运动量几乎有相同的反应，包括心率和恢复时间，因此教练员可以采用同一个训练计划使运动员得到同样的提高。同时，在一条船上，运动员最好在不同的时间出现“极点”，这可以使运动员相互弥补，避免同时出现“极点”导致龙舟突然减速。

完美的协调还包括运动员心理上的协调。运动员应相互了解，团结协作，相互信任。大家都有一个共同的长远目标，应真正做到一条船一条心，完美地合作，高度地团结，从而取得集体的胜利。

（二）快节奏的技术

龙舟技术首先强调单桨划桨的规范技术。除了完美的协调，在划桨技术上还要求更快的节奏。龙舟的插桨动作要快，角度要小。特别是后面的桨手，要适应第一位桨手划桨后快速流动的水，桨要更快地在流水中找到最大的支撑力，这种支撑力对桨叶产生最大的反作用力以推动船体前进，这是龙舟技术中最重要和最困难的。由于水流速度快，拉桨时既要更快地用力，又要防止推桨臂过早前移造成力量转移。

（三）同步一致

划龙舟要求所有桨手从插桨到出桨完全同步一致，就像一个人在划一样。但是每个桨手不能丢失个人的风格，不能因为要取得技术上的同步一致而降低个人的划桨效率。同步一致对左右舷前1号、2号、3号位的桨手提出了很高的要求，他们必须对鼓手的鼓点频率高度敏感，不能有落后。

（四）龙舟的桨位安排

教练员可以通过桨位比赛来选择运动员，但对运动员的搭配要有基本的要求。

思政园地

河南举办第三届民族民间民俗传统体育文化活动

5月17日至18日，河南省第三届民族民间民俗传统体育文化活动新安站的活动，在洛阳市新安县石井镇龙潭大峡谷景区举行，来自省内的众多优秀传统体育文化项目撂石锁、抖空竹、毽球、黄河飞龙、足螺等云集景区，观众可观赏可体验，大呼过瘾。

本次活动旨在弘扬民族民间民俗体育文化，推动河南民族民间民俗体育项目持续健康发展。在景区现场进行的主要是传统体育文化交流展示以及互动体验活动，通过图文展板、实物展示、现场表演等形式，展示河南各地具有代表性的民族民间民俗传统体育项目的历史渊源、发展历程、文化内涵和传承现状。现场还有专业人员进行指导，教授各个项目的基本技巧和玩法，组织趣味体育挑战赛。

活动期间，主办方还开展了传统体育文化讲座和交流活动，专家学者分享了民族民间民俗传统体育文化的研究成果和发展趋势。

（资料来源：《中国体育报》，2025年5月21日，有改动）

思考与练习：

1. 结合实际表演或训练，分析武术与民间传统体育类运动各项目的技术特点和难点。
2. 讨论如何在表演或训练中展现中华优秀传统文化的魅力。
3. 参与一次武术与民间传统体育类运动的比赛或表演活动并总结经验。

项目十　游泳与冰雪类运动

导读：

游泳与冰雪类运动包括蛙泳、自由泳、仰泳、滑雪和滑冰等项目，这些项目以其独特的魅力和挑战性受到广大群众的喜爱。通过学习本项目，学生将深入了解游泳与冰雪类运动各项目的起源与发展，掌握这些项目的基本技术和安全知识，提高运动技能和竞技水平。此外，游泳与冰雪类运动还能够锻炼学生的意志品质和适应能力，培养学生勇于挑战和不断进取的精神。

学习目标：

1. 掌握蛙泳、自由泳、仰泳的基本技术，包括身体姿势、腿部动作、臂部动作和配合技术。

2. 了解滑雪与滑冰的基本技术和安全注意事项，学习如何在冰雪场地上正确穿戴装备、起步、滑行和停止。

3. 培养对游泳与冰雪类运动的兴趣，学会欣赏运动之美，享受运动带来的快乐。

任务一 蛙泳

一、蛙泳概述

蛙泳是一种比较古老的泳式，因模仿青蛙的游泳动作而得名，在民间广为流传。蛙泳速度较慢，虽然其在划水和蹬腿阶段产生的推进力可能超过其他泳姿，但在收腿时速度的下降过大，以致前进的游速大幅度下降，因而慢于其他泳姿。蛙泳的呼吸方法比较容易掌握，而且每个动作周期结束后都有一定的滑行放松时间，所以较容易学会。

二、蛙泳基本技术

（一）身体姿势

当腿部完成有效动作后，为减少起伏和波浪的阻力，身体应力求保持流线型，以便充分利用手臂划水和腿蹬夹水产生的推进力。吸气时下颌前伸并稍提肩，使嘴露出水面，身体压浪前进；吸足气后头随手的前伸和肩膀下降没入水中。

（二）腿部动作

蛙泳的腿部动作是推动身体前进的主要动力，可分为收腿、翻脚、蹬夹和滑行4个阶段，它们是紧密相连的完整动作。

1. 收腿

开始收腿时，大腿稍放松，屈膝、屈髋，小腿和脚跟在大腿和臀部的后方，以减少投影面。收腿结束后，大腿与躯干成130°～140°角，大腿与小腿成40°～45°角。

2. 翻脚

当脚跟接近臀部时，两脚迅速翻转勾脚腕，脚尖向外，对准蹬水的方向，以提升蹬水的效果。此时两脚之间的距离大于两膝之间的距离。

3. 蹬夹

蹬腿时，由大腿发力先伸展髋关节，依次伸展膝关节，小腿内侧和脚掌做向下和向后的鞭状蹬夹水动作，直至两腿并拢，自然伸直。蹬夹水要用较大的力量和较快的速度来完成。

4. 滑行

腿蹬夹结束后，由于蹬腿的惯性作用有一个滑行阶段。这时两腿应尽量伸直并拢，腿部肌肉和踝关节自然放松，为下一个动作周期做好准备。

（三）臂部动作

蛙泳的手臂划水动作可产生较大的推进力。现代蛙泳技术更强调臂部的作用。臂部动

作分滑下、划水、收手和伸臂4个阶段。划水路线类似画一个桃子。（图10–1–1）

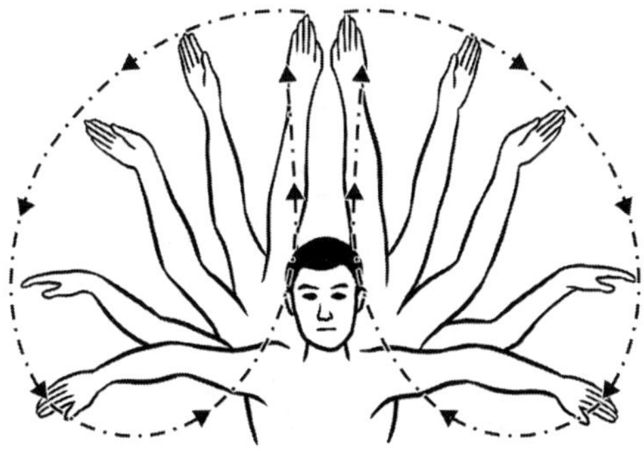

图 10–1–1

1. 滑下

滑下又称抓水，两手掌转向斜下方勾手，两臂分开向斜下方压水。当感觉到水对手掌和前臂有压力时，抓水结束。两臂分开约成45°角。

2. 划水

划水开始时，手臂向外旋转，同时屈肘、屈腕，随后两臂同时向内、向下和向后屈臂划水。在划水过程中，应逐渐加速，肘关节保持较高位置以形成有利的划水面。当肘关节屈至约90°时，手位于肩的前下方。（图10–1–2）

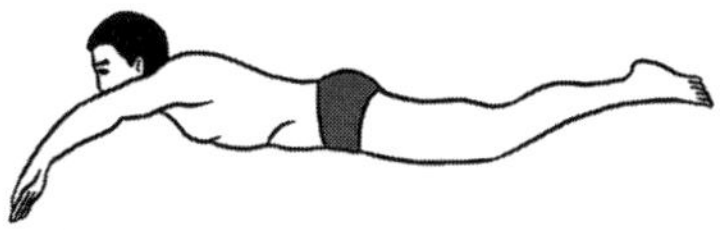

图 10–1–2

3. 收手

划水结束后，手臂向外旋转，两手同时向内、向上和向前快速转动。收手结束时，两手掌心相对，肘关节低于手，形成较小的锐角。（图10–1–3）

4. 伸臂

蹬腿结束时，两臂前伸与水面平行，掌心向下，身体保持流线型。（图10–1–4）

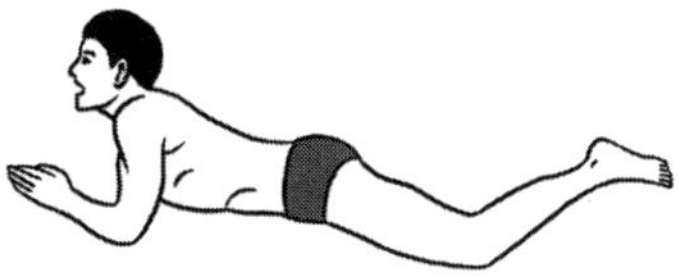

图 10–1–3

图 10–1–4

（四）配合技术

蛙泳的一个动作周期是蹬腿、划臂、呼吸各一次。呼吸和腿臂动作配合的时间不同，形成了早吸气、晚吸气两种类型的技术特征。一般腿臂配合技术是：两臂划水时腿伸直不动，收手的同时收腿，先伸臂后蹬腿，手腿前后伸直并拢后短暂滑行。呼吸与两臂的配合技术（晚吸气）是：当划水结束时开始抬头，当两臂划至胸前，身体达到最高点时吸气，伸臂时低头闭气和呼气。蛙泳呼吸与其他泳姿一样，都是用嘴吸气，用嘴和鼻呼气。

任务二　自由泳

一、自由泳概述

自由泳，又称爬泳，因游进时，人在水中呈俯卧姿势，两腿交替上下打水，两臂轮流划水，动作很像爬行。自由泳速度较快，在游泳比赛的自由泳项目（不规定泳姿的比赛）中，运动员都会采用这种泳姿来完成比赛，所以人们也称其为“自由泳”。

二、自由泳基本技术

（一）身体姿势

身体接近水平俯卧在水中，保持较好的流线型。身体纵轴与水面成3°～5°的迎角。头部自然后屈，与身体纵轴成20°～30°角，两眼注视前下方。游进时由于划水和呼吸的影响，身体围绕纵轴有节奏地自然转动，幅度一般在35°～40°范围内。

（二）腿部动作

自由泳腿的作用主要是保持身体平衡和动作的协调并产生一定的向前的推进力。正确的上下打水动作应当是从髋关节开始，通过整个腿部，最后到脚的一个鞭状打水动作。打水时两脚应稍向内收，踝关节自然放松，两脚尖上下的垂直距离为30～40厘米，膝关节自然弯曲的角度应为160°左右。

（三）臂部动作

自由泳的臂部动作是推动身体前进的主要动力，分为入水、抱水、划水、出水和空中移臂等阶段。这几个阶段在划水动作中是紧密相连的一个完整动作。

1. 入水

手臂入水时，肘关节略屈并高于手臂，手指自然伸直并拢，向前斜下方切入水。注意

手掌要向外，动作要自然放松。（图 10–2–1）

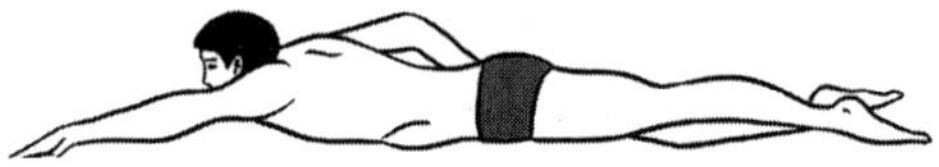

图 10-2-1

2. 抱水

手臂入水后，应积极插向前下方，在形成抱水的动作中，手臂开始是直的，然后弯曲，似抱一个大圆球。抱水时，手的运动由向后、向下、向外三个动作组成。抱水动作主要是为划水做准备，因此是相对放松和缓慢的。（图 10–2–2）

3. 划水

划水分为两个阶段：从抱水结束到划至与水面垂直之前称为“拉水”，过垂直面后称为“推水”。拉水时，应保持高肘姿势，手臂向内、向上、向后运动。当拉水结束时，手臂在体下接近中线，这时肘关节弯曲的角度为 90° ~ 120°，前臂由外旋转为内旋，掌心由向内变为向外后方。向后推水是通过屈臂到伸臂的动作完成的。在推水过程中，手臂是向外、向上、向后运动的。肘关节要向上、向体侧靠近，且手掌要始终与水平面保持垂直。在整个划水过程中，肩部应配合手臂向前、向下、向后合理转动，这样有利于加长划水路线和加大划水力量。（图 10–2–3）

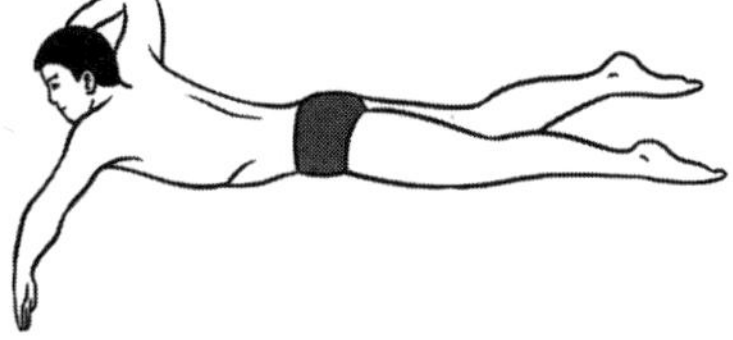

图 10-2-2

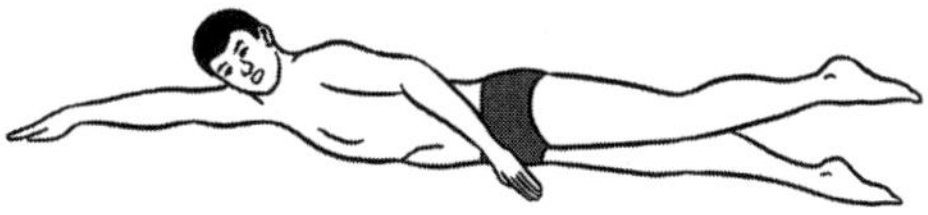

图 10-2-3

4. 出水

在划水结束后，手臂由于惯性的作用很快靠近水面，这时由上臂带动肘关节做向外上方的提拉动作，将前臂和手提出水面。前臂出水动作要比上臂稍慢一些，掌心向后上方。（图 10–2–4）

5. 空中移臂

手臂在空中前移的动作是手臂出水的继续，不能停顿。移臂的动作应该放松自如，尽量不要破坏身体的流线型，要和另一条手臂的划水动作协调一致，并且要注意节奏。在整个移臂过程中，肘部应始终保持在比手部高的位置。（图 10–2–5）

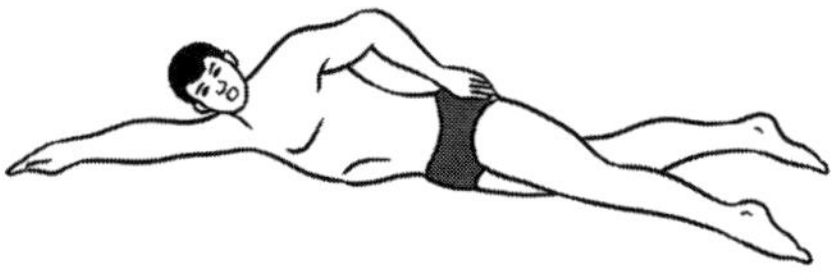

图 10-2-4

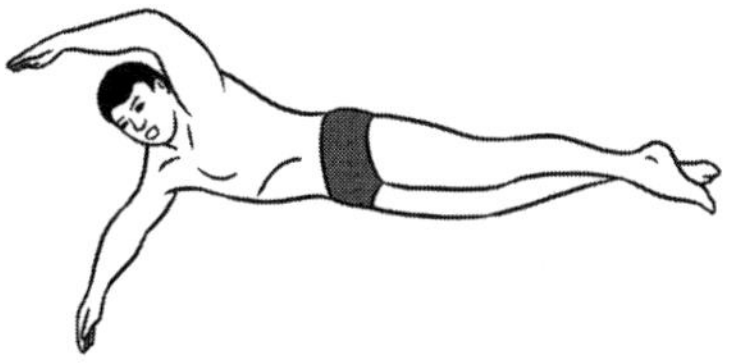

图 10-2-5

（四）配合技术

1. 两臂配合技术

自由泳两臂的正确配合是保障前进速度均匀的重要条件，并且有利于发挥肩带力量积极参与划水。自由泳两臂的配合有3种基本形式，即前交叉、中交叉和后交叉。此外，还有介于这三者之间的中前交叉和中后交叉。

前交叉：当一条手臂入水时，另一条手臂处于肩前方，与水平面成锐角。这种配合的缺点是动作不连贯，当一条手臂移动时，另一条手臂处于前伸或抓水阶段，几乎没有划水的推进力产生，因而速度均匀性差，比较适合初学者。

中交叉：当一条手臂入水时，另一条手臂处于肩下垂直部位，与水平面约成90°角。

后交叉：当一条手臂入水时，另一条手臂划水至腹部下方，与水平面约成150°角。手臂入水后要前伸，为抓水做准备，因此，当一条手臂入水时，另一条手臂内划或上划配合较好。入水的手臂经过前伸、抓水，开始产生较大的推进力后，另一条手臂出水，进入空中移臂。这样有利于发挥力量，提高频率，保持连续的推进力，并保持平稳的身体位置。

自由泳是由两臂轮流划水产生推进力的，两臂配合的关键之处在于尽量使身体前进的速度均匀。根据这一原则，中交叉和中后交叉配合是较有利的方式。

2. 呼吸与臂的配合技术

自由泳采用的是转头吸气的方式，一般是在左右臂各划1次之间完成1次转头呼吸。1次完整的转头呼吸包括吸气、闭气、呼气3个部分。以向右转头呼吸为例，右手入水后，开始慢慢呼气，右臂划到肩下时向右侧转头，呼气量加大，推水快结束时呼气量更大。右臂出水时，张嘴吸气，移臂一半时吸气结束，并开始向左侧转头，恢复面向下的姿势，然后闭气。用自由泳长游时，一般每一划臂周期应呼吸1次；短距离的冲刺可以采用划水4次，吸气1次的方法，甚至可以完全不换气。

3. 完整配合技术

完整配合技术即呼吸、手臂和腿的配合。因为手臂是推进力的主要来源，所以在配合中，呼吸和腿的动作都应该服从于手臂动作。呼吸、手臂和腿的配合比例主要有3种：1∶2∶2（1次呼吸、2次手臂动作、2次打腿动作）、1∶2∶4、1∶2∶6，也有极少数优秀运动员采用1∶2∶8。

任务三　仰泳

一、仰泳概述

仰泳，又称背泳，是一种人体仰卧在水中的游泳姿势。仰泳包括反蛙泳和反自由泳，因为脸在水面上，所以呼吸很方便，但是游泳者看不到往哪里游，方向容易错。仰泳是唯一一种运动员在水中开始的姿势，其他都是跳入水中。

二、仰泳基本技术

（一）身体姿势

仰泳时，身体应该自然伸展，平直地仰卧于水面，头和肩部略高于腰部和腿部，身体纵轴与水平面构成一个很小的仰角。头部和髋部的位置关系非常重要。头部位置在很大程度上决定了整个身体的位置，起着“舵”的作用。头部应与身体在一条直线上，水面约位于头顶中部。头部过于后仰，容易使髋部抬高，使腿和脚露出水面，影响打水效果，并容易挺胸弓背，使躯干过于紧张僵硬；反之，如果刻意收下颌，抬高头部的位置，髋和腿就会下沉，容易使身体“坐”在水中，增大身体前进的阻力。

（二）腿部动作

仰泳的腿部打水动作很重要，除了能保持身体的平衡外，还能给身体一个稳定的支撑力。此外，快速且有力的仰泳腿打水对有效发挥上臂和躯干的力量也起着重要作用。仰泳腿打水由上踢和下压两个部分组成。仰泳腿部动作与自由泳相似，同样是鞭状打水动作。但是由于仰泳是仰卧，产生推进力的动作是“上踢”。此外，仰泳腿上踢开始时膝关节弯曲的程度大于自由泳向下打水时，打水的幅度也比自由泳大。事实上，由于身体的转动，仰泳的腿部动作并不是垂直向上和向下的。伴随着上踢和下压的动作还有髋关节的转动，上踢的方向是内上方，下压的方向是外下方。为保持身体的流线型，两脚分开不要过大，应处于身体截面内（以肩宽为标准）。

1. 上踢

上踢是产生推进力的动作，需要用较大的力量和较快的速度完成。上踢开始时，脚内收，大腿带动小腿和脚屈膝向上踢水，在踢水的过程中逐渐伸膝。上踢时，踝关节跖屈。踝关节的灵活性对踢水起着重要作用。当移到接近水面时，大腿转为下压。由于伸膝肌群的带动，小腿和脚在惯性作用下加速向上用力踢水，形成鞭状踢水动作。当膝关节完全伸直时，上踢动作结束，此时脚趾应该恰好位于水面或略低于水面。上踢动作要把握好尺度，即在任何情况下，膝关节、小腿和脚都不能踢出水面。踢水的浪涌应该像开锅的水，虽沸腾但不四溅。

2. 下压

因为腿下面的水对腿会产生向上的压力，所以下压动作的前半段是直腿完成的。膝关节和踝关节应自然放松。由于伸髋，大腿会带动小腿下压，到一定深度后，大腿停止下压，在腰腹肌肉群的控制和协同作用下，转入上踢过程。此时小腿和脚在惯性的作用下仍继续下压，使膝关节弯曲。之后，小腿和脚在大腿的带动下依次结束下压动作。当脚的位置低于臀部时，下压动作应适时停止，转入上踢过程。过度下压会破坏身体的流线型，导致形状阻力增大。仰泳腿部动作适宜的打水幅度为40～50厘米。

（三）臂部动作

仰泳的臂部动作是产生推进力的主要因素，划水技术的优劣会直接影响游进的速度。仰泳的臂部动作可以分为入水、抱水、划水、出水和空中移臂5个主要部分。

1. 入水

仰泳的手臂入水动作与身体的转动协调配合，一条手臂入水时，身体向同侧转动，可以加大手臂入水的深度。手的入水点应在头前同侧肩的延长线上。手臂应伸直，肘关节不能弯曲，以小指领先，手掌朝外，干净利落地切入水中。当手入水时，手掌与前臂形成一个150°～160°的角，使手指先于手掌外侧和前臂入水，以减小入水时的阻力。当手臂完全进入水中后，手继续向前、向后、向外3个方向运动，使手臂伸展到适宜的长度。这个阶段几乎不产生推进力，主要作用是为后面的划水做好准备。入水结束后手位于水面下10～15厘米处。（图10–3–1）

2. 抱水

手臂入水后应积极下划抓水，转入抱水阶段。这是因为如果手臂一入水就马上划水，划水就会很浅，导致产生气泡进而划空。配合身体围绕纵轴的转动和积极伸肩，手臂向外旋转，屈腕，对准水，有压水的感觉，并使划水的主要肌肉群，如肩带肌肉群、胸大肌和背阔肌得到适当拉长，以便划水时能充分发挥力量。（图10–3–2）

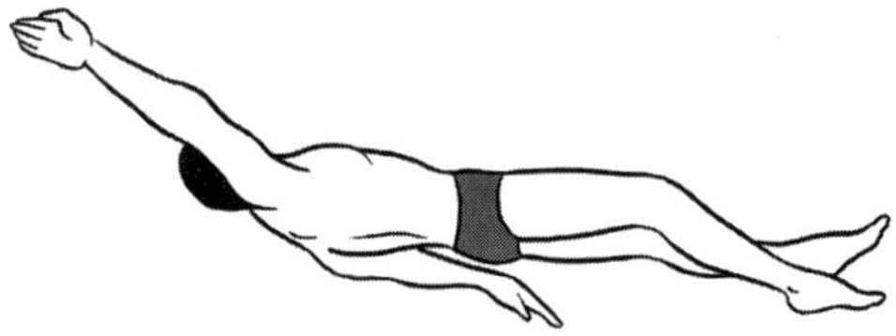

图10–3–1

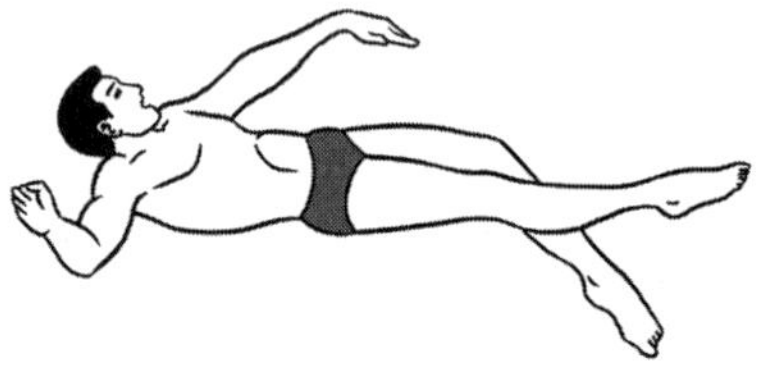

图10–3–2

3. 划水

仰泳的划水动作是推动身体前进的主要动力。这个阶段可分为两个部分：前一部分为拉水，后一部分为推水。拉水是在抱水的基础上进行的。随着身体绕纵轴继续转动，肘关节下降，手在向后划水的同时向上移动，使屈肘的程度逐渐加大。当手臂划到肩下与水平面垂直时，拉水结束转入推水，此时身体转动幅度达到最大，约为45°；肘关节弯曲也达到最大限度，为90°～100°，与自由泳的高肘划水相似，称为“倒高肘”划水。拉水结束时手掌距离水面约15厘米。推水开始后，手的移动领先于前臂和肘关节，手、前臂和上臂用力向后方推水，肘关节和前臂逐渐靠近身体。推水开始时，手有向上的移动。当手上移至最高点时（距离水面约10厘米），前臂向内旋转，手掌向后下方快速做鞭状推水动作。推水结束时，手掌朝下，手臂伸直，手掌距离水面40～50厘米；身体也开始向另一侧转动，为出水做好准备。（图10–3–3）

图 10–3–3

4. 出水

划水完成以后，手臂外旋，掌心朝向大腿，借助手向下压水的反作用力和肩部肌肉的收缩，以及身体的自然转动，手臂迅速提拉出水面。出水时手臂应伸直，压水提肩，使肩部首先出水，然后带动上臂、前臂和手依次出水。出水前手臂应先外旋，使手掌转向大腿外侧，使拇指领先出水。这样阻力小且手臂较自然放松，与自由泳出水时小指领先的道理一样。（图10–3–4）

5. 空中移臂

当手出水后，手臂应迅速以直臂方式向前移动，上臂应贴耳。移臂的前半段，手掌向内，使手臂肌肉尽量得到放松；手臂移到头上，即与水平面垂直时内旋，使手掌心向外，为入水做好准备。（图10–3–5）

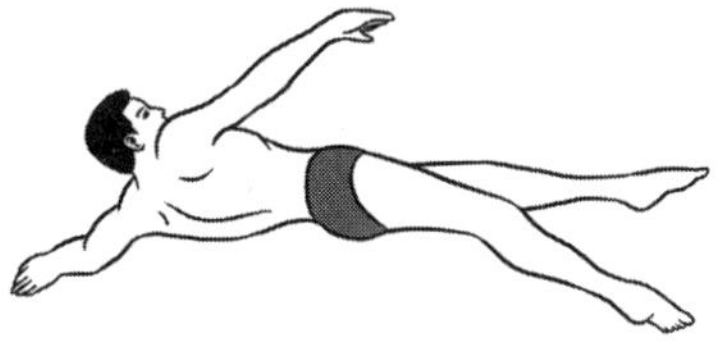

图 10–3–4

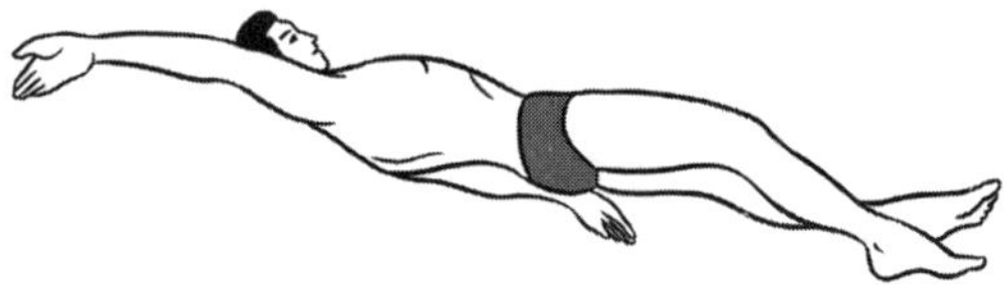

图 10–3–5

（四）配合技术

1. 两臂配合技术

仰泳的两臂配合技术与自由泳一样，应保证身体得到连贯而均匀的推进力，使身体匀速前进。现代优秀运动员采用后交叉配合的较多，即一条手臂入水时，另一条手臂划水结束，两臂基本处于相反的位置，使一条手臂结束划水动作后，另一条手臂能立即产生新的推进力。当一条手臂入水后前伸下划时，身体的转动使对侧手臂的移臂动作更自然轻松。

2. 呼吸与臂配合技术

仰泳时，口、鼻始终要露出水面，呼吸不受水的限制，但为了避免吸气不充分造成的动作紊乱，运动员一般保持一定的呼吸节奏，正如跑步和竞走运动员用一定的节奏进行呼吸一样。

3. 完整配合技术

同自由泳的完整配合一样，仰泳的完整配合中任何一个动作都要协调。

现代仰泳中较常见的配合技术是6次打水、2次划臂、1次呼吸（6：2：1），目前很少见到4次或2次打水、2次划臂的配合方式。

仰泳6次打水2次划臂的配合：当右手入水和抓水时，右腿上踢；当右手下划时，左腿上踢；当右手鞭状下划时，右腿第二次上踢；当左手划水时，重复相应的动作。

任务四　滑雪

一、滑雪概述

滑雪运动是运动员把滑雪板装在靴底在雪地上进行速度、跳跃和滑降的竞赛运动。最初的滑雪产生于人们的生产和生活需要，随着社会的发展，滑雪最终演变为体育运动项目。1924年，国际滑雪联合会成立。世界性的滑雪比赛有世界滑雪锦标赛、滑雪世界杯和冬奥会滑雪比赛。

我国唐代的史料中就有滑雪的相关记载。但是，现代滑雪运动进入我国还是比较晚的。随着我国社会、经济、文化的发展，近年来，在我国北方大城市中，滑雪运动已经成为非常时尚的冬季体育运动项目之一，深受群众喜爱。特别是2022年北京冬奥会的成功举办，进一步推动了滑雪运动在我国的发展。

二、滑雪分类

滑雪运动（特别是现代竞技滑雪）发展至今，项目不断增多，领域不断扩大。滑雪世界比赛正规的大项有高山滑雪、北欧两项、越野滑雪、跳台滑雪、自由式滑雪、冬季两项、单板滑雪等。每个大项又分众多小项。

滑雪运动从历史沿革角度可划分为古代滑雪、近代滑雪、现代滑雪，按滑行的条件和参与的目的可分为实用类滑雪、竞技类滑雪和旅游类（娱乐、健身）滑雪。其中，现代滑雪运动大致可分为3种类别：阿尔卑斯山式、北欧式和自由式。

三、滑雪场地与器材

（一）滑雪场地

滑雪场地一般分为两种，即天然滑雪场和人工滑雪场。滑雪场一般是利用山坡、丘陵地形修建的，设有供不同层次和水平的滑雪爱好者使用的初级、中级和高级雪道。天然滑雪场一般以天然雪为主，辅以人造雪；而人工滑雪场特别是冬季雪量少的地区则以人造雪为主。人造雪成本高、雪质硬，但可以相对延长滑雪季节，受气候因素的影响较小。另外，现代高山滑雪场都建有各种滑雪索道，滑雪索道的应用使高山滑雪者从艰苦的登山之中完全解脱出来，是滑雪史上的一场革命。每个滑雪场还配备了压雪机，使新雪及凹凸不平、松软不等的雪面变成平整、松软适中的雪面，降低了滑雪难度，提高了安全性。

（二）滑雪器材

滑雪器材主要包括滑雪服、滑雪板、滑雪杖、滑雪靴、脱离器、滑雪蜡、有色镜、防风镜及其他器材等。

（1）滑雪服：滑雪服包括连体服装、帽子、手套，起防寒、保暖、保护身体，防止出现伤害事故的作用。

（2）滑雪板：滑雪板是滑雪最主要的器材，由玻璃纤维及金属制成，表面及滑行面由硬塑料及玻璃钢制成，滑行面的刃部由金属制成，滑行面上刻有方向槽，以帮助控制滑行方向。滑雪板正面安装了固定滑雪靴的脱离器。滑雪板的长度需要使用者根据自己的身高和技术水平来选择。

（3）滑雪杖：滑雪杖是滑雪者握在手中，便于行走、支撑、控制平衡、引导变向和推进的工具。现代滑雪杖是用铝合金或玻璃钢制成的。滑雪杖分为杖杆、握革、握把、杖尖和雪轮几个部分。越野雪杖的长度为使用者身高的85%，高山雪杖为65%。

（4）滑雪靴：滑雪靴具有保暖和保护作用。滑雪靴必须合脚、保暖、易穿易脱，避免过松或过紧。

（5）脱离器：脱离器是固定在滑雪板上，用来夹卡滑雪靴的装置，能使滑雪靴和滑雪板结合为一体。脱离器还具有自动脱离的功能，滑雪者摔倒后，脱离器使滑雪板与滑雪靴分离，以保护滑雪者的安全。脱离器应当安全性能较好、可调节、穿脱方便。

（6）滑雪蜡：滑雪蜡是涂在滑雪板的滑行面上以减少摩擦系数的化学合成品，在现代滑雪比赛中，滑雪蜡的使用情况往往会影响成绩。

（7）有色镜和防风镜：有色镜和防风镜起防风和保护眼睛的作用，避免出现高山雪盲症。

（8）其他器材：其他器材包括弹簧旗杆、旗门、方向旗等，是作为高山滑雪比赛项目标志用的。

四、滑雪基本技术

（一）平地滑雪技术

基本站姿：放松站立，两脚平行即两滑雪板平行，两腿微屈压靠滑雪靴，两手位于体侧，滑雪杖插入雪地。两眼平视前方。

雪上行走：上体直立稍前倾，重心适当前移。滑雪板底不离雪面，边支撑边行走。用滑雪杖支撑时不是两滑雪杖同时推进，而是如同摆臂动作用滑雪杖支撑推动。

推进滑行：①保持微屈膝，上体前倾，两滑雪杖同时向前摆动，杖尖在体前方着雪。②膝关节与上体加大前倾，两臂用力向后用滑雪杖支撑。③滑雪杖充分推进滑行后撑，手臂伸直，重心下降，保持滑行姿势滑进。④收杖时重心升起，准备第二次撑杖。

蹬冰式滑行：①上体稍前倾，膝关节微屈，两滑雪板平行与肩同宽，两臂自然弯曲，杖尖在身体侧后方。②左侧滑雪板与前进方向成45°角，大腿蹬冰式滑行用力向侧后方蹬出。③左脚蹬伸结束后，滑雪板抬离雪面，重心落在右侧腿上向前方滑行，同时左脚收回。④右侧脚蹬伸时，动作与左侧脚相同。

（二）登坡技术

双板平行登坡：①向上迈出的步幅不要太大。迈动时保持两滑雪板平行，重心随之向上移动，可用滑雪杖协助支撑。②用山上侧板外刃刻住雪面后，重心全部移到山上侧腿上，接着山下侧腿向山上侧腿靠拢，并用内刃刻住雪面。③山下侧板内刃刻住雪面后，再进行第二步的登行。

“八”字形登坡：身体前倾，两滑雪板呈倒“八”字形；用两滑雪杖交替撑于身体后方，防止滑雪板向后脱滑；支撑脚雪板内刃刻住雪面并支撑体重，另一只脚向前上方迈出用内刃着雪，身体重心随着移至此脚，另一只脚再迈向前方。

（三）原地变向技术

板尖、板尾展开变向：变向时要注意滑雪杖的位置。当板尖展开变向时，滑雪杖支撑位置应在身体后方；当板尾展开变向时，滑雪杖支撑位置应在身体前方。滑雪板展开距离不宜过大，随着对滑雪板的适应，伸展距离应逐渐增加。

180°变向：180°变向常用于斜坡面上静止状态下改变方向。特点是变向较快，实用性强。前转180°变向时，两板平行站立，两杖在体前支撑。右腿支撑体重，左板向前抬起直立，两杖在体侧支撑。在上体左转的同时，直立的左板以板尾为中心向左侧下方转并着地。在放左板的同时，左杖移至右板外侧支撑。重心移至左腿，右板和右杖抬起移向与左板平行的同一方向，两杖在体前侧支撑。将前转180°变向动作由结束部分依次向开始部分相反进行，即为后转180°变向。

（四）停止滑行技术

停止滑行技术主要采用犁式停止法，在滑降中使滑雪板呈犁式状态，重心稍后移，形成稍后坐姿的同时两板尾蹬开，加大立刃，两板内刃逐渐加大刮雪力量，逐渐加大板尾向外侧的立刃和蹬出力量直至停止。

（五）安全摔倒与站起

在失去重心的情况下，尽量不挣扎，迅速屈膝降低重心，两臂自然伸展，臀部向上坡方向侧坐。将两滑雪板稍举起，防止发生滑动。在完全停止前勿伸腿使滑雪板某一部分着雪，保持稍团身姿势。摔倒后站起的办法如下。

（1）单撑、双撑站起。摔倒后站起时身体调整到山上侧，滑雪板调整到山下侧，使滑雪板与滚落线形成90°的横板状态，用山上板的外刃和山下板的内刃刻住雪面，借助滑雪杖在身后的支撑用力站起，单撑或双撑站起的撑杖位置最好离身体近一些。

（2）“八”字站起。该方法适合体重较大的滑雪者。身体调整到山上侧，滑雪板调整到山下侧，趴在雪面呈俯卧状态，滑雪板调整成“八”字形；两板内刃刻住雪面，两手撑地站起。

五、滑雪注意事项

（1）要及时关注当地的气候情况和天气变化，以防天气突变。

（2）初到滑雪场时应先了解滑雪场的大概情况。要仔细了解雪道的高度、坡度、长度、宽度及周边的情况，根据自己的滑雪水平选择相应的雪道。熟悉地图——雪场设施的分布位置、出事求救方式，并严格遵守滑雪场的有关安全管理规定。注意索道开放时间，在无人看守时切勿乘坐。

（3）初练滑雪应注意循序渐进，量力而行。在训练期间要按教练员和滑雪场工作人员的安排和指挥去做，在未达到一定水准时，不要擅自到高级别的雪道去滑雪，以免发生意外。

（4）在滑雪时，要注意与他人保持一定的间距，以免碰撞。滑雪人员较多时应调节好速度，不要过快过猛。

（5）滑雪是较为复杂的运动，滑雪前要做一些准备活动。

（6）在区域较大的滑雪场滑雪时，应早去早回，尤其在身体疲劳时，很容易迷路。

（7）中途休息时不要停留在雪道的陡坡下，要站在雪道边，随时注意从上方滑下来的人。

（8）没有掌握减速、停止、转弯技术的滑雪者，不要急速滑降，以免发生意外。

（9）要根据自己的特点选择合适的服装和器材，并按规定穿戴好。如在滑雪过程中感到器材有异常情况，应马上停下来检查或请工作人员检查。

（10）不要戴金属框架眼镜以免跌倒后划伤眼部。不要戴隐形眼镜，一旦掉落无法找回。近视者可佩戴近视专用滑雪眼镜。

任务五　滑冰

一、滑冰概述

早在宋代，我国就已经有了滑冰运动，那时叫“冰嬉”。滑冰是一项集速度、协调感、力量、耐力、柔韧性、平衡感于一体的运动项目，包括速度滑冰、短道速滑、花样滑冰等。滑冰不仅能够锻炼人的平衡能力、协调能力及身体的柔韧性，还可以增强人的心肺功能，提高人的有氧运动能力。

二、速度滑冰

速度滑冰是指以冰刀为工具在冰上进行的一种竞速活动。男子、女子速度滑冰分别于1924年、1960年被列为冬奥会正式比赛项目。2022年北京冬奥会速度滑冰包含男子/女子500米、1000米、1500米、5000米、团体追逐、集体出发，以及男子10000米、女子3000米等共14个小项。

（一）速度滑冰装备与场地

1. 速度滑冰装备

速度滑冰装备包括冰刀、冰鞋和滑冰服装。

（1）冰刀由刀刃、刀身管、前小刀托、前大刀托、前托盘、后刀托和后托盘等部分组成。

（2）冰鞋选用优质厚牛皮缝制，为半高腰瘦长形，鞋跟部为坚硬式，以包围和固定脚跟，鞋底为硬皮。冰刀以螺钉或铆钉固定在鞋底。

（3）速度滑冰运动员的比赛服为尼龙紧身全连服（帽子、衣、裤、袜、手套连成一体），具有保暖、轻便、阻力小等特点。

2. 速度滑冰场地

标准速度滑冰跑道分为标准跑道和其他规格跑道。标准跑道是由两条直线跑道连接两条弧度为180°的半圆式曲线组成的封闭跑道。其最大周长为400米，最小周长为333.33米。国际比赛在400米周长的跑道上进行，其直线跑道长为111.98米，跑道宽为5米，内跑道的内圈半径为25米，外跑道的内圈半径为30米。在一侧直道的末端设置终点，在另一侧直道上设置置换区。

（二）速度滑冰基本技术

1. 直道滑跑

滑跑姿势：上体呈放松状态且前倾，身体自然团起和冰面保持平行或头部稍微抬起高于臀部，身体重心既不要前探，也不要后坐。（图 10–5–1）

蹬冰动作：利用全力向侧蹬冰，使体重稳定地放在支撑腿上，利用体重和腿向后伸展完成蹬冰动作。蹬冰角度变化示意图如图 10–5–2 所示。

收腿动作：从蹬冰脚的冰刀离冰起，到变为浮腿的冰刀收到后位止。（图 10–5–3）

下刀动作：从浮腿收回靠近支撑腿的内侧开始，到全正刃支撑滑进结束。

惯性滑进动作：从承接体重起到单腿支撑蹬冰开始止。

全身配合动作：两腿、臂与腿、全身合理、协调配合。（图 10–5–4）

摆臂动作：在滑跑过程中，摆动两臂是为了增加蹬冰的力量。（图 10–5–5）

图 10–5–1

图 10–5–2

图 10–5–3

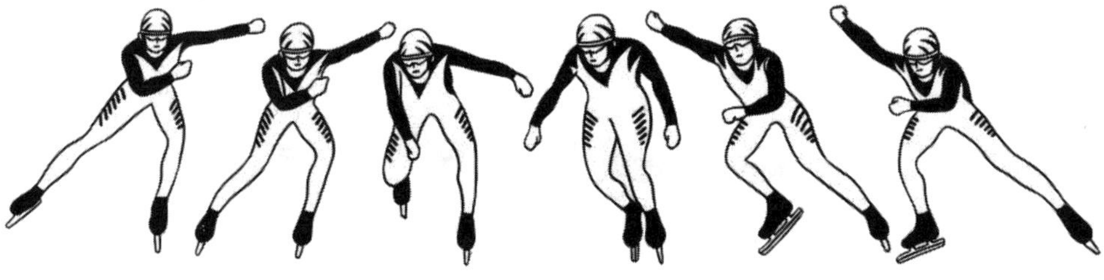

图 10–5–4

图 10-5-5

2. 弯道滑跑

滑跑姿势：上体放松，前倾程度比直道滑跑更接近水平状态，团身背弓，呈流线型朝滑行方向，身体成一线，向左倾斜，保持平稳流线型。掌握好身体倾斜度与弯道弧度的关系。（图 10-5-6）

蹬冰动作：采用交叉步滑跑，右脚用内刃，左脚用外刃，向右侧蹬冰。（图 10-5-7、图 10-5-8）

收腿动作：以右腿为例。右腿结束蹬冰，以大腿带动小腿，向左支撑腿靠近，继续向左侧移动着冰。（图 10-5-9、图 10-5-10）

下刀动作：注意出刀角的大小和惯性滑进动作。

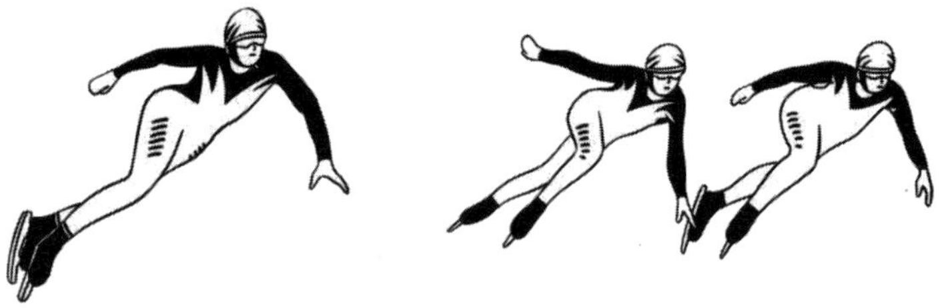

图 10-5-6

图 10-5-7

图 10-5-8

图 10-5-9

图 10-5-10

3. 起跑与终点冲刺

起跑：以前脚点冰起跑技术为例，前脚刀尖为支点，后脚全内刃着冰，两刀距离略比肩宽，面向前方。蹲屈姿势略高于其他起跑姿势，重心在两脚之间或稍前。起动时，大腿高抬，上体前倾，冰刀着冰时要紧紧切住冰面。起跑预备姿势如图10-5-11所示。起跑动作如图10-5-12所示。

终点冲刺：通过双摆臂提高滑跑频率，收摆的浮腿向支撑腿靠近。（图10-5-13）

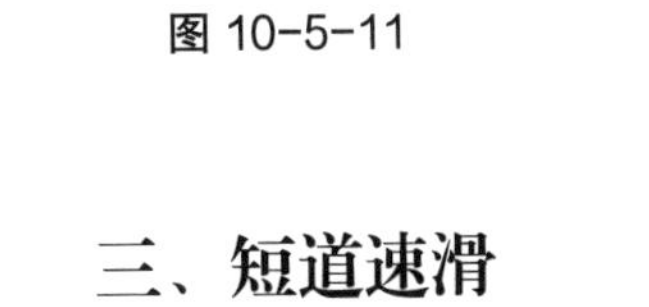

图 10-5-11

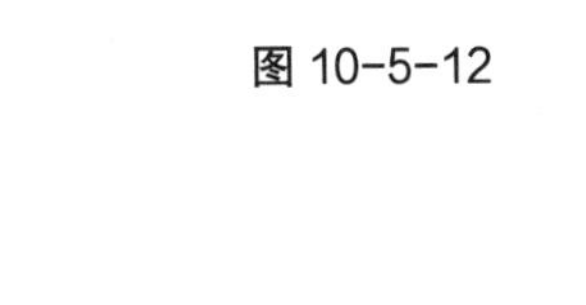

图 10-5-12

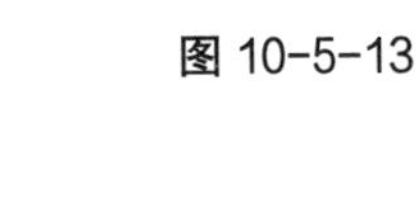

图 10-5-13

三、短道速滑

短道速滑（短道速度滑冰）是在长度较短的跑道上进行的冰上竞速运动。该项目起源于19世纪80年代的加拿大。1981年，短道速滑被引入我国。1988年，短道速滑成为卡尔加里冬奥会的表演项目。1992年，在阿尔贝维尔冬奥会中短道速滑被列为冬奥会正式比赛项目。

2018年7月，短道速滑混合团体接力项目被列为2022年北京冬奥会正式比赛项目。2022年北京冬奥会短道速滑共设9个小项，包括男子/女子500米、1000米、1500米，男子5000米接力，女子3000米接力，混合团体接力。

（一）短道速滑装备与场地

1. 短道速滑装备

（1）短道速滑安全头盔应符合现行的ASTM标准。头盔必须有规则的形状，不能有突起。

（2）耐切割手套或皮革制成的连指手套，或不含羊毛的合成材料手套。

（3）防割、防扎耐用材料制成的护腿。

（4）符合97.1402号MU型安全比赛服。

（5）长袖长裤连身服。

（6）软垫或带软垫的硬壳护膝。

（7）冰刀管必须是封闭的，刀根必须是圆弧形的。最小半径为10毫米。刀管最少有两点固定在鞋上，没有可动的部分。

（8）所有中国短道速滑运动员必须佩戴中国滑冰协会批准使用的护颈。

2. 短道速滑场地

短道速滑比赛场地面积为30米×60米，椭圆形跑道每圈长111.12米，直道宽不小于7米，弯道半径8米，直道长28.85米。场地两端弧形弯道处摆放黑色橡胶块作为标志线，为增加比赛的安全性，运动员不得滑入标志线内。直道区没有标志线，可以任意滑行。

（二）短道速滑基本技术

1.起跑技术

起跑是短道速滑比赛的关键环节，良好的起跑能让运动员在比赛初始阶段占据有利位置。

姿势：运动员通常采用蹲踞式起跑，两脚前后放置在起跑线上，前脚距离起跑线一脚半到两脚的距离，后脚脚跟踮起，膝关节弯曲，身体重心前倾，两臂自然下垂，两眼注视前方。

起跑动作：听到出发信号后，运动员迅速蹬地，后腿用力向后下方蹬伸，同时前腿快速向前摆出，两臂配合腿部动作快速摆动，使身体迅速向前冲出。

2.滑行技术

滑行是短道速滑的核心技术，直接影响着运动员的速度和滑行效率。

（1）直道滑行。

姿势：身体呈流线型，上体前倾，与冰面夹角为15°~20°，头部保持正直，两臂自然下垂，两手放松，两腿弯曲，膝关节角度为90°~110°，以降低空气阻力。

蹬冰动作：蹬冰是获得前进动力的关键。蹬冰时，以冰刀的内刃为着力点，向侧后方用力蹬出，蹬冰角度约为45°，蹬冰结束后，迅速收腿，准备下一次蹬冰。

收腿动作：收腿要快速、放松，将脚收回至身体重心下方，为下一次蹬冰做好准备。

摆臂动作：摆臂可以帮助运动员保持身体平衡和增加前进动力。直道滑行时，两臂前后自然摆动，前摆时手臂稍向内，后摆时手臂稍向外，摆臂幅度不宜过大。

（2）弯道滑行。

姿势：身体向弯道内侧倾斜，倾斜角度根据弯道半径和滑行速度而定，一般为30°~60°。头部向内侧转动，注视弯道前方，两臂在身体两侧自然摆动，外侧手臂摆动幅度稍大，内侧手臂摆动幅度稍小。

蹬冰动作：弯道滑行的蹬冰动作与直道滑行有所不同。外侧腿用冰刀的外刃向侧后方蹬冰，内侧腿用冰刀的内刃向侧前方蹬冰，通过两腿的协同蹬冰，使身体产生向心力，保持弯道滑行的平衡和速度。

收腿动作：收腿时，内侧腿收腿速度要快，外侧腿收腿速度相对较慢，以维持身体的平衡和稳定。

压步动作：压步是弯道滑行的重要技术，通过交叉步来增加弯道滑行的速度和向心力。压步时，外侧腿迅速越过内侧腿，向弯道内侧前方迈出，同时内侧腿快速蹬冰，交替进行压步动作。

3.转弯技术

短道速滑比赛中会经过多次弯道，熟练的转弯技术可以帮助运动员在弯道中保持速度和平衡，顺利完成比赛。

入弯技术：在进入弯道前，运动员要提前调整好速度和姿势，适当降低重心，向弯道内侧倾斜身体，同时用外侧腿进行适当的蹬冰，使身体顺利进入弯道。

弯道滑行技术：如上述弯道滑行的姿势、蹬冰、收腿和压步动作，在弯道滑行过程中要保持动作的连贯性和稳定性，根据弯道的半径和速度调整身体的倾斜角度和蹬冰力度。

出弯技术：出弯时，运动员要逐渐减少身体的倾斜角度，恢复直道滑行的姿势，同时加大蹬冰力度，快速冲出弯道，进入直道滑行。

4.冲刺技术

冲刺是短道速滑比赛的最后阶段，决定着比赛的胜负。

姿势：身体前倾，加大摆臂幅度和频率，两脚快速蹬冰，尽可能提高滑行速度。

冲刺动作：在冲刺阶段，运动员要充分发挥自己的体能和技术优势，全力冲刺。可以采用单脚蹬冰或双脚交替蹬冰的方式，增加前进动力，同时注意保持身体的平衡和稳定，避免摔倒。

四、花样滑冰

花样滑冰是冬季冰上运动项目，运动员脚穿冰鞋在冰面配合音乐滑出各种图案，做出各种跳跃、旋转和造型动作。花样滑冰起源于18世纪的英国。20世纪30年代前后，花样滑冰传入我国。2018年，中国花样滑冰协会在北京成立。2022年北京冬奥会花样滑冰包括男子/女子单人滑、双人滑、冰上舞蹈和团体赛等5个小项。

（一）花样滑冰装备与场地

1. 花样滑冰装备

（1）花样滑冰的冰刀与冰球的冰刀最显著的不同在于其前端有刀齿。刀齿主要用于完成跳跃动作，不应用在滑行和旋转中。冰刀以螺钉固定在冰鞋的鞋底。高水平的花样滑冰运动员通常会定制冰鞋和冰刀。

（2）花样滑冰的冰鞋对色彩有着明确要求，通常男用鞋为黑色，女用鞋为白色。

（3）花样滑冰运动员在练习时通常穿着紧身柔软的长裤。比赛中，女运动员可以穿着短裙、长裤或体操服，裙装下穿不透明的肉色紧身裤或长袜，有时会以此来覆盖冰鞋。女运动员不得穿上下分开的服装，裙子前后长度要掩盖臀部；男运动员则必须穿着长裤，不得穿着露胸无袖上衣和紧身裤。

2. 花样滑冰场地

根据规定，花样滑冰比赛场地的长为56~60米、宽为26~30米。

（二）花样滑冰基本技术

1.滑行技术

前压步与后压步：前压步是在向前滑行时，左右脚交替在身体两侧做交叉动作，身体向圆心倾斜，外侧脚蹬冰发力，内侧脚做弧线滑行，常用于快速向前移动和转弯。后压步则是向后滑行时的交叉动作，方向与前压步相反，有助于快速后退和改变方向。

前内刃、前外刃、后内刃、后外刃滑行：“前”和“后”代表滑行方向；“内刃”和“外刃”指冰刀与冰面接触的部位，内刃是冰刀内侧，外刃是冰刀外侧。比如前外刃滑行，就是运动员向前滑行，用冰刀外刃与冰面接触，身体微微向外侧倾斜。

2.跳跃技术

阿克塞尔跳：又称前外点冰跳，是唯一向前起跳的跳跃动作，起跳点在冰刀前外刃，落冰用后外刃，由于起跳方向与其他跳跃不同，需要多转半周，技术难度较大。

萨霍夫跳：即后内结环跳，以左后内刃滑行，右足点冰起跳，在空中旋转一周半后，用右后外刃落冰。

勾手跳：也叫后外点冰跳，以左后外刃滑行，右足点冰起跳，旋转后用左后外刃落冰。

菲利普跳：又称后内点冰跳，以右后内刃滑行，左足点冰起跳，落冰用右后外刃。

鲁兹跳：即前外结环跳，从左前外刃起跳，右足不点冰，旋转后用右后外刃落冰。

3.旋转技术

直立旋转：运动员在冰面上保持直立姿势进行旋转，可单足或双足旋转，通过身体的平衡控制和手臂的摆动来调整旋转速度和姿态。

燕式旋转：以单足为轴旋转，另一条腿向后伸展，与上半身形成优美的线条，类似燕子飞翔的姿态，要求运动员有良好的柔韧性和平衡感。

蹲踞旋转：运动员下蹲，以较低的重心进行旋转，身体紧凑，通过改变手臂和腿部的位置来控制旋转的稳定性和速度。

4.步伐技术

圆形步：在冰面上滑出圆形轨迹，可分为前内圆形步、前外圆形步、后内圆形步和后外圆形步，用于连接不同的动作和改变滑行方向。

蛇形步：身体呈波浪形前进，左右脚交替滑行，轨迹类似蛇形，能体现运动员的滑行流畅性和节奏感。

括弧形步：滑行轨迹呈括弧形，有前括弧步和后括弧步之分，常用于过渡和衔接其他动作。

思政园地

贵州省黔东南州游泳进校园公益培训活动火热开展

为深化体教融合发展，促进青少年身心健康发展，提高学生身体素质，预防青少年溺亡事故发生，加强游泳安全教育，日前，由贵州省游泳运动发展中心指导，黔东南州文体广电旅游局、州教育局主办的黔东南州游泳进校园公益培训活动正如火如荼开展。

本次培训以蛙泳教学为主，将学游泳和防溺水教学相结合，加强游泳安全、防溺水、急救知识教育。培训采取公益教学性质，将培训5000名中小学生，每人培训8个课时（90分钟／课时），通过培训使每个学生达到能独立不间断游完25米的能力，并让学生掌握防溺水必备的自救自护技能。

为保障黔东南州游泳进校园公益培训活动安全规范有序开展，相关部门制定了工作方案和安全预案，成立了工作领导小组。以学校为单位分组教学，每班学员不超过20人，每节课配备2名专业游泳教练员与安全员，1名学校负责老师全程陪护。

首批开课的班级由凯里市第十一小学、凯里市第七中学的学生组成，开课第一天，学员们个个激情饱满，领取了游泳服装、教学辅助器材，专心致志地听教练员讲解游泳安全和防溺知识，在教练员的带领下做游泳前的热身活动，跟随教练员的示范，学习训练初期陆上徒手练习。第二节课开始学习憋气、换气和抓池壁漂浮等知识及“收、翻、蹬、夹”等蛙泳腿部分解动作，经过反复练习，学生们逐步掌握了基本的游泳动作和技能。

（资料来源：贵州省体育局，2024 年 12 月 25 日，有改动）

思考与练习：

1. 在蛙泳、自由泳、仰泳的学习中，你认为哪种泳姿最难掌握？为什么？请尝试分析原因，并提出改进措施。

2. 滑雪与滑冰时，如何保持身体平衡？请结合个人体验，分享一些实用的技巧和建议。

3. 在游泳与冰雪类运动中，安全至关重要。请列举至少三项安全措施，并说明它们的重要性。

项目十一　时尚户外运动

导读：

本项目将深入探索时尚户外运动的魅力。从定向越野的智力与体力挑战，到攀岩的极限突破，再到轮滑的自由飞驰，每一项运动都蕴含着独特的乐趣和挑战。通过本项目的学习，学生不仅能掌握这些运动的基本技能，还能培养勇敢、坚韧不拔和团队合作的精神。

学习目标：

1. 掌握定向越野、攀岩和轮滑的基本技能。

2. 学会在户外运动中保护自己和他人，掌握相关安全知识。

3. 培养勇敢、坚韧不拔和团队合作的精神，提高身体素质。

4. 通过参与实践活动，增强对时尚户外运动的热爱和兴趣，培养积极健康的生活方式。

任务一 定向越野

一、定向越野概述

定向越野作为一种新式的野外活动方式，起源于欧洲，是利用地图和指北针到访地图上所指示的各个点标，以最短的时间到达所有点标并到终点的运动。其在世界各地正吸引着越来越多的人参与。定向越野既是一种户外休闲、娱乐运动，又是一种竞技运动。参加定向越野除需要指北针和地图外，不需要特殊的设备，是一种较为经济的运动项目。

二、定向越野场地

（一）比赛区域的地形

地形是地物和地貌的总称。地物是指地面上的固定物体，如居民地、建筑物、道路、河流、树木等。地貌是指地面高低起伏的状态，如山地、丘陵、平地、洼地等。地形对定向越野比赛的难易程度和用时长短有较大的影响，因此要根据比赛需要选择地形。

（二）对比赛区域的要求

（1）比赛区域要有与比赛等级相适应的难度，并保证它能够使参赛运动员充分发挥自己的定向越野技能。

（2）比赛区域必须是所有运动员都不熟悉或不太熟悉的，至少应防止赛区当地的运动员在比赛中获得明显的优势。为保证这一点，有的国家规定，3年内不得在同一地点举行第2次比赛。

（3）比赛区域的选择与确定在赛前必须严格保密。通常情况下，合格的定向越野比赛区域应具备下列特点：中等起伏的森林地带，植被适度；地形变化多样的有限通视地域、人烟稀少地区。当然，在组织一般的定向越野活动时，城市公园、近郊区及未耕种或未长成的田地也是可供选择的地点。

（三）起点和终点

定向越野比赛的起点与终点最好设置在同一处，这样方便比赛的组织工作。起点与终点一般设在地势平坦且面积足够大（与比赛规模相适应）的开阔场地。通往终点的路段更要平坦且有足够的长度，这样才能让裁判员与观众看清楚完赛的运动员。

（四）比赛路线

定向越野比赛路线通常按环形设计。定向越野比赛路线的距离只是个相对准确的数字，因为它是按从起点经各检查点至终点的图上最短水平距离计算的。比赛路线的距离一般要根据参赛运动员的水平和比赛时间确定。比赛路线的设定要有可选择性，使运动员能够根据自己的能力对前进的方向和路径进行选择；要具有可判读性，只有这样才能迫使运动员依赖识图、用图的能力参加比赛，体现定向越野的特点。

三、定向越野器材

（一）定向地图

定向地图一般由方向指示标志、地图比例尺、符号和颜色、图例注记等要素组成。

1. 方向指示标志

阅读地图，首先要辨别图上方向。地平面上有东、南、西、北4个基本方向，还可再分出东北、东南、西北、西南4个方向，共8个方向。地图也有方向，如果地图没有方向指示标志，通常默认图上方向为“上北下南，左西右东”。定向地图用磁北方向线和指向箭头指示地图方向。

2. 地图比例尺

地图上某线段长与相应的实地水平投影长度之比，叫作地图比例尺，它确定了地图对照实地地面缩小的倍数。地图比例尺主要有以下两种表示方式：①数字式，如1∶10000或1∶1万；②文字式，如图上1厘米等于实地100米。

3. 符号与颜色

为使不同国籍的定向爱好者都能阅读和理解定向地图，国际定向越野联合会统一规定了定向地图的符号和颜色，具体分为地貌符号（棕色）、岩石与石块符号（黑色）、水系与淤泥地符号（蓝色）、植被符号（白色、黄色和不同浓度的绿色等）、人工地物符号（黑色、棕色等）、比赛路线与技术符号（紫色等）、检查点说明表（紫色或其他颜色）等。

4. 图例注记

地图符号的对照说明叫作图例。一般普及型竞赛的定向地图附有图例，高级型竞赛的定向地图可不附图例，或只附除统一规范之外的符号图例。图上的文字说明，如图名、比例尺、等高距等，以及标明山高、海深的数字等叫作注记。有些定向地图还标有主办单位、比赛日期、宣传口号、赞助单位及广告等。

（二）指北针

指北针的基本使用方法：

（1）指示方位：在现地将指北针持平，指北针稳定后磁针红端所指方向为实地磁北方向。

（2）标定地图：标定地图也叫给地图定向，意思是使地图的方位与实地的方位一致。操作方法为将指北针长针与地图上的指北线相切，转动身体使指北针磁针红端与地图北端一致。这时地图已标定好。

（3）指示前进目标方位：在地图上明确自己当前所在的站立点位置，同时找到想要前往的目标点位置。把指北针的长针（通常是指北针的定向箭头）切在地图上站立点和目标点的连线上，让长针沿着这条连线摆放。手持指北针，缓慢转动自己的身体，在转动过程中观察指北针的磁针。指北针磁针的红端（一般代表北极）会始终指向地磁北极，当磁针红端与地图的北端（地图上一般会有明确的指示方向，通常是上北下南）重合一致时，停止转动身体。此时，指北针面板上的箭头（这个箭头与长针方向是一致的）所指的方向，就是从当前站立点前往目标点的前进方向。

（三）号码布

号码布尺寸一般不超过24厘米×20厘米，号码数字的高度不小于12厘米，字迹要清晰，字体要端正。正规的比赛还要求将号码布佩戴于前胸及后背两处。

（四）检查卡片

检查卡片主要用于判定运动员的成绩，用厚纸片制成，分为主卡和副卡两部分。主卡由运动员在比赛中携带，并按顺序将每个检查点的点签图案印在空格中，到达终点时交裁判员验证。副卡在出发前交工作人员留底和公布成绩时使用。检查卡片的尺寸一般为21厘米×10厘米。若规定比赛完毕必须交回地图，可以将检查卡片的内容直接印在地图空白处，样式可自行确定。

四、基本定向越野技能

（一）标定地图

标定地图是最重要的定向技能，在定向运动中，只要看地图就必须先标定地图，即保持地图方位与实地方位一致。在跑动中要经常检查指北针的北端是否与地图上的磁北方向一致。如果不一致应立即转动身体（而不是转动地图）使磁针北端与地图磁北方向一致。

（二）明确出发点的图上位置和目标点的方位

每次出发时（包括途中每一段落出发），首先必须判明出发点的图上位置，明确前进方向和目标点；其次标定地图，选准前进方向，向目标点进发。注意：在前进过程中，还要随时明确自己的站立点在图上的位置及将要到达的目标点的方位，养成“人在地上走，心在图上移”的习惯。

（三）超前读图和概括地形

阅读地图时要面朝目标前进方向，判读图中正前方、左侧、右侧的地形特征。超前读图要提前思考，明确下一步将要到达的地点，记住沿途将要路过的明显地形特征，行进中要边读图边对照实地地形。阅读地图时还要注意通观全局，学会概括地形和简化地图。特别是在读零碎杂乱区域的地图时，要注意概括该地域地形结构，找出主要地形特征，把复杂的地图在脑海中描绘成一幅新的简单化的地图。

（四）安全定向越野技巧

拇指辅行法：在定向运动中运动员常用拇指压住图上目前站立点的位置，将拿图手的拇指想象成自己，当向前运动时，拇指也在图上做相应移动。此种方法叫作拇指辅行法。拇指辅行法主要是帮助运动员随时明确自己在图上的位置。

“扶手”法：“扶手”是把实地中的线形地形，如各种道路、输电线、地类界、溪流、面状地物的边界等地物地貌比喻为上下楼梯时的扶手。通过“扶手”的引领可以较为容易和安全地到达目的地。在定向运动中运动员要尽可能地利用“扶手”，这就是人们常说的“有路不越野”的原则。

放大法（先大后小法）：在寻点过程中应尽可能扩大视野，先从目标点附近大的、明显的地形找起，再找目标点。不能只是把目光集中在要寻找的目标点上，特别是当目标点所在地较小时。如果只看很小的一点地形，将很难找到它。

偏向法：当穿越一块没有明显特征的地带而要寻找一个交叉口、路的端点或面状地物的侧顶点时，不能正对着这一点，而要稍偏离目标方向瞄准，然后顺着找到目标点。

从上到下法：当目标点在半山腰，周围又没有明显地貌地物时，应选择从山顶向下寻找的方法。这就是人们常说的“走高不走低”原则。

（五）定向越野中变换方向的要点

①变换方向时拿图姿势做相应变化；②使图正面对准前进目标；③拇指在图上做相应的移动；④标定地图方位；⑤判读地图正前方的地貌和地物；⑥新的方向—新的拿图姿势—重新标定地图—检查地图对照地形。

（六）良好的定向越野习惯的养成

“北对北”给地图定向：在定向运动过程中，任何时候只要看地图，就要先使指北针的北端与地图的磁北方向一致，即磁针的北端对准地图的北方。

折叠地图：优秀的定向运动员在比赛中常常将地图折叠成大小合适的小幅地图，以便快速读图、用图。折叠地图的要领：沿地图磁北线方向折叠，用图时无须再确定磁北线方向；折叠后的地图绝大部分都能握在手掌内，用手掌托着地图；保证折叠后的地图还有足够的可视区域；要方便再次折叠地图。

检查点—路线—技能：一个优秀的定向运动员在跑每一路段时应养成良好的思考习惯。例如，检查点——要明确位置；路线——选择到达检查点的路线应具有明显的地形特征；技能——选定行进路线后，决定在该路段不同部分应采用哪种定向技能。

速度必须与安全相一致：当方向错误时，快的速度会失去其实际意义，有时节省时间意味着要减缓行进速度，甚至停下来。当定向存在困难时，如在半山腰或复杂地形时，不妨放慢速度，仔细读图，不必跑得太快。在准确判定方向的情况下，才可加快行进速度。

任务二　攀岩

一、攀岩概述

攀岩，是一项极具挑战性和刺激性的户外运动。它要求参与者具备极高的身体素质和心理素质，通过手脚并用的方式，沿着陡峭的岩壁或人工岩墙向上攀登。攀岩这项运动的起源可以追溯到远古时代，当时的人类为了生存和获取食物，需要攀爬悬崖峭壁。随着时间的推移，攀岩逐渐从一种生存技能演变为一种体育运动。现代攀岩运动的起源可以追溯到19世纪末的欧洲，尤其是在阿尔卑斯山区，登山者开始尝试攀登那些以前被认为是不可逾越的岩壁。

攀岩运动的发展经历了几个重要的阶段。早期的攀岩者主要依靠简单的工具和自身的体力，攀登技术相对原始。随着技术的进步和装备的改进，攀岩运动逐渐变得更加安全和多样化。20世纪70年代，人工岩壁的出现使得攀岩运动不再受自然环境的限制，人们可以在室内进行训练和比赛。这一创新极大地推动了攀岩运动的普及和发展。

进入21世纪，攀岩运动更是取得了长足的进步。2009年，国际奥委会正式承认攀岩为奥运会比赛项目之一，这标志着攀岩运动在全球范围内的地位得到了极大的提升。2020年东京奥运会上，攀岩首次成为奥运会正式比赛项目，吸引了来自世界各地的顶尖运动员参与竞争。

攀岩运动不仅在竞技领域取得了显著成就，还在户外探险和休闲娱乐方面得到了广泛应用。越来越多的人开始参与攀岩运动，享受攀登带来的挑战和乐趣。攀岩不仅能够锻炼身体，增强体能，还能培养人的意志力和团队合作精神。

二、攀岩基本技术

（一）攀岩手法

攀岩手法是指在攀岩过程中，手部有效地抓握和利用岩点的各种技巧。正确的攀岩手法不仅能提高攀登效率，还能减轻手部的疲劳。每种攀岩手法都有其适用的场景和岩点类型，攀岩者需要根据实际情况灵活运用。

（1）握：整个手掌和手指包裹住支点用力，多用于柱状点。

（2）抓：除拇指外四个手指的前三个指节抓住支点用力，多用于深槽状点。

（3）抠：手指第一、第二指节弯曲，第一指节向内抠支点用力，多用于倒槽的浅槽状点。

（4）压：除拇指外四个手指第一指节抓住支点，第二指节竖起，与支点开口方向垂直，拇指压在食指第一、第二指节之间，主要用于薄片点。

（5）摁：通过手指和手掌对支点产生的向心摩擦力抓住支点，这是一种开放式手法，主要用于大号坡状点。

（6）搭：食指、中指和无名指第一指节钩挂支点用力，其他两个手指自然弯曲，主要用于小号坡状点和浅袋状点。

（7）戳：将一个或两个手指戳入支点，拇指和其他手指弯曲并拢，主要用于较深的指点洞。

（8）反提：手腕和掌心朝上，手臂向上依靠反作用力用力。

（二）攀岩脚法

攀岩脚法是指在攀岩过程中，脚部有效地踩踏和支撑身体重量的技巧。良好的攀岩脚法可以大大减轻手部的压力，提高攀登的稳定性。攀岩者需要通过不断练习，掌握各种脚法的正确姿势和发力方式。

（1）正蹬：使用脚尖内侧边拇趾处踩点。正蹬动作的特点是靠增加攀岩鞋与支点间的压力来增大摩擦力，抬高脚跟可以将身体的重心转移至脚尖。

（2）脚尖外侧踩点：脚的小趾用力，脚外侧贴近岩壁，尽量抬高脚跟。

（3）脚尖外侧踩点：脚的拇趾用力，脚内侧贴近岩壁。

（4）踩摩擦点：踩在斜坡或造型板上，通过前脚掌与岩面的摩擦固定住脚。

（5）脚尖勾点：用脚尖勾住点，通过膝关节向回收力，以达到稳定身体的目的。

（6）脚跟挂点：将脚跟放于点上部，挂住支点，通过挂脚，下肢向下用力，挂住身体，以减少手部受力，达到省力的目的。

（三）身体技巧

身体技巧在攀岩中起着至关重要的作用。通过合理运用身体各部位的力量和平衡，攀岩者可以更轻松地完成攀登。掌握这些技巧需要长时间的练习和经验积累。

（1）转腰：转腰技术的目的是让身体靠近作用力手，从而省力。做转腰动作时，身体重心要在两脚中间平均分配，单手直臂抓点，双脚踩点。双肩微平，拧动作用力手的对侧腰至极限，左右手轮换抓点。

（2）推胯：推胯技术即胯部侧向移动技术。预备式起，双手抓点，始终保持直臂，大腿和膝关节横向移动，推动胯关节横向移动，完成推胯动作。

（3）压胯：压胯技术一般用于单脚大跨度踩点结束后，为了使身体上升而采用压胯动作。

（4）挺胯：挺胯技术是攀岩重要的发力技术之一，分为正面挺胯和侧面挺胯，一般用于推胯结束之后。

（5）摆膝：摆膝技术是攀岩技术中最简单实用的动作，是推胯的前奏。在发力抓点之前，先来回摆动膝关节，带动身体，然后抓点。

（6）折膝：在攀爬中，推胯的目的是让膝关节横向移动，但有时膝关节反方向旋转移动可能平衡效果更好，这就是折膝技术。折膝之前，双脚踩点，先把重心移到一脚，然后向内旋转另一膝关节，至其反方向，这一动作称为常规折膝。进行常规折膝时，当膝关节旋转至关节朝下时，身体重心平均分配到两脚之间，这就是深度折膝，也称落膝，这一技术多用于屋檐、双脚大跨度和大斜壁攀登。

（四）技术动作

技术动作是指攀岩过程中，手、脚和身体各部位协调配合完成的各种动作。技术动作的熟练程度直接影响攀登的效率和安全性。攀岩者需要通过反复练习，掌握各种技术动作的正确方法和时机，以应对不同难度的岩壁。

（1）正身：正身动作是指攀岩者在攀登时保持身体正面朝向岩壁，通过手臂和腿部的力量来支撑身体重量，并寻找下一个支撑点。正身姿势是最常见的面对岩壁的姿势，稳定的正身姿势通常需要三点来平衡。正身动作发力分为横向和纵向两种，动作要点是由脚来推动膝关节、带动腰背、移动重心发力。待抬高重心后，手臂再发力。

（2）侧身：侧身动作是指攀岩者在攀登时身体部分侧向岩壁，以减少身体与岩壁之间的摩擦力，同时利用身体的侧向力量来完成某些特定动作。侧身时，作用力脚要用脚尖外侧也就是脚尖偏向小趾一侧踩点；非作用力脚要打开，用脚尖内侧踩点。如果非作用力脚没有脚点，可以用前脚掌踩岩壁。侧身动作要点是将重心放在作用力脚上，下肢、核心区域、肩膀相互配合，旋转向上发力，同时调整支撑手和手腕对支点的作用力方向。

（3）交叉手：交叉手动作是指攀岩者将一只手从身体一侧伸向另一侧，以抓住或稳定身体，这种动作在岩壁上寻找支撑点时非常有用。在攀爬过程中，当下一手支点在作用力手外侧方向，且距离适中时，可考虑使用交叉手动作。抓点时，若手臂从作用力手上方通过形成的交叉，叫作上交叉；若手臂从作用力手下方通过形成的交叉，叫作下交叉。

（4）交叉脚：交叉脚动作是指攀岩者将一只脚从身体一侧跨到另一侧，以寻找或稳固脚点，这种动作在攀登陡峭的岩壁时尤为常见。在攀爬过程中，当下一脚支点在作用力脚支点外侧且距离适中时，可使用交叉脚技术。交叉脚前，手臂伸直，膝关节旋转作用力脚，使异侧脚从作用力脚横向交叉通过，交叉脚分为内交叉脚和外交叉脚。

（5）换手：换手是指将第二只手移动至第一只手的手点上，并对第一只手进行置换。在攀爬过程中，当下一手支点在作用力同侧方向且距离较远而无法使用交叉手动作，或需要调整手抓点顺序时，可考虑使用换手技术。

（6）换脚：换脚是指将第二只脚移动至第一只脚点上，并对第一只脚进行置换。换脚的要求是双手一定要分开。如果双手离得太近，身体容易旋转导致不平衡。换脚时尽量让重心落在脚上再替换。根据脚点的大小，换脚主要有以下两种方法。①预留式换脚：当脚点较大时采用预留式换脚。动作的重点是尽量用脚尖去踩脚点，减少单只脚的踩点面积。②切入式换脚：当脚点较小时，一只脚踩在有效位置，另一只脚就没地方可放，这种情况就要采用切入式换脚。转动第一只脚与支点间形成一定的缝隙，另一只脚在缝隙间切入。第一只脚继续转动并慢慢挪走，第二只脚成为着力脚。动作重点依旧是尽量用脚尖去踩脚点，减少单只脚的踩点面积。

任务三　轮滑

一、轮滑概述

轮滑运动是从滑冰运动演变而来的。现代轮滑由美国詹姆斯·普利姆普顿于1863年发明。1924年，国际轮滑联合会在瑞士成立，轮滑运动进一步朝正规化、国际化方向发展。1940年，在罗马举行的第43届奥委会会议正式承认了国际轮滑联合会。

我国轮滑运动开展较晚，直到20世纪80年代初期我国才有正式轮滑比赛。我国于1980年正式成立了中国轮滑协会，并于同年加入了国际轮滑联合会。2016年2月1日，国际轮滑联合会授予南京“世界轮滑之都”的称号，南京成为世界上第一个被授予该荣誉的城市。现在，轮滑运动已经成为我国青少年喜爱的运动项目之一。

二、轮滑基本技术与练习

（一）轮滑基本技术

1. 站姿

（1）“丁”字形站立：将左脚跟紧靠在右脚的内侧（将右脚跟紧靠在左脚的内侧），使两脚呈“丁”字形。两膝微屈，身体重心稍偏于位置居后的脚。上体略前倾，抬头，两眼平视前方。两臂在体侧自然打开，以控制身体平衡。

平行站立：两脚分开，与肩同宽。两脚脚尖稍内扣，上体微前倾，两膝微屈。身体重心放在两腿之间，保持身体平衡。

（2）“八”字形站立：在获得一定的向前滑行的速度后，两脚平行，分开站立。随后脚尖内转，两脚以内侧轮柔和地压紧地面。两腿弯曲，上体稍前倾，臀部下蹲，两臂前伸，以维持身体平衡。

2. 起步

从“丁”字形站姿起步，让前脚保持前进姿势，后脚向外方推轫，以产生前进的力量。

3. 滑行

滑行时为保持较好的平衡，一只脚稍稍提起放在另一只脚前方，膝关节弯曲。

4. 身体的摆动

重心放在左脚上，右脚推轫并向外侧伸展、滑行，然后两脚并行，接下来重心放在右脚上，左脚向外推轫、伸展、滑行。如此左右不断互换。

5. 身体的姿势

身体稍稍半蹲，臀部稍后坐，两脚向前伸出，膝关节及脚踝弯曲，使重量放在整双鞋上。

6. 停止

以上述姿势滑行，两脚靠近保持平行，制动的那只脚稍稍向前滑行，使两脚距离约半只脚的长度，提起脚尖直到刹车碰触到地面，然后慢慢将重量移到制动脚上，增加压力，直到停下来。

（二）轮滑平衡练习

平衡是掌握轮滑技巧的基础。由于轮滑鞋与地面接触面积小，加之滑轮与地面摩擦后的滚动，平衡不易掌握。轮滑平衡的练习方法：①原地踏步。练习静平衡，熟悉轮滑鞋的性能。②用互助法和扶助法练习平衡。两个人相互扶助或双手扶住身边的其他物体，前后左右移动，练习平衡技术。③借助外力练习平衡。如可以通过对静止物体的反作用力使自己滑动，或让别人用力将自己推动，也可以抓住正在移动的人或其他物体，使自己前进或后退。

（三）移动重心的练习

1. 原地站立与踏步练习

穿好轮滑鞋，两脚平行站立，与肩同宽。两腿微屈，上体稍前倾，两臂自然下垂。重心移至左腿，右腿稍抬起、放下。然后，重心移至右腿，左腿稍抬起、放下。反复练习，逐渐加快速度。

2. 单脚支撑平衡练习

在掌握原地踏步的基础上，保持原来的姿势。手扶栏杆或同伴，将重心移至一条腿上，另一条腿向侧面伸出再收回，成开始姿势。换腿重复以上动作。

3. 模仿滑行姿势的蹲起练习

速度轮滑的滑行姿势直接关系到滑行速度。正确的滑行姿势是上体前倾接近水平，肩背稍高于臀部，腿部弯曲，上体与地面成15°～20°角，大腿和小腿成90°～110°角，两踝关节成50°～70°角。两手互握放于背后或在体侧自然摆动，头部自然抬起，目视前方5～10米处。

4. “八”字行走练习

两脚呈外“八”字站立，保持好站立的姿势。重心移至左脚，右脚向前迈一步，重心随之移至右脚，然后左脚向前迈一步，重心随之移至左腿，然后右脚向前迈一步，重心随之移至右腿。重复上述练习。

5. 交叉步行走练习

原地站立，重心移至左腿，收右腿，向左腿前外侧迈步，成交叉姿势，重心随之移至右腿；接着收左腿左侧跨一步，成开始姿势。反复练习。

（四）弯道滑行

弯道滑行技术和直道滑行技术有明显的区别。弯道滑行技术的特点在于练习者用交叉步滑行。由于向心力的作用，上体不仅要向前倾，而且要向弯道内侧倾。

1. 左脚支撑、右脚连续蹬地的滑行

从站立姿势开始，右脚用外侧轮蹬地后迅速与左脚并拢，接着右脚做一次蹬地动作，左脚继续做前外曲线滑行。

2. 在圆弧上做不连贯的交叉步滑行

在圆弧上用直线滑行步，中间插入弯道交叉步。当左脚稳定平衡时，右脚向左脚左侧前方迈一小步；只要右脚有短暂的滑行，左脚就迅速从右腿后方收回，同时蹬右脚，左脚直线滑进。重复上述动作。

（五）停止法

在滑行中，有时需要及时停止，所以在初步掌握滑行基本动作的同时，还要学会停止滑行的方法。常用的停止法有“T”字停止法、双脚急停法。

1. “T”字停止法

在向前滑行中，重心放在右脚上，右膝弯曲，同时左脚抬起横放在右脚后成“T”字，然后以左脚四轮的侧面摩擦地面，减缓滑行速度，直到停止滑行。

2. 双脚急停法

在向前滑行中，两脚并拢，同时向逆时针方向（顺时针方向）转体90°，右（左）脚以内侧轮、左（右）脚以外侧轮压紧地面，同时屈膝后坐，上体前倾，身体向左（右）倾倒，两臂前伸，两脚用力压紧地面，停止滑行。

思政园地

全国登山户外安全科普教育活动“岩行安全 · 攀向未来”
攀岩主题讲座眉山站圆满落幕

端午佳节，一场别开生面的“岩行安全·攀向未来”全国登山户外安全科普教育活动攀岩主题讲座在四川眉山国际攀岩中心成功举行，为广大户外攀岩爱好者献上了一份兼具知识与活力的佳节“安乐”好礼。

专项调研数据显示，我国登山与户外运动正处在快速发展期。值得关注的是，据2024 中国大陆登山户外运动事故报告不完全统计，2024 年共计发生了 618 起登山户外运动事故。相关事故频发，成为不可忽视的社会问题。

为应对户外运动参与者对户外风险的认知不足、经验缺乏所导致的事故安全风险，由国家体育总局登山运动管理中心、中国登山协会主办的“全国登山户外安全科普教育活动”以“安全第一”为核心原则，着力于户外安全风险防范。

该计划聚焦“人人讲安全、个个会应急”，通过多场景教学的落地机制，组织全国登山户外安全科普教育活动，旨在进一步普及户外风险识别意识、提高户外风险应对能力加强广大户外爱好者安全意识，提升登山户外应急管理能力，从而切实减少安全事故的发生。

（资料来源：国家体育总局登山运动管理中心，2025 年 6 月 10 日，有改动）

思考与练习：

1. 在定向越野运动中，如何利用地图和指南针快速准确地找到目标点？请尝试绘制一张简单的定向越野地图，并设计一条寻宝路线。

2. 在攀岩运动中，如何选择合适的攀岩路线和装备？请列举出攀岩时需要注意的安全事项。

3. 轮滑运动中，如何掌握平衡和控制速度？请尝试编写一份轮滑初学者训练计划，包括基本动作练习和技巧提升。

4. 请结合本项目的学习内容，谈谈时尚户外运动对个人成长和团队合作的影响。你可以从身体素质、心理素质、社交能力等方面进行分析。

参考文献

[1] 张宏，黄希.大学体育与健康教程［M］.北京：北京体育大学出版社，2022.

[2] 武文强，尹军.高职体育与健康（图解示范+视频指导）［M］.北京：人民邮电出版社，2019.

[3] 贾书申，刘海元.高职体育立体化教程［M］.北京：北京体育大学出版社，2017.

[4] 毕荣华，安国彦.大学体育与健康［M］.北京：中国水利水电出版社，2014.

[5] 葛振营.大学体育教程［M］.北京：北京体育大学出版社，2018.

[6] 卢三妹，王进，吕立.大学体育与健康立体化教程［M］.北京：北京体育大学出版社，2018.

[7] 王碧怡.大学体育与健康教程［M］.北京：北京体育大学出版社，2018.

[8] 季智杰.大学体育［M］.北京：化学工业出版社，2016.

[9] 闫建华，田华钢.学校体育运动风险识别和应对理论与实践研究［J］.浙江体育科学，2020，42（4）：87–91.

[10] 兰翔，张宁.高职体育实用教程［M］.北京：北京体育大学出版社，2019.

[11] 李金芬，周红伟.拓展训练［M］.北京：中国水利水电出版社，2010.

[12] 黄彦军.大学体育——健康体适能的理论与实践［M］.北京：北京体育大学出版社，2010.

[13] 王润平.体育锻炼与心理健康［M］.2版.桂林：广西师范大学出版社，2005.

[14] 丁仲，杨绍昌.大学体育教程［M］.北京：北京体育大学出版社，2017.

[15] 李小平，王文红，沈辉.大学体育与健康［M］.杭州：浙江大学出版社，2014.

[16] 郭延安，梁健，李丽丹.应用型大学体育：上册［M］.北京：北京体育大学出版社，2016.

[17] 凌昆，鄢行辉，骆红斌.中医药院校体育与健康教程［M］.北京：北京体育大学出版社，2015.

[18] 刘亚云.现代大学体育与健康［M］.杭州：浙江大学出版社，2011.

[19] 沈辉，周国海，袁桂才.大学体育健康教程［M］.北京：北京体育大学出版社，2018.

[20] 袁玫，李科，李采丰.大学体育与健康［M］.北京：高等教育出版社，2013.